2018

经济社会蓝皮书

2018

经济社会蓝皮书

天津市经济社会形势分析与预测

（社会卷）

史瑞杰　主编

2018

图书在版编目（CIP）数据

天津市经济社会形势分析与预测 ：2018年经济社会蓝皮书. 社会卷 / 史瑞杰主编. -- 天津 ：天津社会科学院出版社，2018.5

ISBN 978-7-5563-0467-7

Ⅰ. ①天… Ⅱ. ①史… Ⅲ. ①区域经济－经济分析－天津－2018②区域经济－经济预测－天津－2018③社会分析－天津－2018④社会预测－天津－2018 Ⅳ. ①F127.21

中国版本图书馆CIP数据核字(2018)第095175号

出版发行：天津社会科学院出版社
出 版 人：张博
地　　址：天津市南开区迎水道7号
邮　　编：300191
电话/传真：（022）23360165（总编室）
（022）23075303（发行科）
网　　址：www.tass-tj.org.cn
印　　刷：天津午阳印刷有限公司

开　　本：787×1092　毫米　　1/16
印　　张：20.5
字　　数：347千字
版　　次：2018年5月第1版　　2018年5月第1次印刷
定　　价：108.00元

课 题 组

组　　长　史瑞杰

副 组 长　王立国　杜　威　褚丽萍

主要成员　（按姓氏笔画为序）

王来华　方学敏　卢　卫　李同柏

张建强　武晓庆　黄凤羽　雷　鸣

潘允康

主　　编　史瑞杰

副 主 编　褚丽萍　李同柏　潘允康

王来华　雷　鸣

目 录

综 合 篇

部 门 篇

专 题 篇

导 言

无论从哪个角度说,2017年都是一个历史影响重大的年份。在这一年,党的十九大召开,不但对2020年前我国的经济、政治、文化、社会、生态环境等方面的努力目标作出进一步的明确,而且对2035年和2050年中国的发展方向及路径给出谋划和描绘,从这个角度看走过的2017年,视角就会和十三五规划的完成程度,和全面实现小康社会建设目标的冲刺紧密联系在一起。因此,总结的视角和评价也必然超越一般年份的总结分析,其展望,也自然有着相对长远的视线。

2013年,习近平总书记视察天津时提出了“三个着力”的重要要求,此后,京津冀协同发展目标不断清晰,对天津市的城市定位和角色理解不断深化,在全面落实党的十八大和十九大精神的重大背景下,全市抢抓机遇、稳中求进、砥砺前行,社会各个方面有了重大变化,发展质量有了进一步提高,各项指标的完成情况令人印象深刻。从政府工作宏观视角看,五年来全市工业生产总值年均增长8.9%,一般公共预算收入年均增长8.4%,固定资产投资年均增长10.5%,社会消费品零售总额年均增长7.9%,城乡人均可支配收入年均分别增长8.9%和10%,万元生产总值能耗累计下降25%以上,节能减排除碳指标完成国家下达的目标和任务。从各个年份政府的承诺和完成情况看,五年平均基础评价指标完成情况良好,主要工作任务均顺利达标。五年的工作成绩来之不易,它是我市积极落实十八大和十九大精神,特别是在扎实推进“五位一体”总体布局和“四个全面”战略布局在天津的实践方面的具体体现,也是我市从率先实现小康社会建设到全面高质量实现小康社会建设的重要飞跃。

五年来我市经济、政治、文化、社会、生态文明建设方面的主要成就集中体现在五个方面,即全面落实京津冀协同发展规划纲要要求、扎实推进供给侧结构性改革、努力推进城市创新驱动发展、坚持持续保障和改善民生各项任务完成、不断深入落实全面从严治党要求和加强政府自身建设。

全面落实京津冀协同发展要求是近五年来政府工作的重中之重。京津冀协同发展不仅是中央的要求,也是我市期盼多年的重大政策利好,能否积极跟进努力落实相关指标,从一定意义上说,已经成为检验我市各项工作效果的标志性指标之一。京津冀协同发展的牛鼻子是北京非首都功能的疏解,协同发展是否达到,在一期目标中具有统领性作用。天津市积极落实协同发展规划纲要和专项规划要求,从 2014 年以来,北京、河北企业在津投资到位额达到 6250 亿元,占全市引进内资的 40% 以上,天津港的吞吐量超过 1500 万标准箱,机场旅客吞吐量突破 2000 万人次,津秦、津保高铁建成并通车,取消集港煤炭公路运输同时制定了统一的重污染天气预警标准,建立了引滦水环境生态补偿机制,大批产业合作项目签约落户,"通武廊"区域创新合作取得新进展。成功举办首届世界智能大会、亚布力天津高峰论坛、全国民企贸易投资洽谈会等重大会议,天津的国际友好城市已经达到 87 个,城市在区域内作用不断提升,在国际发展中的地位也持续提升。

供给侧结构性改革在建设现代化新经济体系进程中具有重要意义。我市全面落实"三去一降一补"的精神,压减粗钢产能 750 万吨,处置了一批"僵尸企业",工业企业资产负债率大幅下降,为企业减轻负担 1200 亿元。在落实供给侧结构性改革过程中,中国(天津)自由贸易试验区设立运行,175 项制度创新全面展开实践,10 项创新经验在全国复制推广。在供给侧结构性改革中,天津市实施"多证合一,一照一码"创新型改革,市级政府审批项目从 495 项减少到 253 项。市属国有企业集团混合所有制改革有了实质性进展,影响力和带动力明显提高。金融改革创新中,我市"金改 30 条"准予实施政策全部落地。目前海河产业基金已经设立。天津市飞机、船舶、海工平台跨境租赁资产均占全国的 80% 以上。全市上市挂牌企业达到 268 家,较 5 年前增长 4.8 倍。

创新驱动战略成为我市近五年来常抓不懈的工作重点,成就也令人鼓舞。五年来我市引进清华大学高端装备研究院等高水平研发机构达 88 家,科技型企业达到 9.7 万家,规模超亿元企业达到 4300 家。国家高新技术企业达到 4000 家以上。全社会研发经费作为衡量创新发展后劲的重要指标,我市更是令人振奋,全社会研发经费支出占生产总值的比重超过 3%,位居全国第一梯队。全市万人发明专利拥有量 18.3 万件。在一些高新技术产业和支柱性产业调整方面发展势头良好,我市超大型航空器等一大批重大工业项目竣工投产。高端设备和航空航天等十大优势产业占全市的比重已经超过78%。以现代金融、电子商务、信息服务等为代表的现代服务业发展迅速,目前全市第三产业占全市的比重超过58%,长期困扰发展瓶颈的服务业在近五年有了质的飞跃,不但超过50%的分界线,而且连年攀升,达到58%,使天津市产业结构调整和创新发展有了良好支撑和重点突破。

民生保障和改善是衡量政府工作的成效的落脚点和社会评价焦点。近五年来,天津市持续在民生保障和改善方面发力,不断调高与民生有关的支出比重,取得了较好的成效。市政府每年不断坚持实施20项民心工程,保证每年财政支出的75%以上要用在民生保障和改善方面,而且伴随着政府自身建设和工作效能的不断提高,在民生保障和改善方面的工作效果也不断增强。五年来,全市建成保障性住房30.9万套,改造棚户区288.8万平方米,农村危改2.52万户。科学延长集中供暖时间得到全社会普遍赞扬。全市治理环境污染力度前所未有,成效前所未有。全市累计压减燃煤1000万吨,关停取缔"散、乱、污"企业9081件,完成"煤改电"17.6万户,"煤改气"14.8万户。综合治理河道688公里,改造污水处理厂105座。营造林215万亩,PM2.5年均浓度2017年比2013年下降35.4%。通过大力开展城市综合治理,市容环境和民生保障有了新的变化,安全生产形势基本稳定,市民生活环境得到进一步提高。

近五年来,从严治党和政府自身建设工作效能的提高成为全市工作的重要组成部分,并列入年度计划和考核范围。全市认真开展党的群众路线教育实践活动,"三严三实"专题教育,认真开展"维护核心、铸就忠诚、担当作为、抓实支部"的主题教育实践活动。并不断把"两学一做学习教育"常态化和制度化。使得党员干部"四个意识"不断增强。对党忠诚的政治立场更加鲜明和坚定。全市深入开展了对"圈子文化"和"好人主义"的专项治理,不断净化政治生态。全市严格落实中央八项规定精神,加大对"四风"问题的监督检查力度和问责力度,在行政监察和审计监督中查处了一批违纪违法案件。在主动接受人大法律监督、工作监督和政协民主监督方面有了新的举措。提请人大常委会审议的地方性行政法规44件,制定政府规章31件。精心组织"双万双服"活动,深入开展对不作为不担当问题的专项治理,深入开展政府系统的作风纪律专项整治,政府服务效率和工作质量有了进一步提高。

全市五年来发展成绩显而易见,从不同行业和领域看,有很多更加丰富多彩的数据可以补充说明,这些在本书的行业篇和区域篇都有反映,读者感兴趣可以进一步拓展阅读,相信会有新的体会。从蓝皮书的功能看,对过去发展历程的分析也必须包括对存在问题的讨论,这一点是社会理论工作者的职责所在,也是今后发展的客观要求。

五年的勤奋和汗水浇灌了津沽大地,开出了丰硕成果。但是也不意味着每个年份都一帆风顺。2017 年天津市委市政府以壮士断腕的勇气和决心,下大力量挤压发展数据中的水分,坚决走高质量发展之路。全市生产总值(GDP)18595.38 亿元,按可比价格计算,比上年增长 3.6%,成为近年来地区生产总值增速首次低于6%的年份。全市一般公共预算收入 2310.11 亿元,低于一般公共预算支出 3282.16 亿元的增速,但是财政收入质量有了很大改善,税收收入 1611.71 亿元,占一般公共预算收入的比重为 69.5%,比上年提高 9.9 个百分点,这既为下一步发展奠定了良好基础,也给下一年的工作提出了更加艰巨的任务。从宏观总体指标看,以制造业为主的第二产业增速仅为 1.0%,仅从数据看,也是几十年来罕见,可以说在天津下一步提质增效进程中将形成重要拐点。通过供给侧结构性改革,去产能方面,我市全年化解粗钢产能 380 万吨、生铁 175 万吨,排查取缔一批“地条钢”企业,四季度规模以上工业产能利用率 77.1%,比上年同期提高 3.4 个百分点;去库存方面,全年商品房待售面积下降 29.9%;去杠杆稳步实施,年末规模以上工业企业资产负债率 59.8%,比上年末下降 2.1 个百分点;全年新出台两批 52 项降成本政策措施,规模以上工业企业每百元主营业务收入成本 84.92 元,比上年减少 0.63 元;补短板逐步加力,全年科研技术服务、信息技术服务和居民服务投资分别增长 76.1%、52.4%和 16.9%。通过结构性改革,全年规模以上工业战略性新兴产业增加值增长 3.9%,快于全市 1.6 个百分点;高技术产业(制造业)增加值增长 10.4%,快于全市 8.1 个百分点,对工业增长的贡献率达到 64.6%。天津工业发展有了新的立脚点和突破口。

还需要指出的是,我市第三产业发展势头持续向好,不但从 2015 年首次突破 50%分界线后持续增长,在三次产业构成中的比重不断攀升,达到 58%以上,而且在三产内部构成中,邮电通讯、金融等现代服务业发展更是强劲。据统计,我市 2017 年邮政电信保持快速增长。全年邮电业务总量 406.81 亿元,增长 55.2%。其中,电信业务总量 300.68 亿元,增长 71.3%;邮政行业业务总量 106.13 亿元,增长 22.7%。全年快递业务量 5.02 亿件,增长 22.4%。年末移动电话用户 1580.1 万户,增长 5.4%。全年金融业增加值 1951.75 亿元,增长 8.0%,不但高于经济总量发展,而且超过第三产业平均增长。显示出天津作为全国金融创新运营示范区的任务进一步得到落实,而且有了区别于北京的金融特色和发展路径。企业上市挂牌加快推进。全年新增上市公司和新三板挂牌企业50家,其中新增4家境内上市公司,上市和新三板挂牌企业累计达到268家。年末证券帐户477.74万户,增长8.8%。保险市场平稳发展。全年原保险保费收入565.01亿元,增长6.7%。其中,人身险收入423.44亿元,增长5.4%;财产险收入141.57亿元,增长11.0%。截至2017年末,全社会就业人口894.83万人。其中,第一产业就业人口62.71万人,第二产业就业人口290.90万人,第三产业就业人口541.22万人,第三产业就业人口比重达60.5%,首次超过六成。

在京津冀协同发展方面,2017年进展也令人欣喜。我市全力支持服务雄安新区规划建设,与河北省签订支持雄安新区建设发展战略合作协议。滨海—中关村科技园注册企业累计达到355家,北京市科学技术研究院等13家科研院所落户天津,中煤科工金融租赁等一批投资合作项目签约落地。"通武廊"携手打造协同发展试验示范区。京冀企业来津投资到位资金1089.14亿元,占全市实际利用内资的43.6%。天津口岸进出口总额中,来自北京与河北的货物比重达到29.8%。

我市在2017年另一个重要变化是民营经济发展势头良好。自从我市出台营造企业家创业发展良好环境的"天津八条"之后,民营经济主体大幅增加。全年新登记民营市场主体22.67万户,增长36.7%,占全市新登记市场主体的98.7%。民间投资保持活跃,全年民间投资7092.16亿元,增长4.6%,占全市投资的62.9%。规模以上营利性服务业中,民营经济营业收入1546.66亿元,占全市的67.2%,增长32.9%,快于全市6.2个百分点。此外,全市消费市场平稳,消费价格温和上涨。2017年,居民消费价格上涨2.1%,涨幅与上年持平。服务价格上涨4.1%,拉动CPI上涨1.7个百分点。工业生产者出厂价格上涨8.4%,工业生产者购进价格上涨11.1%,涨幅分别比上年提高10.5个和12.8个百分点。此外,全市农业生产基本稳定、全年农业总产值483.67亿元,增长0.5%。全年外贸进出口总额7646.85亿元,增长12.8%。自贸区改革创新不断深入,90项改革任务完成81项,175项制度创新中169项落地实施,10项创新经验在全国复制推广,都是2017年全市发展中的重要成就。

科技创新能力是否增强是我市工作的重点和今后发展的重要依托,2017年我市加快国家自主创新示范区建设,滨海高新区成为国家第二批双创示范基地。全年新增科技型企业、规模超亿元科技型企业1.20万家和420家,累计达到9.69万家和4228家。全年认定高新技术企业1611家,累计达 4093 家。新认定科技领军企业 20 家、产学研用创新联盟 20 家,新认定和支持“杀手锏”产品和重点新产品 214 项。全年受理专利申请 8.70 万件;专利授权 4.17 万件,年末全市共有国家级重点实验室 13 个,国家级企业技术中心 50 家,国家技术创新示范企业 16 家。全市 19 项科技成果获得国家科学技术奖,其中,技术发明奖 2 项,科技进步奖 17 项。全年完成市级科技成果 2300 项,其中,属于国际领先水平 78 项,达到国际先进水平 264 项。

居民收支稳步增长,社会服务取得新成效是另一个可圈可点之处。全年全市居民人均可支配收入 37022 元,增长 8.7%,即便是没有挤水分的因素,仅就 2017 年前三季度的平均发展速度看,居民人均可支配收入的增长也是超过生产总值的增速,另人感到鼓舞。2017 年全市居民人均消费支出 27841 元,增长 6.6%。全市参加医疗保险人数 1088.46 万人,比上年末增加 21.68 万人;参加基本养老保险人数 811.82 万人,增加 38.32 万人;参加城镇职工工伤保险人数 395.33 万人,增加 7.22 万人;参加城镇职工失业保险人数 311.3 万人,增加 8.83 万人;参加城镇职工生育保险人数 296.95 万人,增加 11.99 万人。截至年末,全市老年日间照料服务中心(站)达 1251 个、床位 9892 张;全市低保对象(不含农村五保)19.84 万人,救助站 12 个,提供救助服务 8564 人次。提供住宿的社会服务机构拥有床位 5.39 万张,各类服务机构年末收养人员 3.10 万人。全年新安置残疾人就业 8402 人。可以说,这一年中,居民收入增长和社会服务能力的提高都使老百姓的生活得到很大实惠。

2017 年全市文化事业繁荣发展,体育事业再创佳绩。创作推出《换了人间》《赶大营》等一批重点文艺作品。医疗卫生服务体系继续完善。全面推开家庭医生签约服务,396 万人已签约。实现医保异地就医住院费用直接结算,145 家本市医疗机构纳入异地就医机构范围。成功举办第十三届全国运动会。举办 2017WTA 天津公开赛、2017 天津马拉松比赛等赛事,全年本市体育健儿在国内、外大赛上共夺得 47 枚金牌。举办大型健身赛事活动 120 余项,参与市民达 200 万人。

生态环境改善明显。2017 年全市开展“散乱污”企业集中治理,关停、取缔和异地搬迁改造企业 2.1 万家。实施秋冬季大气污染综合治理攻坚行动。全年空气质量达标天数达到 209 天,PM2.5 平均浓度下降到 62 微克/立方米。

从五年的发展经验看,我市经济社会发展进程中的不足集中体现在以下六个方面:一是全市思想解放程度和发展要求还不适应,二是发展进程中的动能转换速度和效果与形势发展要求还有差距,三是民生保障和改善的范围和深度与公众的期盼还有差距,四是基本公共服务的发展速度还不理想,五是社会治理尚存薄弱环节,六是政府自身建设距离全面从严治党要求还不适应,党风廉政建设任务艰巨复杂。这些实际上也是2017年全市发展差距和不足的主要所在。

按照市委十一届一次、二次、三次全会部署和天津市第十七届人民代表大会政府工作报告的要求,今后五年全市要在建设"五个现代化天津"上下功夫。即"推进创新发展的现代化天津建设取得突破性进展""推动开放包容的现代化天津建设取得突破性进展""推动生态宜居的现代化天津建设取得突破性进展""推动民主法治的现代化天津建设取得突破性进展""推动文明幸福的现代化天津建设取得突破性进展"。具体到2018年工作,需要继续在八个方面下功夫。一是继续深入推进供给侧结构性改革,加快建设现代化经济体系;二是深入推进京津冀协同发展,全面提升服务和协作水平;三是深入推进防范化解重大风险攻坚战,坚决守住不发生区域性系统性风险的底线;四是深入推进精准脱贫攻坚战,精益办提升人民群众获得感幸福感安全感;五是深入推进污染防治攻坚战,着力改善生态环境质量;六是深入推进乡村振兴战略,加快提升农业农村现代化水平;七是深入推进体制机制改革,持续增强发展活力和动力;八是深入推进高水平双向开放,推动形成全面开放新格局,并以改革创新精神建设人民满意政府。上述这些部署,不仅为2018年的工作做出具体安排,而且也是天津市经济社会发展的主要趋势所在,从蓝皮书的预测功能看,无论不同领域的专家就具体问题有何想法和建议,都将围绕上述这些发展趋势顺势而行。

从本书三大综合报告分析结果看,2018年天津市经济发展仍将处在一个平稳调整及发展期,经济增长速度回稳定攀升,结构调整效果日益显现,社会投资更加集中在实体经济领域,财政收入情况将有更好改善,消费物价指数基本保持平稳,居民收入持续稳定增长,生态环境进一步得到改善提升将成为发展的主要趋势。科技引领、开放创新、区域服务能力和协作水平不断提升将成为闪光亮点。以精准脱贫攻坚战为基础的全域均衡发展,将极大消除本市内部的不充分和不均衡发展问题,人民的获得感幸福感安全感得到普遍提升将在预料之中。

从挑战和机遇并存的角度,2018年我市发展面临的困难也无法忽视。供给侧结构性改革进入深水区,一方面是改革调整,同时,改革后的现代化经济体系建设需要大量投入,改革的成本付出和新体系建设的投入需求将对全市经济发展质量水平提出更高的要求,对财政收入增长有新的期盼;一方面城市人口老化速度前所未有,目前全市每四人中就有一个年龄超过60岁的老年人,部分人群未富先老现象将加重。居民收入增长不可能超速,社会保障和公共服务发展需要一个过程,居民对美好生活的要求和发展不充分不平衡之间的矛盾可能进一步显现;作为金融创新运营示范区,天津在金融领域和自贸区建设需要先行先试,需要以区域发展为全国积累经验,提供方案,这本身既是荣誉也是压力,金融创新进程中的风险防范没有现成经验可以借鉴,创新引领和确保不发生区域性和系统性风险的底线之间,对政策的把握和操作技巧提出了更高要求,如此等等可以列举很多,需要在今后发展中给予充分注意。

需要指出的是,本书各篇作者来自于全市各个领域,他们当中既有从事实际工作几十年的业内专家,也有高校和科研院所的专业研究人员,所提供的分析结论仅代表个人意见。数据的使用也按照惯例和要求,基本以2017年前三季度为主,导致有些判断可能与全年最终结果有差别,甚至有不同。在专题篇中,有些作者的观点和行业篇甚至综合篇的判断未必一致,不但在所难免,而且也恰恰是本书纳百家之言的特色所在,有争论有分歧将有助于认识的深入和统一,相信读者可以理解。

2017 年的辉煌已经成为历史,2018 年全市处在两个百年奋斗目标的历史交汇期,也是天津发展的重要历史窗口期,在新的历史时期,全市将继续贯彻党的十九大精神,按照加快推进“五个现代化天津”的目标持续努力,不忘初心牢记使命,维护核心忠诚担当,埋头苦干奋勇竞进,让天津再显佳绩,再创辉煌!

王立国

2018 年 3 月 12 日

综　合　篇

2017—2018 年天津市社会发展形势分析与预测

郭 鹏

2017 年是实施“十三五”规划的重要一年,我们党胜利召开十九大,我市胜利召开第十一次党代会,成功举办第十三届全运会。回首过去的一年,我市全面贯彻习近平新时代中国特色社会主义思想和对天津工作提出的“三个着力”重要要求,牢固树立和落实新发展理念,主动适应经济发展新常态,坚持稳中求进工作总基调,牢牢把握天津发展的重要历史性窗口期,加快建设“五个现代化天津”,促进了经济持续健康发展与社会和谐稳定。

一、2017 年天津社会发展总体形势

2017 年世界经济仍在深度调整,我国经济稳中向好的基础不断巩固。全市上下认真贯彻中央和市委市政府决策部署,有效应对错综复杂的发展形势和各种风险挑战,积极推进京津冀协同发展和“一带一路”建设,全力支持雄安新区规划建设,以天津之“进”服务全国改革发展大局,切实把历史性窗口期转化为改革创新突破期、转型发展黄金期。我市在经济运行基本稳定、整体经济保持增长、质量效益持续提升的基础上,社会发展总体形势平稳有序、向上向好。具体表现在以下 9 个方面:

1. 就业创业规模持续扩大,就业质量不断提升

2017 年,我市坚持实施就业优先战略和更加积极的就业政策,努力实现更高质量就业。促进经济增长与扩大就业联动,促进产业结构、区域发展与就业协同,发挥小微企业就业主渠道作用,在促进新兴业态发展中扩大就业,以创业带动就业,稳妥做好化解钢铁过剩产能职工安置工作,认真做好军队转业干部安置工作。前三季度,新增就业 36.51 万人,同比增长 0.1%,

其中第三产业新增 20.8 万人;城镇登记失业率控制在 3.5%。鼓励高校毕业生多渠道就业,引导社会力量搭建大学生创业孵化平台,截至 2017 年底,全市大学生创业孵化基地达 106 家,在孵企业 1887 家,带动就业 6545 人。继续实施"百万技能人才培训福利计划",截至 2017 年 9 月底,共有 117.5 万人取得职业资格证书。积极推进海外人才开发工程,截至 2017 年底,推动实施 460 多项引智项目,引进高层次境外专家 2000 多人次,已存储海外人才推荐的人才、项目、机构等资源 3000 多个。

2. 城乡居民收入平稳增长,消费市场持续活跃

2017 年,我市持续推进居民收入增长和经济增长、劳动报酬提高和劳动生产率提高同步,20 项居民增收措施顺利完成。《天津市激发重点群体活力带动城乡居民增收工作方案》渐次落地,弘扬新时期工匠精神,努力增加技能劳动者收入;坚持以增加知识价值为导向,逐步提高科研人员收入水平;营造大众创业良好环境,努力增加小微创业者收入;完善相关配套政策,努力增加企业经营者收入;坚持共享发展成果,努力增加困难群体收入。持续推进农民增收工作,积极推动农民就业创业,增加工资性收入;加快推进现代都市型农业建设,稳定家庭经营收入;深入推进农村改革,赋予农民更多财产权利。2017 年,我市最低工资标准由每月 1950 元调整为每月 2050 元,突破 2000 元大关。前三季度,我市居民人均可支配收入 29448.10 元,增长 8.9%,其中城镇居民人均可支配收入 32211.79 元,农村居民人均可支配收入 16611.03 元。与此同时,我市消费市场持续活跃。前三季度,全市社会消费品零售总额 4295.63 亿元,享受型商品销售较旺,体育娱乐用品限额以上零售额增长 1.1 倍,家具、化妆品、通信器材等限额以上零售额分别增长 57.0%、13.8% 和 12.8%。前三季度,我市居民人均消费支出 20657.58元,同比增长 5.0%,其中,城镇居民人均消费支出 22525.88 元,农村居民人均消费支出 11979.51 元。我市与上海、北京是前三季度全国仅有的居民人均可支配收入超过 2 万元的地区。

3. 教育优先发展持续推进,质量不断提高

2017 年,我市聚焦人民对更好教育的需要与教育发展不平衡不充分之间的矛盾,打好教育公平普惠、深化改革、提升质量、服务发展四个攻坚战,大力推进教育现代化,在办好人民满意的教育上取得实效。制定《统筹推进区内城乡义务教育一体化改革发展实施方案》,从办学条件、学校管理、师资水平、教育质量等方面,着力解决城乡义务教育发展不平衡不充分的问题。2017 年,我市新建和提升改造幼儿园 106 所,已全部投入使用,新增 240 个

班、7000 多个学位，切实解决“入园难”问题；正式挂牌的社区“儿童之家”有 1313 个，覆盖率达 76.47%，预计 2018 年底实现全覆盖，提前两年完成《天津市儿童发展规划（2016—2020 年）》目标任务。印发《关于在我市中小学开展课后服务工作的通知》，有效解决困扰中小学生家长的“三点半”接送难题，预计完成 200 所义务教育学校达标建设。高校“双一流”建设持续推进，纪录片《有个学校叫南开》在全国热播。继续教育、老年教育和特殊教育获得积极发展，民办教育发展日益规范。职业教育示范区不断升级并继续“领跑”全国，我市职业教育的国际化已经进入中高水平国际交流合作的发展新阶段，2017 年，我国首个海外职业培训中心——澜湄职业培训中心开工建设，两座“鲁班工坊”分别在印度和印尼揭牌成立。

4. 健康天津建设加快推进，人民健康水平进一步提高

2017 年，我市落实全国卫生与健康大会精神，以“大健康”理念为引领，以强化基层服务为重点，为广大群众提供全方位、全周期的健康服务。深化医药卫生体制综合改革，推进“三医”联动，加快推进分级诊疗和医联体建设，全面提升基层医疗卫生服务能力。2017 年，我市实施“进一步改善医疗服务行动”，院前急救电话指导自救和互救率、分级分类调度率、救护车车载信息系统同步传送装置和音视频通讯互动装置配置率均达到 100%，66 家医疗机构成立了门诊预约和转诊服务中心，56 家医疗机构成立了住院患者服务中心。市残疾人综合服务园区建成并投入使用。全力办好第十三届全运会，打造“十五分钟健身圈”，完善市、区、街镇、社区（村）四级全民健身设施网络，构建亲民、便民、惠民的公共体育服务体系。积极应对人口老龄化，加快建设以居家为基础、社区为依托、机构为补充、医养结合的多层次养老服务体系。将困难老人居家养老服务（护理）三个等级的补贴标准提高至 200 元、400 元、600 元，由原先以服务券形式支付调整为现金发放。新建 31 个、转型升级 42 个社区老年日间照料中心，内设医疗机构的养老院已有 42 家，其中纳入医保定点 30 家，签约医疗卫生机构的养老院有 305 家，总体上实行医养结合的养老院达到 95.6%，212 个社区实现智能养老。

5. 社会保障更加公平、可持续，基本公共服务走入公平优质

2017 年，我市民生保障网不断织密扎牢，20 项民心工程顺利开展、成效显著。2017 年，我市中心城区棚户区改造完成 46.25 万平方米，实现三年棚改“开门红”；开工建设棚户区改造安置房 3.02 万套，基本建成 3.1 万套，新增租房补贴 4981 户；老旧小区和远年住房改造已有 550 个片区开工；提前完成市内六区直管公房维修，让 3.8 万居民受益。截至 2017 年 12 月初，农

村危房改造共开工 5197 户,竣工 5001 户,提前完成全年各项任务。城乡低保标准统一提高到每人每月 860 元,调整农村困难群众物价补贴标准,实现城乡标准统一。实施全民参保计划,调整居民基础养老金、退休人员养老金。截至 10 月中旬,全市农村留守儿童数量已由最初摸排的 1236 人减少到 545 人。建立了特困人员照料护理补贴制度,完善了分类救助政策,提高了部分重病患者家庭收入抵扣标准,降低了重病家庭申请社会救助的门槛。市第一殡仪馆改扩建新二期工程基本完成,市第三殡仪馆完成了桩基工程等基础工程施工,加大 3000 元一站式全程文明办丧服务的推广力度。全面完成困难村结对帮扶工作任务,城乡困难群体兜底和失独家庭帮扶救助工作扎实推进。根据气候和温度实际状况 11 月 1 日提前供暖,供暖长效管理服务机制不断健全。

6. 人民群众精神文化生活日益丰富,城市文明进一步提升

2017 年,我市坚持把社会效益放在首位,把服务群众同教育引导群众结合起来,不断深化文化改革发展,深入开展城市文明建设综合提升工程,大力实施文化惠民工程,扩大文化产品服务有效供给,用文化内涵提升城市人文品位。2017 年,滨海文化中心投入运营;历时 3 个月的“2017 天津文化惠民季”顺利开展;“文惠卡”新增补贴 3.5 万人,累计惠及 29.5 万人次;演艺网共推出约 3000 场演出,平均每天约 8.2 场;全国首个文化惠民演出联盟“天津市文化惠民演出联盟”成立,联盟成员达 58 家。“云端上下”多种形式推进文化惠民,让文化服务触手可及。开展了 6000 多场次公共文化志愿服务活动,受惠群众达到 300 万人次。顺利开展“迎全运当好东道主、做文明有礼天津人”专项行动,推动市民文明素质和城市文明程度进一步提升。

7. 生态宜居水平不断提升,生态环境持续改善

2017 年,我市坚定走生产发展、生活富裕、生态良好的文明发展道路,深入推进“四清一绿”行动。推进生态环境绿色化,打造生态建设绿色谱系,加大环境执法和监管力度;推进生产方式绿色化,更加注重绿色 GDP,实现可持续发展;推进生活方式绿色化,倡导勤俭节约、绿色低碳、文明健康的消费方式和生活习惯。2017 年,我市持续推进中央环保督察问题整改,先后解决群众反映集中的环保问题近万件;压减燃煤 1000 万吨,工业污染排放下降 24%,淘汰黄标车、老旧车 45 万辆;累计建成公交专用充换电站 50 座、充电桩 808 台,累计建成充换电站 214 座、充电桩 2917 台,初步形成全市范围内半径 0.9 公里、3 公里、5 公里的充电服务网络。2017 年 10 月 1 日至 12

月 24 日，全市 PM2.5 平均浓度为 57 微克/立方米，比 2016 年同期下降 43%，发生重污染天数 4 天，比去年同期减少 10 天。开展涉水工业企业达标排放专项检查，检查涉水工业企业 2600 余家，立案处罚违法行为 160 多件。市内六区环卫设施改造提升，维修公厕 335 座，改造公厕 80 座，安装公厕指示牌 392 个。搞好城市生活垃圾、餐厨垃圾、建筑垃圾、医疗垃圾无害化处理，环城四区建设 4 个新的渣土堆卸地，市内六区改造垃圾转运站 13 座，全市实现土石方作业建筑施工工地红外摄像视频监控全覆盖和扬尘在线 24 小时动态检测，道路扫保"以克论净"做好考核。2017 年，全市共有 137 个社区申报美丽社区。扎实推进中新生态城绿色发展示范区建设，切实提升绿色发展水平。推动农村生活污水集中处理和旱厕改水厕进程，农村生活垃圾无害化处理设施配套率达到 100%，建成美丽村庄 150 个。湿地自然保护区修复与保护效果逐步显现，2017 年北大港湿地、七里海、大黄堡湿地等鸟类数量同比增加了 20% 以上。

8. 基础设施建设统筹推进，城市形象不断提升

2017 年，我市城乡规划建设统筹力度加大，现代城乡体系加快构建，经营城市理念逐渐树立，市场化配置资源的有效手段日益显著，城市地上地下基础设施建设统筹推进。2017 年，我市落实"窄路密网"理念，完成 6 座立交桥建设，新建、拓宽 20 条配套道路，整修 12 条道路；地铁 1 号线东延工程基本完工，地铁 5 号线全线电通，预计 2018 年上半年通车；天津铁路枢纽西南环线扩能改造工程正式通车；通勤线路总数达到 29 条，公交通勤线网逐步织密。地下综合管廊开工建设总计 17.7 公里，预计到 2020 年达到 50 至 70 公里。完成水、气、热老旧管网改造 100 公里，完成大明道、日朗路、罗浮路 3 座雨水泵站建设，解决了华苑、侯台等地区道路积水问题。2017 年，我市以迎全运为契机深入开展城市综合整治，扎实推进街景立面美化、里巷道路环境治理、道路交通秩序治理等十大工程，实现全天候管理、全方位整治、全覆盖提升。例如，拆除了 3294 块大型占地户外广告，实现了城市高速公路两侧大型占地户外广告"零存在"；中心城区 109 根烟囱进行了美化或拆除；累计建成 7 个郊野公园，初步形成绕城郊野公园环；建设 63 公里的城市道路精品夜景灯光网络。以环境优美、服务优良、安全有序、文明和谐的城市形象迎接全运会召开，顺利举办了一届"安全、节俭、绿色、精彩"的全国体育盛会。

9. 平安天津、法治天津建设扎实推进，城市生活愈加方便和美好

2017 年，我市深化城市管理体制改革，推动城市管理向城市治理转变，

不断提高精细化、规范化、科学化水平。生产、交通、食品药品、公共场所等重点领域安全工作持续加强,防灾减灾救灾能力不断提升,社会治安防控体系越来越健全,社会矛盾排查化解、突发事件应急处置机制日益完善,保障了人民生命财产安全和社会安全稳定。2017 年,我市食品、保健食品欺诈和虚假宣传整治工作取得阶段性成效。平安系列专项行动顺利完成,严打"盗抢骗"、食品药品环境污染、毒品等违法犯罪,破获各类多发性侵财犯罪案件 12201 起,整改治安乱点近 300 处,依法取缔违规违法场所 1100 家、停业整顿 878 家。推进警防网络建设,设置 632 个网格化巡区、316 个"1、3、5 分钟"处警圈和 21 个 30 分钟围堵圈。全市 110 刑事警情同比下降 22%,抢夺和抢劫警情下降了 44.5%。全运会期间,刑事、治安警情同比分别下降 55% 和 22%,未发生重大刑事、治安案件和交通、火灾事故。天津反诈中心接警 1.8 万多起,查控账号 5000 多个,封停涉案电话 1500 多个,冻结涉案账号 2300 多个,避免经济损失 3.1 亿余元。打击取缔非法传销的专项行动让传销团伙无立锥之地。

二、2018 年天津社会发展形势预测与挑战

2018 年是贯彻党的十九大精神的开局之年,是改革开放 40 周年,是决胜全面建成小康社会、实施"十三五"规划承上启下的关键一年。我市将全面贯彻党的十九大精神,以习近平新时代中国特色社会主义思想为指导,坚持稳中求进工作总基调,坚持新发展理念,紧扣我国社会主要矛盾变化,按照高质量发展的要求,解放思想、创新竞进,扎实推进"五位一体"总体布局、"四个全面"战略布局的天津实施,促进经济社会持续健康发展。我市社会发展将继续呈现平稳有序、向上向好的良好态势,就业创业、居民收入、教育医疗、社会保障、精神文明、生态环境、社会治理等各个方面将取得更大成绩。但同时,民生改善和社会治理等方面与群众期待还有差距,还面临一些挑战。

1. 某些基础设施和基本公共服务有待提高

近年来,我市基础设施不断完善,公共服务均等化水平不断提高。但是,与加快建设"五个现代化天津"的具体要求相比,基础设施和基本公共服务在某些方面还有待提高。例如,交通网络系统还无法有效满足现代化大都市建设要求,高峰期堵车,部分路段停车难、停车乱等问题客观存在。就业创业、收入水平、教育医疗、社会保障、环境安全等基本公共服务还存在不

平衡不充分现象，与人民群众对美好生活的向往还有一定差距。

2. 部分群众生活还比较困难

近年来，我市财政支出的 75% 用于民生领域，每年实施 20 项民心工程惠及千家万户，结对帮扶困难村和联系服务社区工作成效显著。但是，还有部分群众生活比较困难，大重病低保、低收入、单亲家庭、孤儿、孤残家庭、困难老人等弱势群体仍将是 2018 年的救助重点。如何妥善安排困难群众的生活，提高困难群众的获得感、幸福感，仍是对 2018 年我市着力保障和改善民生工作的一项挑战。

3. 安全生产和社会治理仍存在隐患

近年来，我市安全生产和社会治理工作不断完善，保障了人民生命财产安全和社会安全稳定。但是，安全生产工作还存在认识不足、落实不够、责任不明等问题，一旦遇到突发事故，不排除造成人员伤亡的可能。个别食品销售、餐饮服务、食品生产加工小作坊、食品摊贩、农村集体聚餐可能存在食品安全隐患。某些社会矛盾还有待妥善处置。部分网吧、旅店、医院、学校等还存在一些安全隐患。

4. 环境污染治理还面临较大压力

近年来，我市环境污染得到了很大改善，但仍面临较大压力。重污染天气时有发生，冬春供暖季更加明显。私自违法燃放烟花爆竹屡禁不绝，不仅对大气环境造成危害，而且危害公共安全和人身、财产安全。部分地区农产品采收后的秸秆管理还不到位，出现露天焚烧农作物秸秆现象。环境污染治理仍将是 2018 年的挑战之一。

5. 市民文明素质和城市文明提高空间仍较大

近年来，我市市民的文明素质和城市文明显著提升，但是，一些不文明现象和行为仍然存在。有的乱闯红灯，不礼让行人，乱扔垃圾，随地吐痰；有的损害花草，在绿地里种菜或者饲养家禽家畜，在绿地内取土、烧烤；还有的私搭乱建，私装地锁，乱发乱贴小广告，随意悬挂广告牌、照明灯具或者其他物品等。个别市民的文明素质客观上影响了文明城市创建，有损城市形象，是对 2018 年我市精神文明建设工作的一项挑战。

三、2018 年天津社会发展的对策建议

1. 继续加强基础设施规划和建设，提供更公平、更优质的基本公共服务

加强城市基础设施建设，夯实支撑天津长远发展的“底盘”。进一步合

理规划城市交通。加强停车秩序管理,优化现有路内泊位管理,加强停车收费管理和智能化管理,强化违停的治理。在商业办公区、公共交通场站、学校、医院、城市外围轨道交通枢纽等区域周边,新建一批公共停车场。继续清理整顿占用机动车道、占压盲道、占用隔离带以及占绿毁绿、损坏堆放等共享单车乱停乱放问题,并建立健全长效机制。继续推进智慧城市建设,让智慧养老、智慧医疗、智慧教育、智慧交通等专项建设稳步向前。加强海绵城市建设和节水设施建设管理,海绵城市设施应与主体工程同步设计、同步施工、同步竣工验收、同步交付使用。加快推进基本公共服务均等化,努力实现基本公共服务全覆盖。推进城乡规划、基础设施、公共服务向农村延伸,努力形成城乡发展一体化新格局。坚持教育优先发展,把就业创业作为民生之本、幸福之源,打造健康城市,建立更加公平、更可持续的社会保障制度。

2.进一步提升社会保障水平,精准帮扶困难群众

在 2017 年实现了低保标准城乡统一、每人每月 860 元的基础上,依据本市经济发展状况、人均可支配收入及消费支出增长情况等,逐步提高生活救助标准。健全特困供养制度,适度扩大特困供养范围,逐步提高供养标准。逐步完善医疗救助政策,将门诊救助由定额补贴调整为按比例报销,减轻困难群众的医疗负担。进一步降低特殊困难群体申请低保的门槛,健全完善分类救助政策。不断加大临时救助力度,帮助困难群众解决急难问题。健全社会救助家庭核对机制,进一步提高救助对象认定的准确率。制定农村低收入群体精准帮扶措施,做好帮扶工作。

3.大力加强安全生产和社会治理,不断提升人民群众的安全感和参与度

继续加强安全生产,坚决落实属地责任,按照“党政同责、一岗双责”要求,创新隐患排查治理方式,严格监督考核问责。坚决落实部门监管责任,充分发挥职能作用,加大打非治违工作力度。坚决落实企业主体责任,建立健全自我约束、持续改进的安全生产内生机制,扎紧安全管理制度“围栏”。加强社会治理制度、预防和化解社会矛盾机制建设,强化综治基层基础建设,着力提高社会治安综合治理的信息化水平,积极构建立体化社会治安防控体系。加强对食品销售、餐饮服务、食品生产加工小作坊、食品摊贩、农村集体聚餐的监督检查。遵循以人为本、预防为主、综合治理、依法处置的原则,加强医院安全管理,维护医院正常医疗秩序,保护医患双方合法权益。加快推进重点区域技防监控设施建设,打通网吧、旅店、医院、学校等重点行

业部位的视频监控,切实增强人民群众的安全感。重视舆情的汇集、分析、研判,推进协商民主广泛多层制度化发展,有效化解基层社会矛盾,增强公共决策的科学性和民主化。

4. 不断加强环境污染治理,不断提升生态宜居水平

坚持保护优先、预防为主、综合治理、公众参与、损害担责的原则,加强大气污染防治,严格限制有毒有害气体和恶臭的排放,实施对机动车尾气排放的监督管理和控制。鼓励和支持大气污染防治科学技术研究,推广、应用先进的大气污染防治技术。严格落实 2018 年 1 月 1 日起实行的《关于禁止燃放烟花爆竹的决定》,减少大气污染。大力推进农作物秸秆综合利用,在本市行政区域内全面禁止露天焚烧农作物秸秆。坚持注重节水、保护优先、预防为主、综合治理、公众参与、损害担责的原则,加强水污染防治。建立健全河长制,制定和完善水污染事故处置应急预案,与北京市、河北省及周边地区建立健全水污染防治协作机制。鼓励公众积极参与环境保护监督管理,严厉打击环境违法行为。

5. 继续提升市民文明素质和城市文明,推动精神文明建设迈上新水平

以钉钉子精神抓好全域创建文明城市工作。大力弘扬雷锋精神和志愿服务精神,加大志愿者保障力度,激发凝聚正能量。坚持问题导向,重点解决文明出行、文明祭扫、垃圾分类、楼道清整、绿化建设、违建治理、圈占清理等突出问题。做好交通法规和安全常识宣传,加大对行人、自行车、电动车闯红灯和机动车不礼让行人、不文明驾驶等违章行为的惩戒力度,完善共享单车“限骑”黑名单制度。继续加大文明祭扫宣传力度,依法治理占路摆放和焚烧祭祀用品行为。加快实现城区范围内的公共机构和相关企业生活垃圾强制分类,建立垃圾分类的法律法规和标准制度体系,形成可复制、可推广的生活垃圾分类模式。以恰当方式,集中监督曝光“光膀”上街、乱扔杂物、占路祭祀、随地吐痰等身边的不文明行为,并采取属地化、职能化方式进行治理。

(作者单位:天津社会科学院舆情研究所)

部 门 篇

2017—2018 年天津市教育事业发展状况分析与预测

杨春芳　杨　旭

2017 年是党的十九大胜利召开之年,也是全面落实国家和天津市教育事业发展“十三五”规划的承上启下之年。天津市全面贯彻党的教育方针,以习近平总书记对天津工作提出的“三个着力”重要要求为元为纲,注重内涵发展、提升质量,不断深化教育综合改革,加快推进教育现代化,努力办好人民满意的教育,坚定不移沿着中国特色社会主义教育道路前进。

一、2017 年教育事业发展的基本情况

(一)基础教育着力促进优质均衡

基础教育坚持落实立德树人根本任务,坚持公平普惠,着力在促进教育公平和提升内涵质量上下功夫,努力办好每一所学校、教好每一个学生。

1. 规范办园行为,提升学前教育保教质量

为推进学前教育普惠提质,切实解决“入园难”问题,更好地满足人民群众对接受良好学前教育的期盼,2017 年,全市新建、提升、改造 106 所幼儿园,新增 7000 多个学位。市政府办公厅制定《关于进一步加强学前教育的实施意见》,明确提出建立健全政府主导、社会参与、公办民办并举的办园体制,以扩大资源总量、优化结构布局、完善体制机制、提高保教质量为重点,全面提高学前教育公共服务水平。为进一步加强幼儿园管理,提高公办幼儿园办园水平和保教质量,市教委制定了《天津市公办幼儿园等级评定办法(试行)》,对公办幼儿园实行等级管理制度,并相应制定了一系列标准,如《天津市公办幼儿园等级标准(试行)》《天津市幼儿园保教设备装备标准

(试行)》等,明确对公办幼儿园定期考核的具体标准要求。此外,为有效扩大学前教育资源,更好地引导和支持社会资本进入学前教育领域,将支持普惠性民办幼儿园发展项目列入“天津市政府 2017 年 20 项民心工程”,以鼓励多种形式扩大普惠性学前教育资源,并相应制定《天津市支持普惠性民办幼儿园发展奖补项目和资金管理办法》,切实解决民办学前教育资源短缺问题。

2. 全面推进义务教育学校现代化标准建设,提升均衡发展水平

2017 年,全市继续全面推进第三轮义务教育学校现代化标准建设。为实现义务教育优质均衡发展,积极探索学校联盟、集团化办学、委托办学、引进优质教育资源等举措,进一步完善免试就近入学政策。启用“天津市义务教育入学管理平台”,面向社会统一发布市、区两级义务教育免试就近入学政策,公布招生工作流程,宣传老百姓身边好学校,提高义务教育学校招生入学工作的信息化管理水平。为促进义务教育事业持续健康发展,市政府办公厅印发《天津市统筹推进区内城乡义务教育一体化改革发展实施方案》,清晰制定城乡义务教育一体化改革发展的时间表与路线图,明确提出以实现城乡基本公共教育服务均等化为目标,加强城乡义务教育资源建设,完善城乡义务教育经费保障机制,统筹推进区内城乡义务教育一体化改革,全面提升义务教育均衡发展水平。

3. 普通高中进一步深化与新高考相适应的课程改革

2017 年,全市努力办好公平优质多样的高中教育。对 12 所特色高中建设项目学校进行了评估验收,并支持有条件的普通高中探索普职融通和综合高中建设。为贯彻落实教育部推动普及高中阶段教育的要求,市教委制定《天津市高中阶段教育普及攻坚计划(2017—2020 年)》。作为全国第二批高考改革试点省市,正式启动高考招生改革。从 2017 年秋季入学的新高一年级取消文理分科。同时,为积极推进与新高考相适应的课程改革,相继出台高中课程设置与实施的指导意见、高中学校课程建设的指导意见、高中学生“选课与走班”的指导意见、高中学生发展的指导意见等相关政策文件,为高中课改提供必要的制度保障。

4. 启动高素质教师队伍建设工程,提升信息化水平

继“未来教育家奠基工程”等 5 项市级师资队伍建设重点培训项目之后,正式启动中小学“乡村教师专业能力提升项目”和“学科领航教师培养工程”。为全面落实教育信息化十三五规划,继续深化“三通两平台”应用,“优质资源班班通”“网络学习空间人人通”不断普及深化,“课堂用、经常

用、普遍用”的信息化教学新常态已初步形成。天津市基础教育资源公共服务平台与基础教育信息化基础设施不断完善，优质数字教育资源覆盖面不断扩大。此外，通过中小学“一师一优课、一课一名师”等活动，进一步促进信息技术与教育教学过程的深度融合，不断提高中小学教师的信息技术应用能力和信息素养。

（二）职业教育实现高标准领先发展

职业教育不断深化办学体制改革，立足服务转型升级、服务创新发展、服务改善民生、服务城市品牌打造，努力构建现代职业教育新体系。

1. 探索形成“五业联动”发展新模式

职业教育瞄准“中国制造2025”，延续“产教融合、工学并举”的改革成果，充分发挥行业企业办学的突出优势，积极探索政府主导、统筹，行业企业参与、指导、评价，职业院校培养，研究机构支撑、服务的职教发展新机制。“政、行、企、校、研”五方权责清晰、定位明确，逐步形成根植于产业发展，服务行业、企业需求，对接职业岗位，落地于专业建设的产业、行业、企业、职业和专业“五业联动”的发展新模式。

2. 构建技术技能人才成长“立交桥”

高职院校分类招生考试和中职学校招生改革进一步推进，逐步探索出符合职业教育特点的“文化素质＋职业技能”考试招生办法。积极搭建本科层次学习平台，打通从中职、高职到本科层次、专业型硕士的技术技能人才培养渠道，贯通“中高本硕”，实现技术技能人才成长的有效衔接，让每个专业都能对接一个甚至一批产业，积极构建技术技能人才成长的“立交桥”。一批“中高本硕”衔接新体制应运而生，如“3+3中高衔接培养”“3+4中本系统培养”“3+2高本衔接培养”“3+4高硕系统培养”以及“专业硕士联合培养”等。

3. 创办“鲁班工坊”，推进职业教育国际化

为深入贯彻落实“一带一路”国家战略部署，适应中国企业加快走出去的步伐，职业教育积极为培养熟悉中国技术、产品、标准的技术技能人才提供助力。继2016年泰国“鲁班工坊”之后，天津市第二商业学校和英国奇切斯特学院合作建立的“鲁班工坊”正式揭牌运行，这是“鲁班工坊”首次落地欧洲国家。12月，以新能源汽车等新兴产业技术为主的印度“鲁班工坊”和以汽车维修为重点的印尼“鲁班工坊”相继揭牌成立，标志着新时代天津职业教育的国际化已经进入中高水平国际交流合作的发展新阶段。“鲁班工

坊”不仅有利于提升职业教育开放、协同、交流和共享水平,更成为天津职业教育向世界亮出的一张新名片。

4. 启动职教创新创业教育服务平台

天津市职业教育创新创业教育服务平台正式启动。该平台由创新创业教育、企业对接交互、创业综合服务和数据分析监测四大平台组成。目前,创新创业教育平台包含六门学习课程与六大实训系统;企业对接交互平台包含项目共享、合作交流、企业培训,实现了学校和企业之间在人才合作和资源共享上的“双赢”;创业综合服务平台包含成果展示、众创空间导航、专利申报、咨询服务、创业活动管理、信息聚合推送,为学生的创业活动提供一站式服务;数据分析监测平台可实时记录用户使用情况,分析用户行为,自动生成用户使用数据报告,利用大数据分析为教学改进提供数据支撑。

(三)高等教育不断提升高校综合实力

高等教育进一步深化“放管服”改革,不断深化高校创新创业教育改革,提高科技创新和成果转化水平,进一步加强高校众创空间内涵建设,不断提升大学生创新创业能力。

1. 推进“双一流”建设

制定实施《天津市推进一流大学和一流学科建设实施方案》,明确以五年为一个建设周期,建成若干一流大学和一流学科、专业,高校人才培养、科学研究、社会服务、文化传承创新和国际交流合作的综合实力明显提升。明确“国家层面建设项目”有三个:一是支持南开、天大建设世界一流大学。二是支持医科大学肿瘤医学学科群、工业大学现代纺织学科群、中医药大学中药学科群建设世界一流学科。三是支持中德应用技术大学建设世界一流应用技术大学。“市级层面建设项目”有五个:一是支持 9 所左右市属高校和 2 所共建高校建设高水平特色大学。二是重点建设 30 个左右学术水平领先的国际或国内一流学科。三是重点建设 50 个左右服务对接本市产业的特色学科(群)。四是重点建设 12 所高职院校。五是重点建设 30 个对接本市产业的优质专业(群)。

2. 高校不断提升学科建设水平

各高校把立德树人作为中心环节,进一步建立健全重点学科建设和管理机制,努力改善教学、科研条件,加强师资队伍建设,凝练学科优势和办学特色,不断提高学科建设水平。12 月 27 日,市教委公布了《天津市一流学科和特色学科(群)建设名单》,拟建设南开大学哲学等 80 个一流学科、天津职业技术师范大学教育学等 3 个一流(培育)学科、天津科技大学智能轻工装备等 81 个特色学科(群)。天津市一流学科建设重点支持哲学、历史学、经济学等一批具有中国特色的哲学社会科学学科,数学、化学、物理、生物等一批理学学科,化学工程、材料、仪器、建筑等一批工学学科,中医中药、基础与临床医学、药学等一批医药类学科,艺术、体育等一批艺体类学科发展;重点支持与信息技术、智能科技、高端装备制造、航空航天等优势主导产业、战略性新兴产业、现代服务业和现代都市型农业紧密对接的特色学科(群)进行建设。按照计划,本市将力争到 2020 年,实现 30 个左右学科达到国内一流水平,跻身世界前列;到 2030 年,更多学科达到国内一流水平,跻身世界一流行列。

3. 推进部分地方普通本科高校向应用型转变

市教委联合市发改委和市财政局,共同制定《关于进一步推进部分地方普通本科高校向应用型转变的实施方案》,明确高校要主动融入产业转型升级和创新驱动发展,推动转型发展,把办学思路转到服务地方经济社会发展上来,转到产教融合校企合作上来,转到培养应用型技术技能型人才上来,转到增强学生就业创业能力上来,全面提高服务我市经济社会发展和创新驱动发展的能力。方案明确在“十三五”期间,在全市普通高校建设 100 个左右优势特色专业和 150 个左右应用型专业。同时,明确了推进部分高校向应用型转变的主要任务。2017 年,市教委已批准天津大学等 3 所部属院校 22 个专业、天津科技大学等 15 所市属院校 104 个专业为优势特色专业建设项目,南开大学等 3 所部属院校 11 个专业、天津工业大学等 15 所市属院校 145 个专业为应用型专业建设项目。

(四)终身学习体系不断完善

2017 年,全市全面推进继续教育和全民终身学习工作,加快建设高水平学习型城市。依托社区学校、社区活动中心等社区教育机构,大力开展老年教育。除了积极发挥好天津市老年大学的示范作用外,还将老年教育发展同社区教育、职业教育相联系,充分发挥我市作为国家现代职业教育改革创新示范区的教育资源优势,来助推老年教育。如天津城市职业学院职教集团成立老年教育指导中心,为中心城区发挥职业教育资源优势,加强老年教育课程建设,加强老年教育专业队伍建设,开展老年教育理论研究及应用等方面起到积极推动作用。同时,为不断满足老年人日益增长的多样化学习需求,将以天津广播电视大学为龙头,并依托电大各分校(社区学院),建设天津老年开放大学,研发与老年教育相关的手机应用程序(APP)、老年超级课程表等,建立老年教育"学分银行"系统,运用终身学习卡可进行学习积分的兑换,逐步打通网站、移动端、数字电视、电子书籍等之间的界限,逐步打造线上线下、虚实结合的新型老年教育体系。同时,"天津终身学习网"升级版正式开通,设立学习课程、特色活动、兴趣社区、工作室、大讲堂和媒体联盟六大功能模块,使市民不出社区就能获得便民的智慧学习服务,形成天津特色的智慧学习社区模式。

二、2018年天津教育事业发展预测

2018年是贯彻党的十九大精神的开局之年,也是全面深化教育体制机制改革,落实十九大对教育改革和发展提出的新目标、新任务、新要求的关键之年。天津教育将抢抓历史性窗口期,着力解决教育发展不平衡不充分问题,加快教育现代化建设,进一步扩大教育对外开放,不断提升人民群众对优质、公平教育的获得感,办好人民满意的教育,为推动城市创新发展、全面现代化的实现奠定人力资源基础。

1.基础教育着力发展素质教育,全面提升优质均衡发展水平

2018年,基础教育将更加关注内涵发展和质量提升,全面推进依法治教,着力促进教育公平。深入落实《天津市统筹推进区内城乡义务教育一体化改革发展实施方案》,以实现城乡基本公共教育服务均等化为目标,聚焦高水平统筹城乡教育一体化发展,启动实施新一轮农村地区义务教育学校提升工程,加强乡村小规模学校和乡镇寄宿制学校建设。合理配置教育资源,提高特殊教育服务水平,对困难群体精准帮扶,进一步消除区域、城乡、校际差距,保障各类人群平等享有基本公共教育服务,努力让全市人民享有更优质更公平的教育。全面落实立德树人根本任务,着力发展素质教育,全面实施《中小学德育工作指南》,切实增强德育针对性和实效性。进一步深化普通高中课程改革,推进与高考改革相适应的普通高中课程与教学改革。

2.职业教育继续深化示范区升级版建设,坚持高标准领先发展

职业教育将进一步加快现代职业教育体系建设,完善德技并修、工学结合育人机制,促进职业技能提升与工匠精神培养深度融合。进一步深化产教融合与校企合作,完善政府统筹、行业主办、教育部门管理、企业参与的职业教育管理体制,完善多元主体职业教育集团发展机制。坚持按照国内一流、世界领先的标准,加快推进国家级现代职业教育示范区升级版建设,逐

步推出一批具有示范引领作用的职业教育改革创新成果。进一步深化职业教育国际交流合作,推进"鲁班工坊"建设,在"鲁班工坊"探索建立职业院校海外实习拓展基地。同时,提升职业教育信息化水平,打造示范区优质信息化资源和管理服务平台群。

3. 高等教育加快"双一流"建设,促进内涵式发展

高等教育将围绕京津冀协同发展、滨海新区开发开放等五大战略发展需要,形成更加合理的教育体系结构、学校布局结构、学科专业结构、人才培养结构和人才素养结构,形成强大且可持续的创新发展能力和服务能力。扎实深入推进一流大学和一流学科建设,不断深化高校人才培养模式改革,推进产教协同育人。进一步加强大学生创新创业教育,不断完善创新创业教育课程体系,推进创新创业示范高校建设。深入落实促进高校科技成果转移转化工作的实施意见,不断完善科技成果转化机制,促进教育与经济社会深度融合。

4. 终身教育进一步完善更加灵活开放相互沟通的终身学习体系

终身教育将进一步以学习者为中心,推进全市各类学习资源的建设与共享,加强不同层次不同类型教育之间的衔接沟通,推进基础教育与职业教育的相互融通,加强学校教育与继续教育之间的沟通衔接。不断提高终身学习教育资源的供给水平,完善覆盖城乡的继续教育网络,增加社区教育资源的供给,适应社区学习的多样性。结合本市特色,进一步拓展老年教育资源的供给,满足老年学习的多元需求。不断完善基层社区老年教育服务体系,建立健全社区老年教育网络,提供"就近、便捷、快乐"的老年教育服务。

5. 深化教育体制机制改革,推进京津冀教育协同发展

深入贯彻《关于深化教育体制机制改革的意见》,全面融入京津冀协同发展,大力推进育人方式、办学模式、管理体制、保障机制改革。深化教育领域"放管服"改革,推进教育"管办评"分离改革,进一步简政放权,强化事中事后监管,简化优化教育公共服务。深入落实《京津冀协同发展教育专项规划》,完善京津冀教育协同发展机制,确保京津冀教育协同发展各项交流合作协议落地见效。进一步推进国家大学创新园区建设,发挥京津冀现代职业教育与产业对接平台作用,完善"通武廊"基础教育一体化发展模式,引领京津冀基础教育协同开展。

(作者单位:天津市教育科学研究院)

2017—2018 年天津市卫生计生事业发展状况分析与预测

骆 达 周辰宇 刘春雨

2017 年是深化医药卫生体制改革取得阶段性成效的一年,也是全面推进“十三五”医改规划的关键之年。天津市深入贯彻学习党的十九大精神和新发展理念,紧紧围绕习近平总书记新时代特色社会主义思想,落实党中央、国务院的决策部署,不忘初心,牢记使命,深化医药卫生体制改革,加快建设创新型城市,实施区域协调发展,推进健康天津建设,为天津人民谋幸福,为满足人民群众日益增长的优质医疗服务需求取得了新成绩。

一、2017 年我市卫生事业发展的总体情况

(一)以建机制为重点,公立医院综合改革效果明显

深化医药卫生体制综合改革作为打造健康天津、增进人民福祉的重大民生工程,坚持问题导向,突出先行先试,有力有序推进各项改革任务落实,取得了阶段性成效,逐渐探索出一条具有天津直辖市特色的医改之路。国家卫生计生委通报全国公立医院改革重点任务进展情况,2017 年 1 至 8 月份我市按病种收付费的病种数与 17 个省并列全国第一,控制公立医院医疗费用增速为 4.6%,位列全国第二,增速同比回落 3.7 个百分点;公立医院收入结构得到优化,药费收入下降至 30% 以下,医疗服务性收入占总收入比重由 23.8% 上升至 31%;在四个直辖市中率先破除了实行 60 多年的公立医院“以药补医”旧机制,于 2017 年 9 月 1 日取消耗材加成;逐步建立起维护公益性、调动积极性、保障可持续的运行新机制;全国首创,在市场竞争形成基准价格的基础上,10 月份在胸科医院、环湖医院、泰达国际心血管病医

院、医科大学总医院试行一次性医用耗材基准价格管理，进一步降低虚高价格。

（二）以强基层为重点，分级诊疗制度初步形成

1. 医联体建设实现了两个全覆盖

全市共布设 263 家社区卫生服务中心和乡镇卫生院，分布密度和辐射范围较为均匀，基本实现了 15 分钟医疗卫生服务圈建设；三级公立医院和基层医疗卫生机构全部参加医联体建设，发挥大医院的辐射带动作用，推动优质医疗资源向基层下沉，补齐基层薄弱学科短板，全市 43 所三级医院和全部基层医疗卫生机构组建了 19 个医疗集团、14 个医共体、22 个专科联盟和 13 个远程医疗协作网，医联体内双向转诊、纵向帮扶、上下联动和横向优势互补、资源共享，完成上转 9124 人次，基层接收下转 5840 人次，完成基层影像 3767 例次，基层检验项目 71160 个。

2. 提前完成家庭医生签约服务目标

积极协调相关部门政策支持，做好家庭医生签约服务，打通了基层医疗机构与三级医院慢性病常用药品目录，推动我市在省级层面率先落实 120 元家庭医生签约服务费。全市一体化家庭医生签约服务平台正式运行，实现了居民个人电子健康档案和基层医疗机构信息资源“一个数据采集入口、一个数据存储中心、同步动态更新”，家庭医生签约人数已经达到 354.5 万，覆盖率达到 28.7%，重点人群覆盖率 76.4%。

3. 社区医养结合家庭病床服务上门

积极推动家医服务延伸到有医疗服务需求的居家养老家庭，为失能、半失能老人实施家庭病床服务 1903 人次，特需上门服务 30430 人次，静脉输注、导尿、插拔胃管共计 23865 人次。84 家医疗机构与养老机构签约合作，为入住老年人提供医疗保健、健康管理服务，帮助老年患者家庭解决实际困难。

4. 基层诊疗量明显增加

通过组建家庭医师、健康管理师、大医院专科医师“三师”共管团队和家庭医生工作室，确保基层“接得住”“管得好”，真正做到让百姓踏实看病、看好病。基层医疗机构门诊量同比增长 14.3%，基层门诊量占全市比重超过 40%，比 2016 年提高 6 个百分点，扭转了连续 7 年比重持续下降的态势，实现基层门诊量和比重“双提升”。

(三)以群众健康需求为重点,提升医疗卫生服务水平

1. 全面深化便民惠民服务

全市 44 家二级以上医院设立了门诊预约和转诊服务中心、38 家医院设立了住院患者服务中心,13 家医院实现移动支付缴费,10 家医院成立用药咨询中心,门诊就医预约率已达到 50%。

2. 重大疾病急救水平大幅度提高

全市共建成 25 所国家级胸痛中心和 14 所市级卒中中心。胸痛中心覆盖全市 16 个区,密度为全国第一。急性心肌梗死死亡率下降 50% 以上,在全国率先实现了急性心肌梗死人数下降拐点。通过开展静脉溶栓治疗,卒中患者复发率、致残率均有明显下降。

3. 完善卫生人才队伍培养体系

天津市委市政府下发了《关于深化医教协同进一步推进医学教育改革与发展的实施方案》,推进医学教育改革与发展,加强医学人才培养,以“5 + 3”为主体的临床医学人才培养体系基本建立,全科、儿科等紧缺人才培养水平得到加强,公共卫生、药学、护理、康复、医学技术等人才培养协调发展,培养质量显著提升,对卫生与健康事业的支撑作用明显增强。

(四)以支付方式改革为重点,提高医疗保障水平

天津市居民医保 2017 年政府补助由 730 元提高至 800 元,二、三级医院住院报销比例同步提高 5 个百分点,政策范围内住院报销比例达到 75%左右。居民医保门诊就医,由一级医院扩大到全市参加公立医院改革的二级医院。将 36 种国家谈判药品纳入医保报销。按期完成国家新版医保药品目录对接工作;全市 1500 余家定点医药服务机构,全面实施总额管理,通过引入利益相关方,多方协商,共议共决,确保分配公平公正,清算公开透明,有力地保障了医保基金收支平衡;糖尿病按人头付费已推广到 34 家医院,覆盖 2 万人,通过将医保基金按人头打包支付给医院,由医院及其医生调配使用,发挥健康守门人作用,增强医院管理积极性;在全市二、三级医院,推进了 110 个病种收付费工作。参保患者自由选择入组,医保基金整体打包支付给医院,结余留用、超支不补,激发医院管理绩效;完善门诊报销政策,实施个人账户当月金额 70% 注资管理、降低起付线、门诊医保额度跨年结转至住院额度等惠民政策。建立重特大疾病保障制度,实施精准保障、精准扶贫,先行将代谢病、非小细胞肺癌纳入保障范围;实现了异地就医直接

结算，做到了三个“全国第一”，即接入国家平台第一家省级地区，完成异地第一单刷卡结算，拨付了第一笔医保结算金。

（五）进一步加强和改进计划生育服务管理

根据《中共中央、国务院关于实施全面两孩政策改革完善计划生育服务管理的决定》精神，制定了《关于进一步加强和改进计划生育服务管理的意见》，切实做好全面两孩政策，加强出生人口监测预测，加强基层基础工作，加强妇幼健康计划生育服务，完善计划生育家庭奖励扶助机制，增强计划生育家庭发展能力，促进社会性别平等。

二、我市卫生事业发展存在的问题和挑战

（一）进一步加强基层医疗卫生服务体系建设

基层医疗卫生服务机构内基本医疗与基本公共卫生服务进行有效结合，形成基本医疗和基本公共卫生服务有机整合的健康管理服务模式，防治一体化是家庭医生制服务内涵发展的必然趋势，是社区卫生服务质量和效率的保证。以全科医生为主体向居民提供公共卫生服务充分体现新医改“预防为主”的指导思想，也为实现家庭医生为居民提供连续性照顾的目标奠定基础。

（二）进一步加强有针对性的卫生人员队伍建设

全面贯彻落实分级诊疗制度，引导医疗资源下沉；公共卫生服务模式逐步由传统预防保健人员直接提供模式转向家庭医生责任制模式；社区医养结合等等医改措施的施行，人民群众对于医疗卫生服务需求发生了转变，卫生人员队伍结构需要与之相契合，根据需求，有针对性的培养医疗卫生人员，加强全科医生、公卫医生、儿科、精神科等急缺医疗卫生人员的培养，加强毕业后教育，提高医疗卫生技术服务水平，满足人民日益增长的医疗服务需求。

（三）进一步推动智慧医疗体系建设

结合医联体建设和家庭医生签约服务工作，依托各级医疗机构现有的信息化平台和家庭医生服务平台，实现基层医疗卫生机构与二、三级医院的

数据互联互通,并家庭医生签约服务平台联网,建立覆盖全市的一体化医疗服务平台,居民电子健康档案、电子病历等数据共享,实现上下联动,一次调阅,全信息共享,支撑分级诊疗深入、全面地落实,并为家庭医生提供更完善的健康管理依据,促进基层职能有效发挥。

(四)加强全行业综合监管

通过卫生行政部门监管、制定行业法规规章、建立标准化评价等手段,加强对全行业的综合监管,实现人员、服务、设备、技术、机构全方位覆盖的监督管理,规范各级各类医疗卫生机构的管理制度,制定统一的医疗卫生服务标准,严肃处理人员和机构的不正当行为,建立独立第三方评价监督体系。

三、2018 年我市卫生事业发展的形势与建议

(一)以强基层为重点,进一步加快分级诊疗制度建设

1. 着力建设有明显成效的医疗联合体

各区结合实际情况,联合区内优势医疗资源和基层医疗卫生机构组建区域医联体和专科医联体,突出各区人民政府规划、指导、协调、财政投入的主体责任,推动区级医院和基层医疗机构形成利益、责任、服务、管理“四位一体”的医联体建设。发挥市级医学中心、区域医疗中心和专科医疗中心的特色学科引领和技术辐射能力,推动区域医联体和专科医联体建设。建立和完善医联体绩效考核机制,将三级医院技术辐射带动、医疗资源下沉、双向转诊比例、居民健康改善等指标纳入考核体系。

2. 大力提升家庭医生签约服务质量

优化签约服务内涵,落实签约居民长处方和差异化医保报销政策,优先保障基层医疗机构高血压、糖尿病、脑卒中等常用药供应。健全以签约服务质量、健康管理效果、居民满意度、医药费用控制、签约居民基层就诊比例等为核心的评价考核办法。到 2018 年底,家庭医生签约服务覆盖率达到 35%以上,老年人、高血压患者和糖尿病患者重点人群签约服务覆盖率达到 70%以上。为 60 岁以上失能、半失能老人提供家庭病床、上门医疗护理等精准化服务达到 10 万人次。

3. 加强全科医生队伍建设

实施基层骨干人才扶持工程，遴选基层素质好、能力强的管理和医护人员，系统性、规范化开展全科医生、护理及管理等基层专业骨干培训。全面加强全科医生队伍建设，制定全科医生队伍培养规划，加强全科医生队伍建设，坚持教育、培训、转岗并举，增强全科医生的人员总量和业务水平。到 2018 年底，实现每万常住人口 2.3 名全科医生。

4. 加快推进医养结合

以居家、社区医养结合为重点，推进家庭医生签约服务，促进医疗卫生机构与养老机构签约合作，医疗卫生机构为签约老年人提供挂号、就医等便利服务的绿色通道，深化服务内涵，提升服务质量。2018 年底完成签约 130 万老年人，全市 80% 的医疗卫生机构为签约老人开通“绿色通道”。

5. 推动乡镇村卫生服务一体化

推进村卫生室人员配置、药品购销、业务管理、薪酬分配、绩效考核与乡镇卫生院“五统一”，落实每年每个乡医岗位 1 万元定额补助，推行药品零差率销售和医保联网结算，实现农村参保居民足不出村享受便捷医疗服务。2018 年，建立试点，推进镇村卫生服务一体化改革。

（二）以建机制为重点，进一步深化公立医院改革

1. 加快建立现代医院管理制度

推进公立医院领导任期目标责任制和年薪制试点工作，在市属三级公立医院实行人员控制数额管理，研究公立医院绩效工资分配指导意见。建立健全综合监管制度，分级分类推进全市三级公立医院落实好总会计师制度，完善政府对医院的经济运行和财务、审计监管。2018 年，建立现代医院管理制度试点。

2. 完善医疗服务价格动态调整机制

按照“总量控制、结构调整”的原则，进一步巩固破除以药补医成果，优化调整公立医院医疗服务价格，满足医疗市场需求。完善专家评审和成本监审制度，制定新增医疗服务项目价格，加快新技术临床应用步伐。在总结试点医院经验的基础上，研究将医用耗材基准价管理机制推广至全市所有公立医院。落实国家医疗服务项目规范。

3. 加强医院内涵建设和精细化管理水平

通过执行精细化操作、实施精细化控制、开展精细化分析、做好精细化测算等手段，使公立医院规范化、精细化、科学化管理水平显著提升；贯彻落

实患者安全十大目标;充分发挥临床路径质量控制与管理工具作用,提高临床路径管理与实施的信息化水平;积极推进日间服务模式,逐步扩大日间手术病种。到 2018 年底,全市所有符合条件的三级医院均能开展日间手术;推动医师和护士管理精细化;实行医疗投诉分类管理和调查取证制度化;建立健全医院医疗安全分析评价考核指标体系。

4. 加大便民惠民服务力度

加快医疗卫生机构智慧门诊建设,采用网页、微信公众号、手机软件等多种方式,逐步取消门诊窗口挂号和缴费,有效缓解患者就医"三长一短"问题,提供患者用药咨询服务和住院"一站式"服务,使人民群众看病就医获得感有明显提升。

5. 探索中医诊疗新模式

继续在天津中医药大学第一附属医院等 3 家单位探索总结符合中医药发展规律的诊疗模式,搭建多学科一体化服务的平台。推进中医药健康促进工程,继续开展中医治未病服务能力建设项目。扩大中医药健康管理服务项目人群覆盖率,进一步加强中药饮片管理。2018 年内,中医药健康管理服务项目人群覆盖率达到 55%。所有社区卫生服务中心、乡镇卫生院和村卫生室开展中医特色健康服务。

(三)以保基本为重点,进一步健全深化全民医保体系

1. 完善医疗保险制度

完善职工医保报销政策,健全大病联保机制,构建多层次医疗保障制度体系。提高城乡居民医保财政补助,同步提高个人缴费标准。扩大儿童先心病救治范围,提高儿童医保待遇。扎实推进异地就医结算,不断扩大联网结算医院和备案人员范围。推进精准康复行动,将 67 项康复项目纳入医保报销范围。

2. 推进医保支付方式改革

健全医保支付机制和利益调控机制,激发医疗机构规范行为、控制成本、合理收治和转诊患者的内生动力。加快推进按病种收费和付费、按疾病诊断相关分组(DRGs)付费试点工作,实行按病种收费和付费的病种不少于 150 个,将糖尿病按人头付费政策扩展至全市 260 余家签约服务基层医疗机构,并推动其他病种按人头付费。

3. 加强医保基础管理

面落实医保差异化报销、长处方报销、医保服务医师多机构执业等政策

措施。鼓励和支持紧密型医联体实行区域总额打包付费，支持家庭医生签约服务和分级诊疗制度建设。完善职工医保报销政策，健全大病联保机制。

（四）以降成本为重点，进一步提升药品供应保障效益

1. 健全药品和耗材采购机制

推进公立医院实施以“谈判参考价”为基准价的医用耗材挂网采购工作新模式，稳步推进京津冀药品耗材联合采购工作。加大力度继续落实好公立医院药品采购“两票制”，做好集中采购药品价格动态调整工作，使我市药品中标价格继续处于全国较低水平，进一步降低医疗服务成本。

2. 强化管理规范药品耗材合理使用

通过科学管理和严格监管，提升药品和耗材使用的精细化管理水平。深化合理用药分级管理制度，通过建立用药咨询服务制度、药师履职审核把关制度，探索建立医院总药师制度，促进合理用药、安全用药。强化诊疗行为监管，重点监控高值医用耗材使用情况，促进耗材合理使用。

（五）以全行业为重点，进一步健全综合监管体系

1. 强化加强政府监管力度

探索建立规范医疗行为、查处医保欺诈骗保联席会议制度，形成多部门综合监管合力，实现对各级各类医疗卫生机构监督检查全覆盖。加强“互联网＋视频监控”对医疗服务的监管，控制医疗费用不合理增长，降低患者个人费用负担，强化违规骗保责任追究，对欺诈骗保的医药服务机构及有关人员，及时通报相关部门，实现多部门信息共享，落实一案双查，探索完善黑名单制度和诚信体系建设，初步构建市区两级网格化、无盲点的综合监管格局。

2. 强化行风自律和社会监督

开展整肃行风专项行动，在全市各级公立医院深入开展无红包医院创建工作。委托第三方机构做好全市医疗机构患者满意度与医务人员满意度调查工作，患者满意度达 80% 以上。组织实施公立医院综合改革第三方评价。实现患者信访投诉 100% 接待，投诉 100% 答复，患者投诉 100% 回访。

（六）以均等化为重点，进一步提高公共卫生服务水平

做实做好基本公共卫生服务，广泛开展全民健康生活方式行动；组织实施慢性病、艾滋病、结核病、地方病、精神卫生等重大疾病防治规划；加强严

重精神障碍患者的管理治疗;精准实施天津市妇女儿童健康促进计划;制定完善二级以上医疗机构公共卫生任务书和绩效考核指标体系。2018 年年内,为 105 万高血压患者和 40 万糖尿病患者提供免费健康管理,落实市政府 20 项惠民项目,完成妇幼健康服务 300 万人次以上。

(七)以信息化为重点,发挥智慧医疗功能作用

全面推进医院信息化建设,大力开展智慧医院、智慧服务、智慧管理、智能技术创新发展。明确推动智慧医院建设工作措施与目标,强化考核督导,落实以电子病历为核心的医院信息化建设,开展功能规范建设考核评估,提升医院业务、管理、运行信息化支撑能力。启动医院互联互通测评项目,推进全市统一电子病历和病案首页项目建设。

(作者单位:天津市卫生发展研究中心)

2017—2018 年天津市文化事业发展状况分析与预测

雷 鸣 王会芝

2017 年,我市全面贯彻党的十八大和十八届三中、四中、五中、六中全会精神,深入学习贯彻习近平总书记系列重要讲话精神和治国理政新理念新思想新战略,落实市委、市政府决策部署,深入实施中华优秀传统文化传承发展工程,推动文艺创作生产、公共文化服务、文化产业发展、文化市场规范、广播影视管理、文化遗产保护、体制机制改革、对外文化交流不断取得新突破,积极打造充满活力的文化强市。

一、2017 年天津市文化事业发展状况分析

1. 政策环境持续优化,激发文化事业活力

我市印发了《天津市舞台艺术创作生产规划(2018—2020 年)》,提出推进“深扎”常态化建设、创作生产优秀舞台艺术作品、传承和弘扬中华优秀传统文化、建立健全舞台艺术创作评价体系、加大文化惠民演出力度、加强优秀舞台艺术作品传播推广、加强艺术人才队伍建设 7 项工作任务。为深入挖掘文化文物单位馆藏文化资源,发展文化创意产业,助推文化强市建设和全市经济社会协调发展。我市出台《天津市文化广播影视局关于推动文化文物单位文化创意产品开发的实施意见》,提出要努力建成形式多样、特色鲜明、富有创意、竞争力强的文化创意产品开发体系和营销体系。我市印发了《天津市公共数字文化工程管理办法》,以加强对公共数字文化工程的组织管理,提高工程建设的科学化水平。出台了《天津市文化产业示范园区和示范基地评估考核办法(试行)》,以进一步引导和规范我市文化产业示范园区和文化产业示范基地健康发展,更好发挥示范引领作用,提高文化产业

整体发展水平。

2. 政府财政持续增加,助推文化事业发展

天津市财政拨付文化事业发展持续增加。发布《天津市 2017 年重点文化项目》,确认投入 132 亿元,打造 63 个重点文化项目,涵盖现代公共文化服务体系建设、文化产业园区基地建设、互联网信息服务、创意设计和传统文化传承、媒体融合、文化旅游、重大文化活动和展会、影视制作等八个领域,项目分布在全市 16 个区。

3. 推进文化设施项目建设,筑牢基层文化载体

我市完成群星剧院、元明清天妃宫遗址博物馆维修和中央广播电视节目无线数字化覆盖工程。开展天津歌舞剧院、天津交响乐团迁址扩建,非物质文化遗产展示馆建设及文化中心各文化场馆维修项目。启动天津图书馆、杨柳青木版年画博物馆、文庙博物馆、滨湖剧院、中华剧院修缮工作。建成并开放天津市少年儿童图书馆专题绘本馆、滨海新区文化中心和东丽区博物馆,启动宝坻区文化中心博物馆、图书馆、文化馆建设工程。

4. 高效实施文化惠民工程,打造文化活动品牌

天津市相继实施了一系列文化惠民工程,确保文化发展成果惠及更多群众。一是文化惠民卡持续推出。2017 年,财政投入约 4700 万元推出文化惠民卡,“文惠卡”发行量,也从 2015 年的 6 万张、2016 年的 10 万张,增加到 2017 年的 13.5 万张,让群众切实享受到文化普惠。并成立涵盖 40 余家演出单位的“天津市文化惠民演出联盟”,全年惠民演出超过 2200 余场,“由此达到社会效益、经济效益的双丰收,形成了演员、观众、剧团、市场间的良性循环。二是公共文化服务体系日趋完善。2017 年全市各区图书馆、文化馆、街道(乡镇)文化站、村(社区)文化活动室基本实现全覆盖并免费开放,四级公共文化设施网络更加完善。完成公共电子阅览室建设计划,天津图书馆和市内六区图书馆实现通借通还。天津图书馆、天津市少年儿童图书馆及全市 20 个区级公共图书馆、各区级少儿图书馆实施中文图书免押金借阅服务,天津成为全国首个实现全区域范围内各级公共图书馆免押金服务的省市。三是深入实施“农家书屋工程”。在全市 3000 多个行政村建立农家书屋,每个农家书屋配置的图书在 1500 册以上,音像制品 100 张,报刊 30 种,均达到了国家新闻出版广电总局的建设要求。各农家书屋配有经图书馆业务培训过的书屋管理员。同时建立了长效管理机制,对农家书屋进行定期补充、更新,确保农家书屋“建得起、管得好、用得上”。四是加大优秀文艺演出服务力度。举办了全市 2017 年名家经典演出季、优秀戏曲进校园进

基层演出等活动，开展“戏曲名家进社区，公益辅导千场工程”，实现辅导社区 100 个、公益辅导 1000 场，推进中华优秀传统文化进中小学课堂，推动文艺院团开展公益性、低票价演出，满足群众精神文化需求。

5. 推动文化产业转型升级，优化文化产业发展环境

提升文化产业发展的质量和效益，实施项目带动战略，搭建国家数字内容服务贸易平台、开展滨海航母主题公园二期、“梦娃”形象推广与产业开发等重点项目建设。培育和推进文化消费，推进滨海新区和武清区第一批国家文化消费试点建设，推进第一批天津市特色文化产业示范乡镇（街区）创建，促进区域特色资源的创意转化与融合发展。出台了《天津市文化产业示范园区和示范基地评估考核办法（试行）》，加强动态管理，更好发挥示范引领作用。建立文化产业重点项目库，加强项目整体储备和统筹管理，搭建展示交流平台，举办了第七届中国天津滨海国际文化创意展交会。

6. 持续推进文化遗产保护，构建优秀传统文化承载体系

一是加强文物保护与管理。推进不可移动文物信息平台及数据库建设，开展了全市不可移动文物保存现状调查和天津市域内古城址考古调查，开展天妃宫遗址本体保护和张湾出土沉船保护修复等项目，组织实施独乐寺变形监测及觉悟社旧址等重点文物保护工程项目。二是深化“一普”成果利用。举办了《天津市第一次全国可移动文物普查成果展》。围绕社会主义核心价值观、中国人民解放军建军 90 周年等，举办了《清代早期绘画大展》《大爱无声——〈护生画集〉真迹展》《伟大的军事家周恩来》《彼得夏宫——罗曼诺夫沙皇王朝珍宝展》《达利特展》等展览。三是加强非物质文化遗产传承保护，推动非物质文化遗产保护成果整理和宣传，开展了非遗人群研修研习培训、市级非遗展览展示等活动。创新非遗进校园活动形式，与南开大学签署非物质文化遗产保护教育传承战略合作框架协议，探索将“非遗”内容纳入相关学科专业和课程，推动“非遗”教育普及。

7. 京津冀文化协同发展全面推进

我市积极落实《京津冀文化领域协同发展战略框架协议》，连续五年与北京市和河北省相关部门共同举办“京津冀文化创意产业合作暨项目推介会”“文化产业项目投融资对接会”“文化创意产业（交易）博览会”等合作交流活动。2017 年我市进一步建立健全京津冀文化合作交流长效机制，打造跨区域合作交流平台，推动落实《京津冀三省（市）群众艺术馆（中心）协同发展合作协议》《京津冀三地长城保护工作框架协议》《京津冀三地文化人才交流与合作框架协议》，牵头组织京津冀民乐名曲专场演出、2017“炫彩青

春”京剧院团优秀青年演员交流展演、京津冀阅读推广交流展示活动、举办京津冀文化产业项目推介、投融资路演和《京津冀“金玉满堂”系列展览》,开展三地长城保护联合巡查和执法督查,联合编辑出版了京津冀《博物院》期刊,为博物馆界学术交流搭建起专业平台。

8. 扩大对外文化交流,深化与“一带一路”沿线国家交流合作

承办了国家级重点项目——第二届金砖国家文化部长会议,充分发挥天津文化的优势和特色,深入开展多渠道多层次多形式的对外文化交流,努力讲好中国故事、天津故事,与毛里求斯开展“毛里求斯·中国文化周”活动、推进与意大利斯卡拉歌剧院开展艺术合作,开展人员互访、培训、演出等交流活动。加强与“一带一路”沿线国家的合作交流,“2017 欢乐春节”派出团组赴俄罗斯、蒙古、泰国等国家开展形式多样、内容丰富的访演。参与俄罗斯“中国文化年”系列文化活动,组织开展了第五期“非洲武术学员培训”,组派京剧项目赴摩尔多瓦参加“迎春花”国际戏剧节,与斯里兰卡、尼泊尔等国家的文化中心建立对口合作关系,拓展文化交流形式,进一步提升中华优秀传统文化的影响力。

二、2017 年天津市文化事业发展存在的问题

1. 文化基础设施建设尚不均衡,重设施轻服务现象凸显

公共文化基础设施和文化服务均等化是文化事业提升发展重要部分,近年来我市公共文化设施建设取得突出的成绩,场馆设置率不断提高,但是文化基础设施发展不均衡现象存在,场地建设环境和基础设施条件参差不齐,尤其是城乡文化发展不均衡,这与各地区文化基础设施原有基础以及建设资金投入多少有关。此外,各地区及街镇文化基础设施建设和使用中存在一定的资源浪费和重复投入现象。文化设施建成后,由于缺乏后续资金的投入、有效科学的管理、设备维护更新、藏品购置等,导致设施使用率不高,一些大型剧场经常处于闲置状态。城乡公共文化服务存在均等化问题,社区乡镇文化站、图书馆等文化设施和服务相对薄弱,文化设施利用率不高,影响了服务水平的提升。

2. 文化建设空间布局和结构有待提高,文化产业质量和规模有待提高

我市传统文化业态和新兴文化业态发展不协调,其中传统的文化产业所占比重较大,新兴文化产业比重相对较小,以信息化和科技化为主的数字文化服务、动漫游戏、创意设计等新型文化有待进一步发展提升,文化产业

与制造业、金融、信息、旅游休闲、农业、体育等产业融合发展程度有待提高。此外，我市文化产业缺少核心竞争力强的骨干文化企业、文化科技融合示范基地以及品牌创意产业园区。文化消费市场不够繁荣，缺乏多样化和个性化的文化消费产品和服务，地域文化和地域特色不明显，文化产品创新和开发力度较低，文化市场缺乏活力，文化市场技术监管与服务平台的建设有待完善。

3. 文化遗产保护传承任务艰巨，非物质文化遗产保护有待提高

当前文物保护缺乏对文物资源的动态管理，包括完善的信息管理平台的建立。民办博物馆以及博物馆的青少年教育功能较为欠缺，博物馆的公共文化服务水平有待进一步提升。此外，我市非物质文化遗产的保护有待提高，尤其是对历史文化积淀丰富、具有重要价值和存续性良好的非物质文化遗产的整体性保护，缺乏对非物质文化遗产的动态管理，对抢救性保护成果的整理和利用需要提高，包括代表性传承人抢救性记录工程和传承人保护传承评估。

4. 对外文化贸易发展相对滞后，对外文化开发体系仍需完善

我市对外文化整体形象输出有待提高，对外文化交流渠道需要提升，包括对外文化交流的规模和质量，尤其是与“一带一路”沿线国家的文化交流需要加强。此外，我市当前缺乏代表“美丽天津”品牌的文化产品和服务，以及缺乏以商业形式进入国际市场的天津文化品牌，对外文化贸易份额较低。

5. 文化人才队伍体系有待进一步健全，文化管理治理水平有待提升

我市缺少文化拔尖人才、高层次人才和急需人才，对文化人才的培训和引进力度存在结构性矛盾，缺乏国内一流、业内公认的拔尖人才，高层次的懂管理、懂文化、懂科技、懂金融的复合型人才也较为缺乏，有待进一步通过体制改革来激发发展的内在动力。应依托高等院校、文化单位、文化产业园区、重点文化项目等方式，建立文化人才培训基地，进行文化人才的岗位培训、专题培训和业务能力培训。

三、2018 年天津市文化发展预测及对策建议

1. 文化产业与相关产业融合发展成为重要目标

第一，文化创意和设计服务与相关产业融合发展成为重大趋势，包括文化产品和服务的生产、传播、消费的数字化、网络化，强化文化对信息产业的内容支撑、创意和设计提升；利用数字技术、互联网等高新技术支撑文化内

容、装备、材料、工艺、系统的开发和利用;挖掘优秀文化资源,推动动漫、广告等产业优化升级。第二,智能文化创意产业亟须大力发展。推进智能科技与文化创意产业深度融合,在文化产品和服务的生产、供给、消费等领域广泛应用。第三,传统文化媒体和新兴媒体的融合发展。传统媒体积极运用已有技术成果,开展全媒体、大数据应用、视听新媒体、音视频集成播控等平台建设,传统媒体全面发挥内容资源优势,创新文化产品和服务,培育核心竞争力,加大传统媒体与新兴媒体在内容、渠道、平台、经营、管理等方面的深度融合,拓展传播渠道与影响力。

2. 文化产业转型升级发展迫切,培育壮大公共文化市场

大力推动传统文化与新型文化的协调发展,优化文化产业结构,扶持文化旅游、动漫游戏、文化设计、数字文化服务等高附加值的文化产业,积极发挥文化产业的集聚作用。推动文化产品创新和开发力度,促进文化产业与互联网、云计算、大数据等技术相结合,推动传统文化与制造、建筑、信息、农业、金融、科技、旅游休闲等产业的融合发展,催生新的文化产品和服务。指导区县开发地方特色文化资源,进一步开展特色文化产业示范街镇的建设。完善城市文化消费管理和服务平台,培育壮大公共文化市场主体,建立文化市场信息平台,提供丰富多样化的文化产品和服务,支持中小微企业专业化和创新化的发展。

支持转制文化企业积极探索、开发文化市场,以市场化的手段运营文化产业项目。支持文化产业园区及示范基地的建设,鼓励文化产业园区及示范基地做大、做优、做强。打造行业领军企业。支持推动进行资源整合和并购重组的领军骨干企业,形成在行业、地区具有广泛影响力的文化企业品牌。支持具有地域特色和民族风情的工艺品创意设计、文化旅游开发、演艺剧目制作、特色文化资源向现代文化产业转化和特色文化品牌推广。

3. 利用互联网优势,推进文化事业创新发展

积极发挥互联网已经形成的比较优势,“互联网 +”的快速发展,为文化事业和文化产业的发展打开全新思路和方式,文化发展将进入全新的阶段。推进“互联网 +”发展,实施“互联网 +”“文化 +”战略,利用大数据、云计算等新技术,创新文化新业态、新产品和新服务,构建文化发展新格局;推进文化与各领域和行业的融合发展,支持文化跨界融合,推进“文化 + 金融”“文化 + 科技”“文化 + 旅游”等方面的融合。

4. 促进公共文化服务体系向纵深发展

我市文化发展已经进入由“铺摊子”到“上水平”的转型升级阶段,文化

产品和文化服务由总体性短缺转为结构性短缺，公共文化服务创新发展的需求将更加迫切。2018 年，要积极落实基本公共文化服务标准化均等化，健全公共文化服务的标准，推动城乡文化服务协同发展。提升公共文化服务的质量和效能，推动我市公共文化服务由硬件基础设施建设为主向提升文化服务质量和效能的转变，积极打造并发挥我市文化服务品牌效应。大力推动公共文化服务信息化和数字化发展，提高文化服务的有效供给。提高政府对公共文化服务的购买力度，积极推动公共文化服务的第三方评判机制。

5. 构建文化遗产保护传承体系，提高非物质文化遗产保护传承水平

构建文化遗产保护传承体系，加强对文物的保护，着手建立文物信息库和文物资源动态管理平台。完善我市非物质文化遗产保护机制，建立非物质文化遗产项目名录，对国家级和市级代表性传承人及时开展记录工作，加大抢救性保护成果的整理和利用。探索建立非物质文化遗产交流平台，开发我市博物馆文物资源，大力发展文物衍生品，促进非物质文化遗产与群众生活的连接，扩大我市文化消费新途径。加强对非物质文化遗产的动态管理，提高对抢救性保护成果的整理和利用，包括代表性传承人抢救性记录工程和传承人保护传承评估。

6. 进一步推动京津冀公共文化服务协同发展

京津冀协同发展为我市文化事业和文化产业发展提供了更为广阔的视野和空间，我市在京津冀区域文化发展中的功能定位、产业结构、发展模式、文化市场等方面，都将面临战略性的调整。促进京津冀公共文化服务的协同发展，应积极推动京津冀公共文化信息数据库的建设，探索建立覆盖京津冀公共文化服务的数据平台和信息管理平台，加强地方特色数字文化资源的建设与文化资源的共享，落实京津冀文化协同发展区域大项目，促进京津冀区域内人才流、物流、资金流的全面流动。

（作者单位：天津社会科学院经济分析与预测研究所）

2017—2018 年天津市体育发展状况分析与预测

程永丽

一、2017 年天津体育发展成绩

2017 年是全运会年,天津作为东道主出色完成了办赛、参赛双重任务,并将"全运精神"转化为强大的政治动力、思想动力、事业动力,推动天津全面发展。体育系统带头总结,弘扬全运精神,深化体育改革,建立长效机制,持续用力,解决诸多不平衡问题,推动赛事场馆综合利用,深化群众体育、竞技体育、体育产业协调发展,全面提升体育发展水平,为建设体育强国做出贡献。

(一)竞技体育取得历史重大突破

2017 年 8 月 27 日—9 月 8 日第 13 届全运会在我市举行。运动会确立了"全运惠民健康中国"的主题,"创新、安全、节俭、绿色、精彩""以人民为中心"的理念,"场馆设施一流、竞赛组织一流、全运村一流、接待服务一流、新闻宣传一流、安全保卫一流"的目标,成为"改革创新、全民共享、顽强拼搏、奋勇争先、风清气正、廉洁干净"的一届盛会。超过 2 万名运动员参加 33 个竞技项目和 19 个群体项目总共 543 个奖项的角逐。共有 3 人 1 队 4 次超 4 项世界纪录,有 2 人 3 次超 3 项亚洲纪录,有 9 人 1 队 11 次创 11 项全国纪录。天津出色完成东道主办赛和参赛双重任务。

1. 改革成为全运会亮点

本届全运会推出多项创新举措:增设 19 个群众体育比赛项目;允许部分 4 人以下(含 4 人)项目(共 10 个大项 49 个小项)跨单位组队;邀请高水

平华人华侨运动员参赛；不设金牌榜、奖牌榜；邀请教练员与获奖选手一起登台领奖等，凸显“以人民为中心”的办赛理念。

2. 竞体参赛成绩超历届

天津共有 710 名运动员、222 名教练员参加了 33 个大项、183 个小项的竞技比赛，在 13 个大项中获得 18 枚金牌，另获得 18 枚银牌、26 枚铜牌，总共 62 枚奖牌，为历届最好。我市另有 251 名选手参加了 19 个群众项目，获得 5 金、3 银、9 铜的好成绩。

3. 传统项目捍卫优势

传统项目形成的集团优势持续扩大。女子网球队继续全国领先，再次夺得团体金牌，实现团体“三连冠”。王蔷、张帅包揽女单冠亚军，凸显天津女网整体实力。柔道队共获 2 金 1 银 6 铜，为全运会最佳战绩，唐婧、陈飞分获女子 -63 kg级和女子 -70 kg级冠军。男子举重吕小军实力超群，获 77 kg级冠军，领先亚军 12 kg。武术队夺得套路团体冠军，连续 6 届全运会均有金牌，老将于萌萌夺得套路女子太极拳、太极剑全能冠军。击剑队孙超重返赛场宝刀不老，获女子花剑个人赛冠军，重新奠定女子花剑优势。体操队穆济勒获男子自由体操冠军，成为继董震、陈一冰后的领军人物。自行车队小将史航以 48 分 15 秒 727 勇夺男子公路自行车个人计时赛冠军，超越了前辈罗建士和李维（罗建士第 11 届全运会该项目亚军，成绩 54 分 27 秒 310；李维第 12 届全运会该项目第 5 名，成绩 49 分 45 秒 406）。

4. 集体项目惊喜遗憾并存

天津棒球、女子水球、青年女排 21 岁以下组和新增项目女子轮滑冰球均获得冠军，展现集体项目实力。棒球队时隔 12 年后再夺全运会冠军，4 次称霸全运会。女子水球全运会“三连冠”，一批老将退役，转作教练，继续奉献。女子轮滑冰球队为新增项目夺得首金，开创了历史。女子足球队获得亚军，创造全运历史最好成绩。男子七人制橄榄球获得银牌，虽与冠军水平差距较大，但拼搏精神十分感人。成年女排年龄大伤病多，实力下降，获得第 6 名，但她们创造的联赛十冠王已记入史册。青年队的崛起，推动女排进入新阶段。在中国足球职业化第 23 个年头，升班马天津权健男子足球队争得亚冠名额创造历史，其团结拼搏和流畅的战术打法，吸引到成千上万球迷，彰显天津足球底蕴。

5. 跨省市组队促进互利共赢

天津代表团与兄弟省市共同组队，获得 3 金 1 银 1 铜，多个项目实现历史突破。赛艇选手李晶晶与山东、上海 3 名奥运选手合作，夺得女子 4 人双桨冠军;王素素与山东、山西 3 位名将合作,获得女子场地自行车团体追逐赛冠军。田径、游泳两个基础大项,天津队寻求多方合作,为运动员搭建平台,促成更多更好成绩。田径队白家睿参加男子 4×400 米接力预赛津沪赣粤联队,以预赛第一进入决赛,为最终获冠军做出贡献;游泳队李响参加男子 4×100 米混合泳接力津豫粤联队获亚军,宋嘉乐、杨金僮获第 6 名;郑木岩参加女子 4×100 米混合泳接力津赣鲁队获第 5 名;董洁参加女子 4×200 米自由泳接力津辽鲁队获亚军,王梓湾参加男子 4×100 米自由泳津赣川队获第 8 名;等等。

从相关数据情况看,本届全运会赛期 13 天,比上届新增空手道和轮滑冰球 2 个大项。据统计,注册运动员共计 10217 名(其中提前开赛运动员 1739 人,开闭幕式期间运动员 8478 人)、体育官员 5682 人、技术官员 3964 人,参加人数比往届略有增加。激流回旋和射击(飞碟)、三人篮球、田径青年组、游泳少年组、空手道等项目异地举办,其他项目全部在天津比赛。总接待人数达 3 万人,2340 人参与接待工作,全部运行车辆约达 1200 辆。志愿者 1.7 万人,来自我市 43 所高等院校,其中展演和赛会志愿者多达 8800 人。正式注册参与赛会报道的新闻媒体 400 余家、记者 2700 余人。其中中央媒体 20 家、1064 人;地方媒体 344 家、1596 人,包括天津媒体 372 人;境外媒体 37 家、94 人。共采购 900 多类、5000 多种器材,大部分器材为赞助。经反兴奋剂培训、考试和承诺,23162 人准入,形成全覆盖,仅工作团队就达 6 个处 787 人。餐饮实行“点对点”供应,对全运村 7 家餐厅、11 家定点食品生产企业、10 家农产品供应基地、3 个专用仓库以及 36 家定点接待酒店严格把关监控,保证了比赛顺利进行。

(二)全民健身和健康中国成为体育发展的终极目标

习近平总书记提出的新时代新发展理念,引领中国体育事业迈上新征程。“全运惠民健康中国”的天津全运会主题与首届全运会提出的“发展体育运动,增强人民体质”一脉相承。天津结合自然资源优势,把体育健身融入百姓生活,满足人民群众健身休闲体验需求,丰富百姓生活,提高了人民生活品质和区域发展活力。天津全运会将体育健康之美与人的心灵美、城市建筑美、生态环境美有机融合,促进全民健身、全民健康、全面小康协同发展。

1. 增设群众比赛项目成为全运会改革措施之一

天津全运会新增乒乓球、龙舟等 19 个大项 126 个小项群众比赛项目。

共举办 200 场选拔赛,5000 余名群众参加市级决赛,251 人跻身决赛。天津代表队在桥牌相、太极拳、健身气功等项目上取得 5 金、3 银、9 铜的优异成绩,居全国前列。普通百姓通过亲身参与感受全运会激烈竞争的比赛氛围,激发参与体育的积极性,他们把这些成果带到百姓中,带动更多人参与体育、参与健身。

2. 群众身边的体育健身设施建设多样化

年内建设 15 分钟健身圈;实施各区现代化体育设施"五个一工程";新建 100 个社区笼式足球场等多功能运动场地和 2200 个健身路径;打造全运村新建居住区全民健身工程示范园;建设侯台城市公园体育园等 10 个体育公园、20 条登山步道、水上公园智能型健身步道、海河划艇运动基地和航空运动营地等健身休闲设施,提升改造山野运动基地;新建和改造 47 个全运会竞赛场馆,成为赛后惠及群众健身场地;推动公共体育设施和学校体育场馆向社会开放。

3. 群众身边的体育健身组织更加健全

创建 100 个示范型城乡社区居民健身会和村民健身会以及 1000 个"绿色健身站"。社会体育指导员网络工作平台的建立,为群众提供简捷、高质量的健身服务;政府购买公共体育服务力度加大,支持体育社会组织等机构承担举办竞赛、健身服务、体育培训、科学研究等公共服务事项,为组织市民健身,普及推广科学健身方法发挥了积极作用。

4. 群众身边的体育健身活动更加丰富

年内举办大型健身赛事活动 600 项,参与市民达 400 万人。天津发起的"我要上全运"全民健身活动辐射全国各地。行业、地区打造"一行一品""一地一品"健身特色品牌,覆盖全部区街;编创第 3 套市民广播体操,方便上班族就近参与体育锻炼;全市 377 所小学、1299 所初中和 121 所高中纳入"8421 工程"青少年训练体系,体育人才系统培养实现"一条龙",命名 208 所体育传统项目学校,中小学校园足球布局校发展到 124 所。

5. 群众身边的体育健身文化得到弘扬

天津体育文化精品工程开启,体育文化巡展进入大学校园和社区乡村。功夫剧"武传奇"、北运河休闲旅游驿站和君利农业示范园在中国体育旅游博览会上获奖。以民园广场为核心的"五大道"景区被评为"全国十佳体育旅游景区",环团泊湖公路自行车赛道被评为"全国体育旅游精品线路"。天津体育博物馆成为展示天津体育历史,传承奥林匹克精神的阵地,吸引旅游者前来。同时,2017 年在天津启动了中国健身榜样大赛,评出十大城市健身榜样、20 名城市健身达人。

(三)体育产业规划进一步发展

体育产业创新发展思路和措施,积极与有关部门合作,突出旅游行业注入体育内容,体育进入百姓生活娱乐,形成全新的产业链,取得双赢。采取系列措施满足百姓健身需求,获得产业效应。

1. 体育与旅游紧密结合

进一步贯彻落实国家及天津市推动健身休闲产业发展战略要求,把旅游作为体育产业发展的新载体,通过打造有影响力的体育赛事及体育旅游品牌活动,推动天津体育旅游等健身休闲产业快速发展。通过在社区、景区等增加体育设施、丰富体育健身活动、举办品牌体育赛事等方式,促进体育与旅游的融合发展。召开中国·天津第二届体育旅游大会,以位于蓟州区的山野运动基地和位于东丽区的赛艇、皮划艇(静水)项目国家级体育训练基地为载体,举办体育赛事,突出地域旅游资源特色的观赏性、休闲性、娱乐性和参与性,旅游单一的观光型向休闲度假、参与体验型转变,使旅游资源优势向体育旅游产业优势转化,推动天津体育旅游以及健身休闲产业快速发展。

2. 命名体育旅游精品项目和体育产业基地

天津南湖绿博园景区、天津山野运动基地被评为 2017 中国体育旅游精品景区,使天津市的中国体育旅游精品项目增加到 8 个,分布于和平区、西青区、静海区、武清区、蓟州区等多个区,体现近年来我市体育旅游产业快速均衡发展,重点项目培育多点开花。为落实国家体育总局、国家发改委、国家旅游局共同发布的《京津冀健身休闲运动协同发展规划(2016—2025 年)》,认证了天津东疆湾景区“天津市综合经营类体育产业基地”,充分利用天津全运会海上项目资源,举办沙滩运动帆船帆板赛事,组织培训体验,拓展体育旅游和文化旅游产业,满足游客和市民水上运动体验和健身娱乐需要。2017 年命名天津港文化传媒有限公司(体育产业示范单位类)、天津蓟州国际旅游度假村有限公司(体育产业示范单位类)、天津拓航通用航空有限公司(体育产业示范单位类)。

3. 建立天津市体育产业发展引导资金

通过体育产业发展引导资金扶持和引导我市体育企业发展,吸引社会投资,扩大体育服务和产品供给,扩大体育消费,激发市民参与体育的热情,促进我市体育产业集约发展、创新发展、高端和高效发展。采取项目补助和后期补贴的扶持方式，扶持大型体育赛事、体育活动；扶持体育产业基地发展；扶持体育用品制造业发展和体育会展；冰雪运动场地项目和全民健身服务体育场馆项目建设都属支持范围。

4. 向市民发放体育惠民卡

投入体育产业发展引导资金 1000 万元发行体育惠民卡，市民享受到政府的惠民补贴和优质健身服务。凡属市域范围内市、区、学校所属的具备对社会开放条件的体育场、综合体育馆、游泳馆；市域范围内经营性的大型综合性健身场馆及从事户外运动、冰雪运动等体育健身休闲服务单位；符合对外开放和体育局规定条件的都可加入优惠市民行列。

二、面临的形势和严峻挑战

继 2016 年 10 月党中央、国务院印发《“健康中国 2030”规划纲要》后，习近平总书记更加关注体育工作，对体育工作作重要指示，他强调，没有全民健康，就没有全面小康。要把人民健康放在优先发展的战略地位。并指出，体育是社会发展和人类进步的重要标志，是综合国力和国家软实力的重要体现。“发展体育运动，增强人民体质”是我国体育工作的根本任务。习近平总书记新时代中国特色社会主义理论体系的“健康中国”篇和“以人民为中心”的体育发展新理念为天津体育工作提出了更加明确、更高标准的要求。

天津市体育工作自身依然存在区域、城乡发展，群众体育、竞技体育、体育产业发展，冬季项目和夏季项目发展，场地设施利用率不高和供给不足，体育社会组织发展不足等等各类不平衡不充分的问题。如何使运动项目真正走进校园，如何使所有青少年都接触体育，尽快改变体育人才薄弱、人才储备不足的现状，都是面临的带有战略性、长期性的重大问题。在竞技体育方面，如何围绕主要矛盾找问题，补短板，强基础，如何加快体育改革，为 2022 年北京冬奥会做贡献，为东京夏季奥运会做贡献，都是摆在体育工作者面前的严峻问题和挑战。此外，2019 年天津还将举办第 10 届全国残运会暨第 7 届特奥会，如何尽快进入角色做好各方准备，同样提出了新的课题，都是机遇和挑战。

三、天津体育发展预测及对策建议

随着中国特色社会主义进入新时代，我国社会主要矛盾已经转化为人民日益增长的美好生活需要和不平衡不充分的发展之间的矛盾。今后体育工作的工作重心和根本任务更加明确,国家需要更多的身强体健、全面发展的建设者、保卫者和接班人,人民对体育的需求更加迫切。随着北京冬奥会的临近,国家及百姓对体育工作会更加关注,体育精神以及竞技体育、全民健身、体育产业将会继续延伸和有大的提升和发展。为此,天津体育要跟上国家体育发展的步伐和速度,加快、加大发展,以体育精神干好体育,体现体育战线贯彻落实新时代中国特色社会主义思想见成效。争取实现"体育强市"的目标,为国家实现"体育强国"目标、为健康中国、为北京冬奥会和东京夏季奥运会做出更大贡献。对策如下:

1. 把中国特色"体育强市"建设融入"体育强国"建设

按照国家体育发展布局和要求,认真落实《"健康中国 2030"规划纲要》,兑现发展目标。加快中国特色"体育强市"的新目标建设步伐,要以改革创新成果、以新作为新成绩,实现建设"体育强市"奋斗目标,为建设美丽天津做贡献。发挥体育在建设"健康中国"、促进人的全面发展中的应有作用,成为人民生活的重要组成部分,物质文明和精神文明建设的重要内容。为全面建成小康社会、夺取新时代中国特色社会主义伟大胜利、实现中华民族伟大复兴的中国梦做出新的、更大的贡献。

2. 深入扎实推进全民健工作和健身产业

全面落实全民健身国家战略,把群众体育搞得更亲民、更深入、更普及,推动全运体育场馆设施为群众健身所用,让更多群众共享天津全运成果,推动全市全民健身和青少年体育活动全面深入发展。着眼于不断满足人民日益增长的体育需求,满足人民日益增长的美好生活需要,对美好生活的向往,把全民健身工作做得更深入扎实,推动全民自觉健身、便利健身、科学健身和文明健身,不断提高人民健康水平。把体育产业搞得规模更大、产品更丰富,全民健身与运动休闲有机结合,把运动休闲产业做成健康产业、幸福产业、生态产业和融合产业,推动运动休闲产业发展。一是要组织一流的专家团队制定运动休闲产业规划,按照运动休闲产业链的思路,将规划落到区位空间上、落到项目上,纳入各级政府总体规划。二是要抓载体、抓项目,将城市大型商场、景区、体育场馆、营地、特色小镇、乡村打造成运动休闲综合体。三是培育抓手,创建国家运动健康城市、全民健身模范县、运动休闲特色小镇等平台,形成全社会支持参与体育发展的强大合力。

3. 解放思想,改革创新,拼搏进取,埋头苦干

要以习近平新时代中国特色社会主义思想为指导,按照"八个明确"

"十四个坚持"的要求,努力破除束缚中国特色"体育强市"建设的体制机制障碍,创新发展思路,破解发展难题,推进中国特色"体育强市"建设的新进展。充分认识体育在全面建成小康社会、基本实现社会主义现代化、建设社会主义现代化强国中承担的光荣使命,把体育事业摆到中国特色社会主义伟大事业的全局中去谋划、去推动、去落实、去担当。不断深化体育事业改革,推进体育管理体制改革创新,健全完善依法治体新机制。扎实做好党的建设和自身建设,大力弘扬中华体育精神,把竞技体育搞得更好、更快、更高、更强,提高为国争光能力。构建体育对外交流合作新格局。按照总书记"办赛精彩,参赛也要出彩"的重要指示,动员、带领全市体育系统为做好北京冬奥会、冬残奥会各项筹办工作,特别是做好备战工作,全面提升竞技水平,使强项更强、恶补短板,为在两个一百年奋斗目标历史交汇的重要时期举办一届"精彩、非凡、卓越"的奥运盛会,做出天津应有的贡献,不辜负伟大的新时代,不辜负总书记的亲切关怀和殷切期望。

4. 继续落实京津冀协同发展战略

在全民健身、竞技体育、体育产业发展中建立京津冀协同发展大圈子,除了加强宏观政策指导搞好顶层合作外,在竞技项目、群体活动、场馆设施、技术人才等专业项目上,发挥各自资源优势,加强点对点合作交流,互补优势,相互促进,共同发展。

(作者单位:天津市体育局政策法规处)

2017—2018 年天津市人力资源和社会保障状况分析与预测

天津市人力资源和社会保障局课题组

一、2017 年人力社保状况分析

今年以来,全市人力社保各项工作平稳推进,在就业、社保、人才、增收、人事管理及劳动关系六方面取得显著成效。

1. 就业局势保持总体稳定

实施更加积极的就业政策,制定做好当前和今后一段时期就业创业工作的实施意见,多措并举稳定就业的基本盘。全市新增就业 48.95 万人,其中单位新增就业 45 万人;民营企业新增就业 26.9 万人,占单位新增的 59.8%,第三产业新增就业 28.3 万人,占单位新增 63%,同比增长 15.5%,城镇登记失业率控制在 3.6% 以内,就业规模持续扩大,就业结构不断优化。继续将高校毕业生摆在就业工作的首位,实施高校毕业生就业创业促进计划,出台引导和鼓励高校毕业生到基层工作实施意见,支持高校毕业生面向基层就业创业,鼓励中小微企业吸纳高校毕业生就业,向 2954 名困难家庭大学生发放一次性求职创业补贴 886.2 万元,应届高校毕业生就业率达到 90% 以上。鼓励创业带动就业,遴选首批 100 名大学生创业导师,发展大学生创业孵化基地 139 家,发放创业担保贷款 4.37 亿元,扶持创业 4.57 万人。加强培训促进就业,发布 2017—2018 年度市场紧缺职业需求程度目录,百万技能人才培训福利计划圆满收官,发放职业资格证书 53.5 万人,三年累计达 128.6 万人,超额完成任务指标。本市两名选手在 44 届世界技能大赛上获得金牌。稳妥做好化解过剩产能企业职工安置工作,分流安置职工 6476 人。帮扶 4.4 万名困难人员就业,保持零就业家庭、低保家庭至少有一人实现就业。

2. 社会保障水平不断提升

深入推动全民参保计划，开展全民参保登记入户调查，社会保险覆盖范围进一步扩大。全市基本养老、医疗保险参保人数分别达到 811.5 万人、1088.5 万人，比去年末增加 38 万人、21.7 万人。完善职工养老保险个人窗口缴费、个人账户管理，出台城镇企业职工基本养老保险关系转移接续实施办法，明确五类来津人员养老保险关系转移接续问题，保障参保人员的养老保险权益。助推“三医”联动改革，支持分级诊疗、家庭医生签约和医联体建设，推行医保服务医师多机构职业，实行基层卫生专业技术人员职称单独评审。提前实现医保异地就医住院直接结算，与 31 个省市完成联网调试，145 家本市医疗机构纳入异地就医机构范围，备案人数达 24 万人。建立重特大疾病保障制度，36 种国家谈判药品纳入医保药品目录，提高儿童特殊病保障水平，对大病患者实施精准保障。深化医保付费方式改革，糖尿病门特按人头付费在全市范围推广，110 个住院病种实行按病种付费，医保基金运行更加安全高效。

3. 人才引进培养步伐加快

加快京津冀人才一体化进程，联合发布高层次人才引进计划，落实专业技术人员职称资格互认、继续教育合作协议，推动三地人才互通互融。深入实施“千企万人”计划，累计认定企业 1199 家，引育高端人才 10519 人，5 家企业获国家科学技术进步奖项，64 家企业获天津市科学技术奖。成功举办“津洽会”人才智力引进、华博会海外人才对接洽谈、引进海外人才智力网上交流洽谈等活动，建立 15 家海外人才工作站，聘请 12 名海外招才引智专员，全市新引进留学回国人员 4030 人，高层次外国专家 4700 人次，国家和本市“千人计划”专家分别达到 187 人、887 人，新增百千万人才工程人选 6 名，新增享受政府特殊津贴专家 87 名。继续实施“131”创新型人才培养工程，选拔 113 名第一层次人选和 28 个人才团队。改革完善博士后制度，资助 32 个企业博士后创新项目，选派 30 名优秀博士赴国外学习交流，新建博士后科研工作站 25 家、创新实践基地 20 家。深化职称制度改革，取消职称外语和计算机考试限制，下放中小学教师等 7 个职称系列评审权限。完善人才绿卡管理办法，将人才“绿卡”划分为 A、B、C 三种，新增购房、交通补贴等 8 项服务功能，截至目前，全市累计发放人才“绿卡”4.36 万张，人才服务环境更加优化。

4. 职工群众收入稳步增长

认真落实市委、市政府各项增收措施，着力提高企业一线职工和中低收入群体收入水平，最低工资标准由 1950 元提高到 2050 元，颁布企业工资指导线以及住宿和餐饮业等 7 个行业工资指导线,大力开展工资集体协商,覆盖企业 8.4 万户、职工 202 万人。同步调整机关企事业单位退休人员养老金,人均增幅 5.5%,企业养老金达到月人均 2895 元。居民医保政府补助标准增加到 800 元,居民基础养老金提高到每人每月 277 元,失业、工伤保险待遇连续提高,失业保险单位缴费费率由 1% 降低为 0.5%。防暑降温费、中夜班津贴等多项福利待遇与职工平均工资联动调整。城镇居民人均可支配收入保持稳步增长。

5. 人事管理平稳规范有序

公务员公开招考稳妥实施,共招录公务员 2628 人。公务员四类规范化培训扎实开展,组织各类培训班 27 期,累计培训 30 万人次。规范公务员履职行为,出台治理公务员不作为不担当、加强行政机关公务员管理监督工作、推进公务员职业道德建设等措施,督促公务员转变作风、担当作为。在市级机关及和平区、西青区实施公务员职务与职级并行试点改革。下放事业单位公开招聘自主权,完善事业单位公开招聘及笔试工作措施。鼓励事业单位科研人员离岗创业、兼职取酬,3 年内保留档案和人事关系,工龄连续计算,工资正常晋升、允许参评职称。1076 名军转干部得到妥善安置。

6. 劳动关系保持和谐稳定

全面推行劳动合同制度,劳动合同签订率保持在 90% 以上。总结推广滨海新区构建和谐劳动关系综合试验区建设经验成果,深入开展和谐劳动关系创建活动,新增和谐企业 729 家,评选 2017 年度第一批、信用评价为优的劳动关系和谐企业 1171 家,给予融资信贷支持。完善女职工产假有关政策,明确产假天数、产假工资等问题。完善劳动人事争议仲裁办案规则,建成市、区、街、行业、企业五级调解网络,命名百家示范劳动人事争议调解组织,万名调解员经过培训持证上岗,立案受理争议案件 2.16 万件,同比有所下降。提高监察执法效能,健全用人单位守法信用等级评价管理,完成市级劳动保障监察指挥中心实体化建设,开展拖欠农民工工资专项治理,查处违法案件 3258 件,补发拖欠劳动者工资 8113 万元。信访接待 3853 件次,12333 日均受话量超过 8000 人次,群众利益诉求通道更加畅通。

二、2018 年人力社保工作预测和对策

2018 年,全市人力社保工作围绕事关群众切身利益的“劳有所得、病有所医、老有所养、弱有所扶”等方面,深入推进,深化改革,促进人民群众的获

得感、幸福感、安全感更加充实、更有保障、更可持续。

1. 实现更高质量更加充分就业

深入实施就业优先战略,完善更加积极的就业政策,确保全年新增就业48 万人以上。加大岗位开发力度,围绕现代服务业以及平台经济、共享经济等新兴业态发展,在现代金融、电子商务、物流快递、动漫创意、融资租赁等领域,培育新的就业增长点,创造更多就业机会。推动创业带动就业,大力发展大学生创业孵化基地,遴选大学生创业导师,落实创业担保贷款政策,让更多劳动者通过自主创业勤劳致富。加强职业技能培训,完善培训补贴政策,开展精准化、高端化技能培训,全面提高劳动者技能素质,促进更高质量就业。帮扶重点群体就业,鼓励高校毕业生面向基层、企业就业和自主创业;妥善做好去产能和国企混改职工分流安置工作,促进富余劳动力向第三产业转移;完善就业援助长效机制,确保零就业家庭、低保家庭至少有一人稳定就业。

2. 加快形成高层次人才聚集优势

实施更加开放的人才政策,完善人才引进培养机制,聚集更多高层次人才,为经济发展提供高质量人才资源供给。尽快出台引进海内外高层次人才的政策措施,实施“千人计划”“千企万人”支持计划,高水平举办“津洽会”人才智力引进、海外高层次人才网上洽谈等引才活动,面向海内外聚集更多高层次人才。深入实施“131”创新型人才培养工程,选拔优秀人才和团队参与重大项目建设,在实践中培养更多领军人才;扩大博士后建站规模,选派优秀博士后赴国外培训,形成梯次合理、素质优良的青年后备人才队伍。深化职称制度改革,进一步下放职称评审权限,突出业绩导向,科学评价人才。加快建设国家级人力资源服务产业园,支持有条件的区建设市级产业园。推行人才政策清单,全面梳理现有政策,让企业和人才对政策一目了然。深入实施引进人才“绿卡”制度,拓展绿卡服务功能,营造拴心留人的良好环境。

3. 建立多层次社会保障体系

坚持保基本、全覆盖、可持续的原则,不断扩大社保覆盖,持续提高保障能力,织密织牢社会保障网。全力以赴打好全民参保攻坚战,对外来务工人员、新型职业农民、新业态从业人员等不同群体,采取分类引导、灵活参保的政策,引入“互联网 +”等信息技术,鼓励主动参保、尽早参保。深化机关事业单位养老保险制度改革,大力发展职业年金。医疗保险单位缴费费率由11% 降为 10% ,切实减轻企业负担。深化医保付费方式改革,深入实施基金总额管理,加快推行按人头、按病种等复合付费方式,提高医保基金使用效益。创新医保基金监管方式,严厉打击欺诈骗保行为,确保基金安全运行。

4. 确保居民收入与经济发展同步增长

认真落实市委市政府各项增收措施,确保城镇居民人均可支配收入稳步增长。及时发布工资指导线和人工成本信息,推进行业性、区域性工资集体协商,抓好最低工资标准和各项福利待遇等刚性措施的落实。按照国家统一部署,适时调整退休人员养老金、居民基础养老金等各项社保待遇。提高职工门诊、居民住院最高支付限额,居民三级医院住院报销比例提高五个百分点,居民医保政府补助标准提高到830元。发布职工平均工资,联动调整防暑降温费等福利待遇。完善公立医院、高校等事业单位绩效工资制度,鼓励对高层次人才、业务骨干等给予适当倾斜。

5. 健全科学规范的人事管理制度

不断深化机关事业单位人事制度改革,打造高素质专业化干部队伍,激发干事创业活力。完善公务员考录选拔、考核奖惩、激励约束机制,加快推进职务职级并行,实施分类管理,深化四类规范化培训,深入开展主题实践活动和不作为不担当专项治理,加强干部平时考核和管理监督,引导各级公务员依法行政、为民服务。深化事业单位人事制度改革,落实事业单位招聘自主权,允许用人单位根据需要调整岗位设置方案,实行岗位动态管理,支持事业单位科研人员离岗创业或兼职取酬,形成符合事业单位特点的人事管理制度。

6. 创新和谐劳动关系社会治理机制

加强和创新社会治理,坚持政府负责、社会调节、公众参与和法治保障良性互动,有效防范和化解矛盾风险,实现劳资双方和谐共处、互利共赢。完善协调劳动关系三方机制,搭建劳资平等对话协商平台,加强劳动合同规范管理,深入开展和谐劳动关系创建活动,持续增加和谐企业、和谐园区数量。坚持将劳动人事争议调解的重心向基层下移,做实街乡镇调解组织,推动小微企业、产业园区普遍建立调解组织,努力将矛盾化解在源头。提高监察执法效能,加快建设劳动监察指挥中心,推行"双随机、一公开"执法模式,加强对农民工工资支付等重点领域监察,有效维护劳动者合法权益。

(执笔人:天津市人力资源和社会保障局王慧敏;天津社会科学院尹利)

2017—2018 年天津市人口形势分析与预测

陈志光

一、2017 年天津市人口现状分析

2017 年是党的十九大召开之年，是实施"十三五"规划的重要一年，是全面深化改革、加快建设美丽天津的关键之年，也是天津市人口发展的重要一年。全市不断提高人口服务管理水平，人口数量稳定增长，人口结构不断优化，人口分布合理调整，为经济社会良好运行提供了坚实基础和根本保障。

1. 天津市人口总量

天津市人口数量变化趋势表明，2000 年时天津市总人口有 1001 万，其中，户籍人口 912 万，外来人口不到 100 万；一直到 2004 年，天津市户籍人口和外来人口都处于缓慢增长阶段，5 年时间总人口仅增长了 23 万。但从 2005 年开始，天津市人口数量进入快速增长阶段，主要原因是外来人口的大量流入。特别是 2008 年以后，每年外来人口的增长都有几十万。但从 2014 年以后，人口增速逐渐减缓，2015 年总人口增加 30 万，2016 年仅增加 15 万（详见图 1）。2017 年天津市人口总量稳定增长。年末全市常住人口 1580 万人，比上年末增加 18 万人。其中，户籍人口 1060 万，比上年增长 16 万人。全市人口出生率为 8.0‰，比上年上升 0.63 个千分点；死亡率为 5.8‰，比上年增长 0.26 个千分点；自然增长率为 2.2‰，比上年增加 0.37 个千分点。[①]

① 本文所用数据如不特别注明，都来源自天津统计年鉴及其推算。

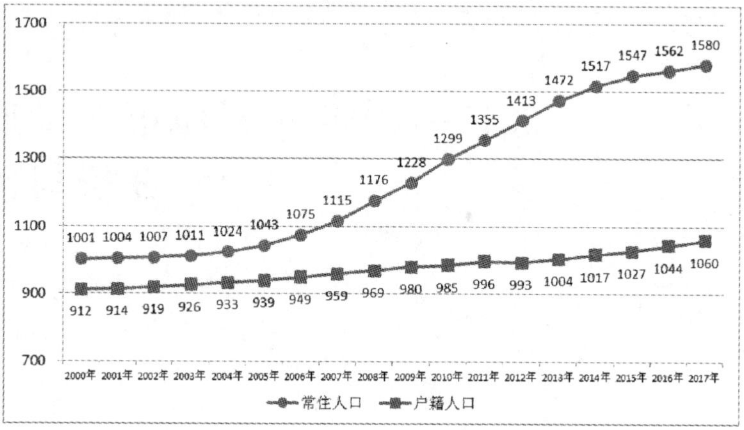

图1 2000—2017 年天津市人口数量(单位:万人)

2. 天津市人口结构

2017 年天津市男性人口 857 万人,比上年增长 8 万人;女性人口 723 万人,比上年增长 10 万人;总人口性别比为 118.5(以女性为 100)。2017 年,天津市 0~14 岁人口为 158 万人,较上年增长 3 万人,占常住人口总数的 10.0%;15~64 岁人口为 1259 万人,较上年增长 7.9 万人,占常住人口总数的 79.7%;65 岁及以上老年人口为 163 万人,较上年增长 6.9 万人,占常住人口总数的 10.3%。总人口抚养比为 25.5%,其中少儿抚养比为 12.5%,老年抚养比为 12.9%。也就意味着,100 个劳动年龄人口要抚养大约 12.5 个少年儿童和 13 个老年人口。①

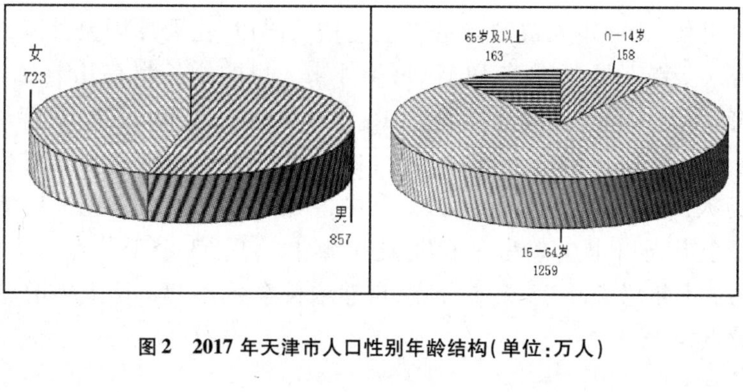

图2 2017 年天津市人口性别年龄结构(单位:万人)

① 由于四舍五入计算方法,汇总数据和分数据之间可能稍有差异。

3. 天津市人口分布

2017 年天津市人口分布仍呈现不均衡态势。和平、河东、河西、南开、河北、红桥市内六区共集聚人口 500 万人，占全市总人口的31.6%，人口密度高达 28902 人/平方千米。东丽、西青、津南、北辰环城四区人口共计有 340 万人，占全市总人口的 21.5%，人口密度为 1805 人/平方千米。滨海新区人口有 300 万左右，占全市总人口的 19.0%，人口密度为 1322 人/平方千米。武清、宝坻、宁河、静海、蓟州等远郊五区人口共计 440 万，占全市总人口 27.8%，人口密度仅为 581 人/平方千米。

二、2018 年天津市人口发展预测

1. 2018 年人口总量预测

根据前期数据，结合人口发展规律，我们预测，2018 年天津市人口将稳中有增，总量在 1600 万人左右。户籍人口将增长 15 万人，达到 1075 万；外来人口会少量增长，将增加 5 万人左右。全市人口出生率为 8.5‰，比上年上升 0.5 个千分点；死亡率为 6.0‰，比上年增长 0.2 个千分点；自然增长率为 2.5‰，比上年增加 0.3 个千分点。

2. 2018 年人口结构预测

2018 年天津市男性人口 866 万人，比上年增长 9 万人；女性人口 734 万人，比上年增长 11 万人；总人口性别比为 118.0。2018 年，天津市 0 ~ 14 岁人口为 160 万人，较上年增长 2 万人，占常住人口总数的 10.0%；15 ~ 64 岁人口为 1270 万人，较上年增长 11 万人，占常住人口总数的 79.4%；65 岁及以上老年人口为 170 万人，较上年增长 7 万人，占常住人口总数的 10.6%。总人口抚养比为 26%，其中少儿抚养比为 12.6%，老年抚养比为 13.4%。

3. 2018 年人口分布预测

2018 年天津市人口分布变动程度不大。和平、河东、河西、南开、河北、红桥市内六区共集聚人口 505 万人，占全市总人口的 31.6%，人口密度高达 29191 人/平方千米。东丽、西青、津南、北辰四区人口共计有 345 万人，占全市总人口的 21.6%，人口密度 1831 人/平方千米。滨海新区人口有 305 万左右，占全市总人口的 19.1%，人口密度 1344 人/平方千米。武清、宝坻、宁河、静海、蓟州五区人口共计 445 万，占全市总人口 27.8%，人口密度仅为 587 人/平方千米。

三、天津市人口发展的特征与问题

1. 人口生育面临众多难题

全面二孩政策实施以来,全市迎来生育高峰,出生率从 2015 年的 5.8‰上升到 2017 年的 8.3‰。全市孕前检查、住院分娩、母婴保健、预防接种等服务都出现供给不足、分配不均的问题,各大医院的产房、床位等硬件设施和助产能力、孕产妇和新生儿危急重症救治能力等都面临重大考验。大型公共场所、公共交通工具、旅游景区景点等场所缺乏母婴室或婴儿护理台,难以保障母婴权益。公办托儿所、托儿中心非常少,托幼服务明显发展不足,难以满足群众的需求,托幼服务体系亟待建立。幼儿园、学前教育、儿童照料等资源供不应求,“入园难”“上学难”等问题困扰着无数家庭。许多生育妇女被迫延长产假,甚至中断职业生涯。对于适育女性及处于孕期、产期、哺乳期“三期”女性的就业歧视也一直存在,在岗的女性职工在“三期”遭受用人单位不公平对待的情形也时有发生。

2. 人口分布不均衡

市内六区人口高密度集聚,近远郊人口密度不断下降,人口空间分布的不平衡带来许多严重的问题。其一,与产业发展不相匹配。由于人口集中在市内六区,近郊四区、滨海新区、远郊各区的功能规划都受到不同程度的影响,既不利于京滨发展轴的产业布局,也不利于京津冀整体的功能协同。其二,给基本公共服务带来巨大压力。人口过多与供给不足的矛盾尖锐,使得基本公共服务规模不足、质量不高、发展不快等短板突出,资源配置不均衡、硬件软件不协调、服务水平差异较大等难题频出,就业难、住房难、上学难、就医难等问题凸显。其三,造成严重的交通拥堵。2017 年第三季度天津市交通高峰拥堵延时指数为 1.6,即高峰出行时间是畅通状态下出行时间的 1.6 倍,高峰平均行车速度仅为 29 公里/小时。其中,和平区最为拥堵,随后依次为河西区、南开区、河东区、河北区。

3. 外来人口市民化程度较低

当前,天津市总人口 1500 多万,外来人口有 500 万,占到三分之一。外来人口行业分布主要集中在制造业(24.5%)、批发零售业(18.1%)、居民服务业(16.7%)以及住宿餐饮业(15.8%)等。外来人口租房居住的占 70% ~90%,已购商品房的仅为 5% ~10%,能够享受到廉租房、公租房、政策性保障房不足1%。外来人口特别是农民工集聚在工棚、临建房、简易房、城中村中,给我市的住房建设和公共安全带来巨大的压力。相关数据表明,外来人口参加社会保险比例也很低,仅20%左右,社会保障状况堪忧。外来人口随迁子女上学难、辍学率高、教育水平难以提高。外来人口在天津市的居留意愿、融入意愿、养老意愿还不高,与本地居民的社会距离还比较大,对城市的认同感也较低。

4. 老龄化社会面临巨大挑战

我市已经进入人口老龄化加速期,人口老龄强烈需求与养老服务业发展滞后的矛盾日益突出。一是老年人口基数大、发展快,截至2016年底,全市60岁以上户籍老年人口243.9万人,占全市户籍人口23.35%;预计到2020年,全市户籍老年人口将超过290万,占总人口比例26%。二是人口老龄化、高龄化、空巢化、家庭小型化"四化"叠加,产生放大效应,给应对人口老龄化增加了巨大难度。三是"未富先老""未备先老"并存,应对人口老龄化准备不充分。四是老龄工作和养老体系建设体制机制尚不健全,人才队伍较为短缺,涉老政策碎片化;涉老部门沟通协调不顺畅、互通衔接不充分;养老服务有效供给不足,质量效益不高。

四、天津市人口发展的政策建议

1. 加强人口发展战略研究

人口问题始终是基础性、战略性问题,是制约全市全面协调可持续发展的重大问题,是影响经济社会发展的关键问题。做好人口发展战略研究,准确把握人口发展长期趋势,是做好产业布局、资源配置、福利安排等的基本依据。我们要强化人口发展的基础和保障地位,积极将人口计生事业纳入全市国民经济和社会发展的总体规划。促进人口与经济社会协调推进,加强人口因素变化与经济社会发展、资源节约、环境保护内在关系的研究。准确把握生育、死亡、分布、流动等方面的现状和发展趋势,加强对新的经济社会环境下生育模式及相关影响因素研究,加强家庭发展、老龄健康及人口老龄化的经济社会影响研究,加强人口与经济社会资源环境互动关系的研究。准确认识新时代天津人口发展的新特点新规律,深刻揭示促进人口长期均衡发展的新机制新动能,研究探索人口与计划生育工作的新模式新方法,不断推进各阶段人口工作的创新发展。

2. 促进生育政策和相关经济社会政策配套衔接

准确把握当前人口出生状况及育龄妇女、生育旺盛期妇女、少儿人数在总人口中的占比,以及性别比和人口流动的状况,有助于在研究制定和调整完善相关经济社会政策时,更好、更有针对性地与生育政策配套衔接。做好优生优育全程服务,为生育妇女提供优质的婚前孕前咨询指导、优生优育健康检查、住院分娩、母婴保健、儿童预防接种等服务。健全流动孕产妇健康和计划生育服务体系,提升流动孕产妇健康和计划生育服务能力。重点加强各级妇产专科医院和综合医院妇产科急危重症救治能力建设,建设助产实训中心,建立健全基层产院、产科和有关大医院应急转诊通道。加强出生缺陷综合防治,开展出生缺陷发生机理和防治技术研究,推进新生儿疾病筛查、诊断和治疗工作。加强科学预测,合理规划配置幼儿抚育、儿童照料、幼儿园和中小学教育等资源,满足新增儿童需求。完善计划生育奖励假制度和配偶陪产假制度,鼓励雇主为孕期和哺乳期妇女提供灵活的工作时间安排及必要的便利条件。

3. 优化人口空间分布

天津市要按照现代化城市的发展方向与建设标准,结合常住人口规模、性别年龄结构、产业转型升级需求、公共服务设施配置等指标,合理布局人口空间分布状况。市内六区的高密度人口亟须疏解,特别是高污染、高耗能的制造企业要加快转移、疏解速度。要引导优质的教育、医疗资源及文化、体育、娱乐等重大项目向边缘区和新城集聚,形成适应人口和产业集聚需求、完善高效的设施体系,完善城市的载体功能,提高城市的现代化水平。环城四区的集聚功能也要逐渐加强,更多地承担居住和服务功能,吸引中心城区人口的转移和输入,与市内六区进行协同协调发展。同时,环城四区也要承担市内六区与滨海新区、远郊各区的通道与中介作用,做好人口、产业、资本等要素的连接与流通。京滨沿线是京津冀协同发展的主要轴线之一,滨海新区是今后产业和人口集聚的重要中心,应进一步增加就业岗位和公共服务设施,吸引京津冀各地人力资源和大中专毕业生落户,实现产城的深度融合。远郊各区也是天津市今后城市化发展的重要一环,是中等城市和特色小镇建设的重要基础,应进一步提高远郊新城对人口的集聚能力。

4. 加快农业转移人口市民化

政府进一步调整户口迁移政策,健全农业转移人口职业技能鉴定体系,广泛发布各种就业服务,为农村劳动者提供更便捷服务,积极推进农业转移人口的“大众创业、万众创新”。企业搭建职工成长成才平台,发挥激励导向作用;改革职业教育课程设计,实施“现代学徒制”。“以租为主”是化解当前农业转移人口城市住房问题的现实选择,适时有序推动将农业转移人口纳入城市住房保障体系，探索和完善农业转移人口宅基地、承包地与其城市住房的衔接置换办法。重点解决 70 后、80 后家庭的居住需求，及时有效服务初来人员。根据农业转移人口的职业特点、收入状况、流动程度、定居城镇意愿、市民化程度等标准，对农业转移人口群体进行细分，在此基础上采取分层分类的措施，保障农业转移人口的社会保障权益。增强转移人口的危机意识和养老意识，避免侥幸心理，做好长远规划，提高参加社保的主动性和积极性。提高转移人口的市民化意愿，促进心理认同；缩小转移人口与本地居民的社会距离，促进社会融合。

5. 积极应对人口老龄化

社会养老服务体系建设应以居家为基础、社区为依托、机构为支撑，着眼于老年人的实际需求，优先保障孤老优抚对象及低收入的高龄、独居、失能等困难老年人的服务需求，兼顾全体老年人改善和提高养老服务条件的要求。在街道(乡镇)社区设置以生活照料、家政服务、康复护理、精神慰藉、医疗保健、紧急救援等为主要内容的居家养老服务中心或家庭服务中心，以日托照料和上门服务方式为生活在家中的老年人提供专业化和个性化服务。开展邻里间互帮互助、结伴助老等活动，建立由亲属、邻里、社区、单位共同参与的志愿者队伍，采用“一对一”“一对二”等照顾方式，开展陪聊、陪购物、陪看病、帮助做家务等服务。敬老爱老是中华民族的传统美德，要引导全社会增强接纳、尊重、帮助老年人的关爱意识和老年人自尊、自立、自强的自爱意识。推进医养结合，大力推动养老机构提高医疗护理服务能力，养老机构可根据服务需求和自身能力，按相关规定申请开办医疗卫生机构。按照就近就便、互利互惠的原则，推进医院与养老机构建立合作机制，为老年人提供免费体检、保健咨询、治疗期住院、康复期护理、稳定期生活照料以及临终关怀一体化的健康养老服务。

6. 京津冀人口协同发展

人口是影响京津冀协同发展的关键要素，要编制实施好京津冀人口协同发展战略，通过科学合理总体布局，明确三地人口规模、人口结构、人口素质、人口分布等重大问题，并从人口政策、生育政策、流动政策、养老政策等方面形成具体措施，努力推动三地人口发展“一张图”规划、“一盘棋”建设。加大对人口协同发展的推动，自觉打破“一亩三分地”的思维定式，抱成团朝着顶层设计的目标一起做，充分发挥人口协调发展机制的作用。要着力加快推进人口一体化进程，下决心破除户籍、住房、技术、产权等各种要素的阻碍，推动三地人口按照市场规律在区域内自由流动和优化配置。着力加快推进产业对接协作,理顺三地产业发展链条,形成区域间产业合理分布和上下游联动机制,对接产业规划,形成人口与经济的协调共进、就业人口的合理调整。天津市要特别注重对北京技术、创新人才的引进,也要注重对河北丰富劳动力资源的吸引,形成有效利用、合理互补、共同发展的三赢局面。

(作者单位:中共北京市委党校社会学教研部)

2017—2018 年天津市社会治安状况分析与预测

王　焱

一、2017 年天津社会治安状况

1. 社会治安整体情况

2017 年天津社会治安状况继续保持良好态势。据政法部门统计,2017 年 1 月至 9 月,全市刑事立案同比下降 8.9%。在刑事案件中,绑架案同比下降 50%;抢劫案同比下降 30.3%;劫持案数量为 0;抢夺案同比下降 42.2%;盗窃案同比下降 12.3%;诈骗案同比下降 12.1%。

在专项治理中,打击毒品犯罪同比增长 1.3%;电信诈骗案同比下降 18.7%;拐卖妇女儿童案件同比增长 44.6%;处理黑社会性质组织 1 起。在重点人群犯罪治理中,刑释人员重新犯罪同比增长 16.7%;未成年人犯罪同比增长 34.9%;外来人员犯罪同比增长 33.9%。

2017 年 1 月至 9 月,查处治安案件同比下降 50.7%;查处违法人员同比增长 16.2%。

2017 年 1 月至 9 月,破获刑事案件同比增长 7.8%,命案破案率为 100%。抓获犯罪嫌疑人同比增长 36.0%。

据天津市消防部门统计,2017 年以来,本市保持了火灾形势的高度稳定。截至 2017 年 10 月 31 号,本市共发生火灾 1262 起,死亡 27 人,同比去年分别下降了 34% 和 32.5%。

根据天津市人民检察院发布的职务犯罪大要案信息,自 2017 年 1 月至 2017 年 12 月,共查处职务犯罪大要案 39 件,涉及厅处级犯罪嫌疑人 39 人,其中厅级 11 人,处级 28 人。

2017 年,结合其他省市发生的火灾事故和本市消防安全实际,市公安消防总队相继部署开展了高层建筑、集体宿舍、电气火灾、集贸市场等 7 个专项治理行动,发现和督改火灾隐患 31.3 万余处,同比去年上升了 4.4 倍,有效净化了全市消防安全环境。

2. 专项治理涉枪涉爆犯罪和“三打击一整治”专项行动

2017 年天津社会治安防控体系运行良好,出色完成了第十三届全运会的安全保卫工作,在党的十九大召开时期确保全市社会稳定。

从 2017 年 4 月底开始,天津市公安局在全市范围内组织开展缉枪治爆专项行动,共收缴各类枪支 5700 余支,查处涉枪涉爆案件 143 起。市公安局治安管理总队会同有关部门以乡镇、街道为单位,组织社区民警、乡镇街道干部深入辖区开展宣传和地毯式清理清查清缴工作。对易滋生枪爆隐患的农村、城乡接合部、物流配货市场、大型集贸市场以及五金加工、建材化工厂、出租房屋、废旧厂房、废置养殖场等部位、场所深入排查,及时发现、彻底收缴非法枪爆物品。加大对广场、公园、庙会、景点、市场等重点部位巡逻检查,对射击游艺活动的店铺、摊位使用的气枪、仿真枪一律取缔收缴。会同邮政、铁路、民航等部门强力推动落实寄递、物流企业各项安全管理措施,增强从业人员识别非法枪爆物品能力,及时堵塞管理漏洞,全力阻断非法枪爆物品的贩运、流通渠道。同时,广泛公布涉枪举报电话和奖励标准,教育发动群众主动上缴、积极举报,从源头上彻底铲除枪爆祸患。

2017 年 3 月 1 日至 4 月 30 日天津市公安局在全市范围内组织开展集中打击扒窃犯罪专项行动。此次行动以繁华街区、商场、超市、市场、医院、公交站点、地铁等公共场所的扒窃违法犯罪活动为打击重点。通过打击行动,及时侦破一批扒窃案件,抓获一批扒窃违法犯罪人员,摧毁一批扒窃违法犯罪团伙,查获一批从事扒窃违法犯罪活动的幕后组织者,惩处一批为扒窃违法犯罪活动提供窝赃、销赃渠道以及为违法犯罪人员落脚藏身提供便利条件的违法犯罪人员。

按照公安部统一部署,从 2017 年 5 月 4 日起至 2017 年年底,市公安局开展为期 8 个月的“三打击一整治”专项行动,全市各级公安机关集中力量、集中时间,以打开路、多管齐下、综合施策,严厉打击传统盗抢骗犯罪、电信网络新型违法犯罪和网络贩枪犯罪,集中整治地域性职业犯罪重点地区,确保打出声威、打出气势、打出实效。市公安局要求,各部门、各警种要以跨区域系列团伙犯罪为重点,集中打击发生在群众身边的入室盗窃、扒窃、盗窃机动车、电动车等传统盗抢骗违法犯罪,震慑犯罪分子嚣张气焰。要坚决遏制电信网络诈骗案件高发势头，努力实现立案数下降、群众损失数下降和破案数上升、查处违法犯罪人员数上升的“两降两升”目标。要保持对网络贩枪犯罪的高压态势，重点发现线索、迅速落地抓人、追缴枪支弹药，彻底肃清网络枪患。要全面推进重点区域的打击整治，最大限度净化社会治安环境。截至 2017 年第三季度，全市各级刑侦部门共破获侵财类、电信网络诈骗类、网络贩枪类案件 3727 起，抓获犯罪嫌疑人 1357 名，打掉犯罪团伙 51 个，追缴赃款赃物合计 289 万元，查控拦截止付电信网络诈骗涉案金额高达 2700 余万元。

3. 继续保持严厉打击传销违法犯罪的高压态势

2017 年 8 月 6 日起至 8 月 26 日，天津公安机关在全市组织开展为期 20 天的以打击整治静海传销为重点的集中行动，依法严厉打击传销违法犯罪活动，全面挤压传销违法犯罪在本市的生存空间，建立长效机制，坚决防止其蔓延传导、死灰复燃。针对传销犯罪的新态势、新情况，天津公安机关高度重视，深入分析研究全市传销犯罪规律特点，加强与政府相关部门联动，会同综治、市场监管等部门联合建立了天津市打传督导工作小组，实现多部门综合治理、齐抓共管；按照“专业队伍打击职业犯罪”的工作要求，在天津市公安局经侦总队组建了打击传销犯罪专业队；不断强化打击传销犯罪力度，采取情报先导、法制保障、专业打击相结合的打击模式，连续开展系列专项行动，实现对传销违法犯罪的持续打击；加大防范宣传力度，通过“声屏报网全覆盖、线上线下齐发力”的防范宣传模式，积极助推打击传销犯罪工作深入开展，努力营造打击传销的社会氛围，形成了以综合治理、专项治理、源头治理和信息化、法制化、专业化“三理三化”为核心的打防传销犯罪新格局。2017 年以来，全市公安机关共破获传销案件 86 起，涉案金额 5477. 34 万元；查获传销人员 1647 人，清理窝点 670 个，遣散 1160 人，解救被骗参与传销人员 160 名，刑事拘留 252 人，逮捕 103 人。

2017 年 9 月 8 日至 11 月 15 日，本市持续加大打击传销违法犯罪力度，开展集中整治活动。严厉打击打着“创业”“就业”的幌子，以“招聘”“介绍工作”为名欺骗在校学生参与传销、限制学生人身自由的传销组织；集中力量查处诱骗学生参与传销的大案、要案，严惩组织者和骨干分子，摧毁传销网络；提高监测查处能力，加大对网络传销的打击力度；严格规范直销，严厉查处直销企业变相从事传销活动，依法查处直销企业违规招募在校学生的行为:强化招聘各方责任，严格规范线上线下发布就业信息的经营行为:严厉打击信息发布违法违规行为，严肃处理传播涉传信息的企业、组织和个人,严肃处理传播涉传信息的网站,严厉查处虚假违法广告;加强出租房屋管理。

4. 加大防范电信网络诈骗宣传力度并成功破获特大跨国电信网络诈骗案

天津市公安局自 2017 年 11 月 7 日至 14 日在全市举办防范电信网络诈骗主题宣传周活动。公安民警在现场通过典型案例讲解、防范知识有奖问答、宣讲电信网络诈骗的手段、讲解日常预防方法、发放宣传单等方式,对群众进行防范电信网络诈骗宣传。由工商银行、渤海银行、天津银行、招商银行等银行员工组成的宣传防范小分队向群众宣传了金融知识。共发放防范电信网络诈骗资料 2000 余份,解答群众咨询 500 余人次。宣传周期间,全市各级公安机关会同有关单位,深入企业、学校、机关、社区、家庭、农村通过现场面对面讲解以及公共场所电子显示屏、视频终端,通过网络、报纸、广播、有线电视等多种形式立体的开展防范宣传。

2017 年 7 月 29 日,天津公安机关在公安部的统一指挥下,在印度尼西亚有关部门的大力配合下,连续奋战、攻坚克难,历时 1 个月、行程数万公里,成功破获公安部挂牌督办的特大跨国电信网络诈骗案。接到受害人报案后,市公安刑侦局迅速会同公安南开分局等单位成立专案组,通过对 110 警情研判发现,2017 年 3 月至 6 月期间多起涉及冒充“公检法”类电信网络诈骗案件的作案手法极其相似,专案组顺线追踪发现这几起案件的涉案地可能在境外,经深入工作,相关线索均指向印度尼西亚。6 月 27 日,公安部刑侦局组织天津等涉案地警力组成联合工作组,天津公安机关抽调 5 名精干警力前往印度尼西亚开展工作。

7 月 29 日,工作组基本查清了犯罪窝点的情况,证据链已经完整。公安部刑侦局决定对雅加达、巴厘岛、泗水等多个地区同步出击,公安部刑侦局、印度尼西亚警方及天津公安机关组成的工作组负责摧毁在雅加达地区的犯罪窝点。29 日 14 时许,行动开始,在公安部刑侦局统一指挥下,天津公安机关工作组在位于雅加达地区的窝点抓获电信诈骗犯罪嫌疑人 29 名,当场收缴 IPAD、笔记本电脑、手机多部,天津公安机关工作组在该窝点起获了大量的剧本、账单等重要证据,为案件审理奠定了坚实的基础。此次统一行动,中国警方在印度尼西亚共查获电信网络诈骗犯罪嫌疑人 153 名,天津公安机关工作组成功打掉了 2 个窝点,共抓获犯罪嫌疑人 61 名。

二、2018 年天津社会治安状况预测及对策

2018 年是“十三五”时期的第三年，也是党的十九大以后的第一年。天津经济由高速增长转入高质量发展，增速下降到“新常态”水平，经济转型和社会建设双重任务同时加载到天津的发展中，天津的经济社会问题也将逐年增多。天津的社会治安状况整体趋好，但也出现了一些影响较大的严重刑事犯罪，侵财型犯罪仍将是犯罪高发类型，涉枪涉毒犯罪仍时有出现。严重刑事犯罪是影响居民安全感的最为重要的因素，必须在社会治安防控中不断加以遏制。全市立体化社会治安防控体系日趋完善，综合治理体系的社会化、法治化、智能化、专业化继续深入推进。

1. 完善立体化社会治安防控体系建设

继全市全面实施“天网工程”的基础上，在社会治安防控体系建设中实施“雪亮工程”。和平区积极建立“条块结合、横向到边、纵向到底”的网格化服务管理体系，将人、房、地、事、物、组织全部纳入网格管理范畴，将民政、城管、环保、综治等多种网格统一整合，在全区 63 个社区划分 628 个基础网格，做小管理单元，实现精准管理，每个网格实行专职网格员和志愿者“1 + N”模式，做到全覆盖，并为网格员配备 695 部安装“综治 E 通”APP 的智能手机终端，用于采集上传网格内各类基础信息和矛盾纠纷、安全隐患、民生服务等动态信息，由区街两级职能部门限时办结。截至目前，共上报各类事件 6.1 万余件，办结率 99% 以上。在和平区小白楼试点的基础上，发挥网格员移动“摄像头”的作用，及时将安全隐患视频图像上传综治网格化服务管理平台，进一步延伸公共安全视频监控的触角，打造起“移动的雪亮工程”。

津南区以“雪亮工程”建设为依托，努力整合防控资源，织密全区安全防线，截至目前，“雪亮工程”已完成全部工程建设工作，基础施工、电缆铺设、光纤熔接 2600 处，完成率 100%。同时，进一步整合资源，加快将包括交警支队、消防支队、市容园林委、水务局、环保局、教育局、房管局、民政局在内的重点单位已建视频，纳入“雪亮工程”综合平台和区综治工作中心。此外，以“微治理、横到边、纵到底”为目标，建立监看、值守制度，实现全区资源有效整合和防控效能的最大化。同时，全面推进警务室建设，初步形成“一警 + 两辅 + N”的社区警务模式，配合检察室、法庭、司法所“下沉”，基层平安建设合力明显增强。

全市在 2018 年将继续加大视频监控资源的整合、联网与应用，构建各

部门、各行业视频监控图像信息传输网络和共享平台,实现中央提出的“全域覆盖、全网共享、全时可用、全程可控”的目标,为社会治理、治安防控、民生服务提供强有力的支撑。

2. 重点治理金融领域犯罪

党的十八大以来,全国公安机关在打击金融犯罪、防范金融风险方面做了大量工作,组织开展了打击非法集资、金融诈骗、传销、假币、地下钱庄、银行卡犯罪等突出犯罪的系列专项行动,成功破获了“e 租宝”非法集资、“泽熙系”操纵证券市场、“伊世顿”操纵股指期货等一大批重大经济金融犯罪案件,为有效服务经济社会持续健康发展做出了积极贡献。最近,公安部又就下一步打击金融犯罪作出部署。

当前我国金融领域风险点多面广,非法集资等涉众型、风险型经济犯罪高位运行,打击金融犯罪、防范相关风险的任务艰巨繁重。要按照党中央国务院统一部署,充分发挥公安机关职能作用和专业优势,积极参与金融风险排查工作,积极参与推动对金融领域犯罪和相关风险的预测预警预防;要结合办理金融犯罪案件,积极向党委政府建言献策,向有关职能部门通报情况,实现对有关风险的早发现、早预防、早整治。对风险排查结果,积极会同有关职能部门做好处置,形成工作合力,要充分履行打击职能,优化打击模式,始终保持对金融犯罪的严打高压态势,重点打击非法集资犯罪和涉及互联网金融、证券期货市场和金融机构的突出经济犯罪活动。同时,要积极会同有关部门做好对非法金融机构和非法金融业务活动的查处工作,深入推进金融领域行政执法和刑事执法衔接,更好地防范金融风险。

3. 深入推进平安天津建设和社会治理创新

创新社会治理、加强基层建设。健全城市基层社会治理领导体制和协调协作机制,制定系列配套改革举措,构建基层社会治理新格局。细化落实综治领导责任制。继续健全完善职责明确、奖惩分明、衔接配套、务实管用的责任评估体系,制定并组织实施综治领导责任制奖励办法。

完善矛盾纠纷多元化解机制。深入推进各类社会性、专业性调解体系建设。落实矛盾纠纷排查调处协调会议制度和社会稳定风险评估机制。深化矛盾纠纷和治安隐患的排查,严控“民转刑”命案发生。推进出租房屋服务管理工作。在全市范围推动实施出租房屋服务管理工作,不断完善政策法规,建立健全长效工作机制。加强特殊人群服务管理,深入推进严重精神障碍患者服务管理工作。落实监护人责任“以奖代补”政策,建立和落实责任追究制度,防止各类重大案(事)件发生。

深化平安志愿者队伍建设。加强平安志愿者协会建设,完善各级组织网络,探索实施社会面等级防控机制,调动群众参与平安天津建设积极性和主动性。

4. 重点打击和防控严重刑事犯罪

2018 年我市社会治安防控的重点之一仍然是严重刑事犯罪。重点打击和防控严重暴力犯罪、涉毒犯罪、涉枪涉爆犯罪、暴恐犯罪、邪教犯罪等强化视频监控网络建设和维护,提高视频监控的覆盖面和应用效能,实现精确防范和精准打击;强化街面巡逻网建设,完善巡逻民警、居民小区、机关、企事业单位保安和广大人民群众等联动防控机制,群防群治,群策群力,通过人防物防技防,全方位压缩各类犯罪的活动空间。毒品犯罪的团伙犯罪特征明显,并且具有跨国、跨省区的特点。毒品犯罪案件多是在流动状态下完成的,跨度大、路线长、环节多、涉及面广,并且形成购、运、销的职业犯罪体系。要始终保持对毒品犯罪的严打严防、高压威慑态势,绝不姑息任何毒品犯罪,对毒品犯罪分子严惩不贷。坚持源头治理、系统治理、综合治理、依法治理,统筹运用法律、行政、经济、教育、文化等手段,综合采取禁吸、禁贩、禁种、禁制等措施,加强宣传引导,广泛发动群众,最大限度减少毒品的社会危害。

5. 深入推进反腐,肃清余毒,预防职务犯罪

2018 年是天津推进国家监察体制改革的关键一年。随着国家监察体制的建立,反腐败斗争进入了新阶段。2018 年天津的反腐败将以肃清腐败分子余毒、净化政治环境为重点,在城建、金融、市政、政法、国企等多个领域展开职务犯罪治理工作。在职务犯罪治理上,2018 年除了继续查办大案要案,将突出反腐制度建设、监督的体制机制建设,构建严密高效的监察网。

在一些重点领域深入推进职务犯罪预防和监督问责。要"零容忍"查处违规违纪行为,保持力度见实效,特别是加大对"小官大贪"惩处力度,严肃查处贪污挪用、截留私分,优亲厚友、虚报冒领,"雁过拔毛"、强占掠夺问题,切实让群众分享更多全面从严治党的红利。要坚持"一案双查",加大对失职失责问题问责力度,对只问责"草帽"不问责"官帽"的问题严肃处理,一查到底、绝不姑息。要对典型案例点名道姓曝光,增加通报曝光频次和力度,形成长震慑、常警醒的态势。要用足用好反面教材,通过案例分析、召开警示教育大会等形式,以案明纪,以案示警,以身边事教育身边人,营造强大声势。要坚决纠正农村的不正之风,开展综合治理,严厉打击"村霸",推动职务犯罪治理向纵深发展。

(作者单位:天津社会科学院法学研究所)

2017—2018 年天津市残疾人事业发展状况分析与预测

刘义君

一、2017 年天津市残疾人事业发展情况

2017 年,天津市按照党中央、国务院和市委、市政府关于加快推进残疾人小康进程的新部署新要求,以分解落实《天津市"十三五"加快残疾人小康进程规划》年度任务为重要抓手,以缩小残疾人生活水平与社会平均水平差距为主攻方向,进一步织密残疾人基本民生保障网。

(一)残疾人社会保障体系更加健全,残疾人民生安全网更加稳定可靠

1. 进一步完善残疾人福利补贴制度

推动为视力、听力、言语残疾人发放通信信息消费补贴纳入了 2017 年市 20 项民心工程项目,全年为 5.1 万人发放补贴 1700 余万元。推动实现了成年无业重度残疾人单独纳入低保政策落地。分别为 14.7 万名、2.4 万名低保特困重度残疾人参加城乡居民基本医疗保险、基本养老保险给予缴费补贴。

2. 全面落实已有各项惠残政策

困难残疾人生活补贴实现了城乡统一标准,全面落实了重度残疾人护理补贴政策、重度残疾人大病救助和医疗救助等福利补贴政策。全年为 6.3 万名低保、低收入残疾人发放生活补贴 1.47 亿元,为 11.63 万名重度残疾人发放护理补贴 1.4 亿元,为 1610 名重度残疾人发放 2016 年下半年大病救助补贴 2179.863 万元,为 5.57 万户困难残疾人家庭和一户多残家庭发放了冬季取暖补贴 2228.8 万元。

3. 大力推进残疾人托养服务工作

制定实施了《天津市"十三五"残疾人托养服务工作实施方案》,举办培训班,对全市残疾人托养服务管理人员和工作人员进行了培训,推动全市残疾人托养服务向规范化、制度化、专业化发展。全市托养服务人数 40177 名,其中:居家托养服务人数 38963 名,日间照料人数 733 名,寄宿托养服务 481 名。正常运营托养服务机构 91 个,完成了年度任务指标。

(二)进一步加强了残疾人康复和残疾预防工作,提高了残疾人康复服务水平

1. 进一步完善了康复服务和残疾预防体系

制定实施了《天津市十三五残疾人康复实施方案》和《天津市残疾人精准康复实施方案》,各项任务指标基本按照计划推进。进一步完善了残疾预防工作机制,制定实施了《天津市落实国家残疾预防行动计划(2016 - 2020 年)实施方案》,市残联、市卫计委共同印发了《天津市残疾预防重点干预项目实施办法》。指导河北区、西青区、北辰区三个试验区按要求开展残疾预防试点工作。起草了《天津市实施〈残疾预防和残疾人康复条例〉办法(草案)》。

2. 残疾人康复救助水平进一步提高

全力推进国家和天津市残疾人康复工程和项目。全年完成耳聋基因筛查 100 人、矫治手术项目救助 8 人、"慧聪行动"项目救助 38 人、儿童助听器项目 40 人、脑瘫儿童康复救助 70 人,先心病救助 3 人、贫困白内障复明手术 600 例、先天性白内障儿童抢救性康复 13 名、盲人定向行走培训 1000 名、智障儿童康复训练 170 名、孤独症儿童救助训练 920 名。做好了精神障碍患者康复救助工作,对全市持证精神障碍患者免费服药和住院补贴情况进行统计。

3. 强化残疾人康复服务机构培育和康复人才培养

出台了《天津市开展职业院校残疾人康复人才培养改革试点工作方案》。组织孤独症儿童社区康复专家编辑印发了《孤独症儿童融合教育 100 例》。举办了孤独症儿童康复教师上岗资格培训和考试,168 名教师通过考试。组织安排本市各级各类残疾人康复机构管理人员、专业技术人员参加全国残疾人康复人才实名制培训。

(三)残疾人教育体系更加完善,残疾人受教育水平进一步提高

1. 精准落实了残疾儿童少年义务教育

从残疾人证管理系统提取 2017 年度适龄(6—14 周岁)未入学的残疾儿童少年实名数据(3714 人)发各区残联逐一核对核实。同时协调市教委加强配合和业务指导,落实残疾儿童少年“一人一案”接受各类教育,11 月底全部落实,并组织验收。严格审核程序,依照规定审批,按照“不漏一人,不错一个”的原则,认真做好了残疾人教育助学金审核发放工作。

2. 特殊教育水平得到进一步提升

积极配合市教委拟定出《天津市第二期特殊教育提升计划(2017—2020)实施方案》,推进特殊教育向融合教育方向发展,进一步完善重度残疾儿童少年送教服务形式,使残疾儿童少年接受各类教育达到全覆盖。认真做好本市残疾学生参加高考便利化保障和服务工作,57 名残疾考生参加高考,46 名被各类普通高校录取。制定了《天津市“十三五”残疾青壮年扫盲实施方案》。圆满完成国家通用手语试点工作。

3. 残疾人技能技术水平进一步提高

组织开展残疾人职业技能和农村实用技术培训 3000 余人,做好残疾人培训基地建设与管理考核工作。举办了市级残疾人岗位职业精英技能竞赛并选拔组队参加全国竞赛,天津市残疾人尚振华荣获第一名,天津市代表团总成绩位列 34 支代表队第四名,荣获“优秀组织奖”,创造了天津市代表团参加全国残疾人技能竞赛的历史最好成绩。

(四)全面落实残疾人就业促进和保护政策措施,促进了残疾人就业增收和融入社会

1. 促进残疾人多渠道就业

市残联与地税局共同举办了全市雇主培训会,220 余家用人单位负责人代表参加。“天津市残疾人就业创业信息服务平台”充分发挥服务用人单位和残疾人的作用。机关事业单位安置残疾人比上年提高 0.38%。联合八部门共同举办残疾人招聘会,不断扩大招聘单位和岗位规模,共开发 310 个用人单位入场招聘,提供 1200 余个就业岗位。指导各区组织残疾人专场招聘活动 36 场,使残疾人毕业生成功实现高层次就业。开展残疾人大学毕业生就业服务专项活动,举办高校残疾人毕业生高层次岗位推介会。推进各区残疾人就业服务机构建设,提升了服务能力和水平。

2. 积极推进残疾人自主创业

按照“大众创业、万众创新”要求，落实各项残疾人自主创业扶持政策。审批通过残疾人创业补贴 223 人次，发放市级补贴资金 164.9 万元，有效解决了残疾人创业初期资金困难。举办“天工开物，匠心筑梦，残疾人自强作品展”，由各区挖掘推选出残疾人在非物质文化遗产与文化创意产业方面的创新创业典型作品 366 件，领航天津市残疾人创新创意新风尚。

3. 着力抓好扶贫攻坚补短板工作

在全国率先将住房困难农村残疾人家庭全部纳入危改范围，使全市困难农村残疾人的居住环境和生活质量明显提升。加强农村残疾人扶贫就业基地建设和管理。结合各区资源优势和生态优势，量身定制精准扶贫项目。在蓟州区扶持 220 户与绿色循环经济发展要求相匹配的家庭型残疾人养蜂点位，树立“爱益乐蜂”残疾人养蜂品牌，逐步推进残疾人养蜂精准扶贫产业化升级。

（五）积极开展残疾人文化体育活动，满足了残疾人精神文化生活和体育健身需求

1. 残疾人精神文化生活丰富活跃

积极组织开展形式多样、内容丰富的残疾人文化活动，推动残疾人的思想道德素质、科学文化素质和身心素质逐步提高。成功举办了第十五届天津市特殊儿童艺术节、“牵手残疾人走进图书馆”活动、“盲人百科知识竞赛”活动、第九届残疾人歌唱大赛等文化活动和比赛；组织参加了第九届全国残疾人艺术汇演，取得 1 个特别奖、2 个一等奖、1 个二等奖、3 个三等奖的优异成绩。

2. 残疾人群众体育和竞赛体育取得新成绩

组织开展和参加了“首届中国残疾人冰雪运动季”活动、残疾人冰上体验活动；组织举办残疾人趣味运动会、残疾人轮椅广播健身操比赛、残疾人康复体育进家庭等“我要上全运”残疾人全民健身系列比赛活动；组织参加全国残疾人体育单项赛事，全市 100 余名残疾人运动员在全国比赛中取得 31 金 35 银 31 铜的较好成绩；起草和完善 2019 年全国第十届残运会暨第七届特奥会天津市筹备工作总体方案，完成前期工作准备。

（六）加强便利友好的社会环境建设，营造了残疾人平等融合共享的社会环境氛围

1. 加强无障碍环境建设

配合做好了《天津市无障碍设施建设管理办法》（市政府令 85 号）各项

修订工作,新办法将在年底或明年初颁布实施。制定实施了《天津市无障碍环境建设“十三五”实施方案》。大力实施各类无障碍建设项目,为全市 1.2 万户听力、言语两类残疾人家庭安装了可视门铃,残疾人家庭和社区无障碍改造按计划进度顺利推进。残疾人机动轮椅车燃油补贴发放情况良好。

2. 加强残疾人合法权益保护

制定实施了《天津市残联“七五”普法规划》。认真做好了 12 件人大代表、政协委员建议、提案办理工作,全部按时、按要求、按程序规范完成,代表、委员均比较满意。残疾人维权热线 12385 运转良好,依托市政府 8890 服务平台,接听来电和处理政府下派的工单 4715 个,帮助残疾人解决了各种困难和问题,在政府每月考评中成绩持续保持在前列。信访接待残疾人来访 247 人,处理来信 50 封,提供法律咨询 86 人,法律援助 82 人,有效地维护了残疾人合法权益,为维护大局稳定做出贡献。

二、2017 年天津市残疾人工作亮点和特色

一是更加注重残疾人民生改善。2017 年,天津市将“制定实施视力、听力、言语残疾人通信信息消费补贴政策”纳入了市 20 项民心工程,全年为 5.1 万名视力、听力、言语残疾人发放通信信息消费补贴 1700 余万元。同时,为 1.53 万户听力、言语两类残疾人家庭安装了可视门铃,全市听力、言语残疾人家庭实现了全覆盖;将 2057 户住房困难农村残疾人家庭全部纳入危改范围,使全市困难农村残疾人的居住环境和生活质量明显提升。

二是进一步加大了残疾人服务设施建设力度。建筑面积 1.3 万平方米的天津市残疾人综合服务设施改造完工,已投入使用,极大地提升了本市残疾人教育培训服务、辅助器具服务和残疾儿童康复服务能力和水平。建筑面积 17000 万平方米的滨海新区第三托养康复中心和 9000 平方米的津南区残疾人康复中心建成即将或已经投入使用。

三是残疾人工作信息化水平进一步提高。《天津市残联信息化建设 2015—2017 年行动规划》任务基本完成,全市残疾人工作信息化建设取得新进展,为残疾人工作者更快速高效了解掌握残疾人各方面状况和需求、完成各项工作提供了现代化平台。

三、2018 年天津市残疾人工作预测和对策思考

我市残疾人事业发展虽然到达历史新高度,面临着一系列发展机遇,但

也存在诸多问题与矛盾亟待解决。主要是:残疾人总体生活水平与健全人相比还有较大差距,残疾人及家庭生活抗风险能力脆弱,接受各种服务的比例还比较低。残疾人事业领导体制和工作机制还需要进一步健全,残联组织自身改革还需要进一步深化;残疾人事业法规政策体系和顶层设计还需要进一步健全;残疾人工作各方面专业化人才紧缺;残疾人各种服务设施建设与广大残疾人的需求还有很大差距,与举办第十届残运会和第七届特奥会的要求还有不小差距。残疾人事业健康协调快速发展的社会环境还需要进一步优化。

(一)努力抓好残疾人事业深化改革与发展的重点工作

一是完善残疾人民生保障安全网。制定并实施《关于对困难残疾人给予水电气补贴的通知》政策,对低保、低收入残疾人生活用水、电、燃气给予一定补贴。落实好视力、听力、言语残疾人通信信息消费补贴政策和困难残疾人家庭和一户多残家庭取暖补贴政策。推进医疗参保 + 医疗救助 + 大病救助“医疗惠残联动”机制,稳步提高困难残疾人社会保障水平。加快推进残疾人全纳全民参保计划,提高残疾人参加城乡居民基本养老保险参保率。落实好困难残疾人生活补贴、重度残疾人护理补贴工作。配合做好已鉴定的农村残疾人家庭危房改造工作和城镇住房困难残疾人家庭住房保障工作。

二是全力筹备好残疾人两项全国性体育盛会。2019 年,天津市将承办全国第十届残疾人运动会暨第七届特殊奥林匹克运动会。一方面要做好东道主、办好残运会和特奥会,一方面要充分做好本市代表队的各项赛前准备和训练,争取取得优异成绩,为全市争光。要举全市之力,对体育运动场馆、宾馆住宿场所、医疗卫生机构等设施加急进行改造,对无障碍硬件环境加速进行建设,对无障碍信息交流服务加快进行提升。

三是切实加强残疾人服务设施建设。要以问题为导向,以残疾人类别化、个性化、多层次需求为指引,加快落实市级残疾人康复服务中心建设,促进龙头示范和业务指导作用的有效发挥。要进一步健全和完善区、街乡镇两级残疾人服务设施体系建设。

四是圆满完成残联系统换届工作和群团改革。认真指导好各区、街乡镇残联按时完成换届工作,同时扎实做好市级残联换届工作,确保换届中风清气正,换届后干部队伍思想作风得到切实加强,把残联组织建设得更加坚强有力。

（二）统筹推进残疾人事业各领域工作，全面加快残疾人小康进程。

1. 康复服务

深入开展精准康复服务工作，通过开展残疾儿童和持证残疾人康复需求入户评估，制定个性化服务方案，明确工作任务、措施，分解、落实工作责任。2018 年中心城区、环城四区、滨海新区，有康复需求的残疾儿童和持证残疾人接受基本康复服务的比例达 75% 以上；其余五区达到 65% 以上。加强对残疾人康复工作的组织指导，加大投入，完善康复服务体系和保障政策。加强残疾人康复服务体系建设，特别是残疾人康复服务机构的培育和康复人才的培养。配合做好制定《天津市实施残疾预防和残疾人康复条例办法》各项工作。建立、完善残疾预防工作机制，分工落实残疾预防工作任务。积极推动制定天津市残疾人辅助器具适配补贴政策。为全市困难残疾人适配 1 万件辅助器具。

2. 教育培训

贯彻落实《天津市第二期特殊教育提升计划（2017—2020）实施方案》，协调市教委大力推进特殊教育向融合教育发展；加强以职业教育为主的残疾人高中阶段教育，规范扩大特教学校高中阶段职业教育班，推动特教学校初中毕业生进入高中阶段职业教育班继续学习，落实高中阶段职业教育毕业生实现辅助性就业的兜底工程。大力开展送教服务，修改完善送教服务实施办法，充分利用特教学校公共资源建立残疾人辅助性就业中心。本市残疾儿童少年义务教育入学率达到 95% 以上。协调市财政局修改完善残疾人教育助学金办法，提高助学金标准。制定出台天津市“十三五”残疾青壮年文盲扫盲实施方案，全面开展残疾青壮年文盲扫盲工作。组织参加中国残联 2018 年残疾人职业技能岗位精英赛。组织开展天津市第六届残疾人职业技能竞赛暨第二届残疾人展能节活动。贯彻落实《国家手语和盲人规范化行动计划》，录制国家通用手语远程培训课程，实现手语网络信息化培训。

3. 就业扶贫

加强残疾人就业服务，多渠道促进残疾人就业，提高残疾人就业率。完善和落实稳定和扩大残疾人就业政策。通过岗位补贴、保险补贴等一揽子就业创业政策协同配合，扶持新就业形态发展，不断拓展就业新空间。深入实施残疾高校毕业生就业创业促进计划，落实新一轮残疾人高校毕业生“就业创业阶梯”计划，多渠道促进高校毕业生就业创业。开展就业援助专项行动，确保残疾人零就业家庭动态清零。树立融入发展理念，联合农委、商务委等部门合力以产业化扶残,提高就业扶贫精准度,结合各区资源优势和生态优势,量身定制精准扶贫项目,促进农村残疾劳动力就业。加强残疾人就业服务精准化。加强部门数据联动,提高残疾人社会就业保障服务经办规范化、信息化、专业化水平,提高审核办理效率。

4. 权益维护和无障碍建设

努力推动《按比例安排残疾人就业办法》(市政府 81 号令)列入市政府 2018 年立法提请审议项目,争取将《残疾人康复条例实施办法》列入市政府立法项目,并配合做好相关工作。与城市建设主管部门密切协作,做好公共设施无障碍改造,为残运会和特奥会举办创造良好的无障碍环境。推动与市高级人民法院联合建立司法领域残疾人权益维护机制。为全市新增听力和言语残疾人家庭安装可视门铃。做好残疾人家庭和社区无障碍改造。认真做好人大代表和政协委员建议提案办理工作,妥善办理残疾人信访和通过热线反映的问题,维护残疾人群体和谐稳定。

5. 托养护理

修改和完善本市残疾人托养服务政策,建立健全残疾人托养服务体系。协调市财政局等有关部门,提高残疾人托养服务补贴标准,加快出台《天津市残疾人辅助性就业工作实施意见》。推动政府购买残疾人托养服务,实行第三方评估机制。协调有关部门制定本市残疾人托养服务机构建设方案和残疾人托养服务机构准入标准和服务标准,大力提高全市残疾人托养服务工作规范化、制度化、专业化水平。协调落实好重度残疾人护理补贴制度。

6. 事业宣传和文化体育

围绕残疾人事业中心工作,借助新闻媒体平台,大力宣传残疾人事业的新发展、新政策、新举措。以基层社区为基础,以公共文化服务为平台,进一步丰富内容,活跃基层,不断满足残疾人精神文化需求。加大残疾人文化服务设施的建设力度,推动在各级各类残疾人服务设施中进一步配备残疾人文化体育活动相应用品和器材。开展内容丰富、形式多样的残疾人文化艺术和体育活动。扶持残疾人文化艺术和产业发展。认真筹备和积极备战 2019 年全国第十届残运会暨第七届特奥会,推动残疾人竞技体育、健身体育、康复体育协调发展,不断提高残疾人体育竞技水平,进一步丰富活跃残疾人群众体育活动。组织参加 2018 年全国残疾人体育锦标赛和单项体育赛事,并做好承办 2018 年全国残疾人田径、游泳锦标赛各项工作。

(三)全面推进残联系统从严治党和依法行政依法办事,切实健全残疾人事业领导体制和工作机制

1. 深入落实全面从严治党的战略部署,切实加强全市残联系统党的建设

深入开展"不忘初心牢记使命"主题教育实践活动,进一步增强"四个意识",坚定"四个自信"。找准党建与业务工作契合点,突出党建工作的残联特色,努力实现"两不误、两促进"。加强全市残疾人工作差异化绩效考核,进一步调动残联组织和干部队伍干事创业积极性。

2. 充分发挥残工委作用,推动残疾人事业发展进步

进一步健全市政府残工委沟通协调机制,促进残工委办公室与各成员单位之间加强沟通交流和协调配合,落实各项工作制度和各单位职责,形成工作合力,落实不断提高残疾人事业各领域工作的水平。

3. 全面实施依法行政、依法治会、依法办事,提高行政运行和办事效率,提升廉政建设水平

进一步健全完善全市残联系统行政管理、内控制度等管理制度体系,通过严密的制度机制管事管人,杜绝各种消极腐败现象和不正之风。对历次巡视、审计发现的问题彻底进行整改,并保持高压态势,防止整改流于形式和问题反弹。严格执行中央八项规定精神,坚持不懈反对四风。切实做好残疾人事业档案工作。认真落实安全生产"党政同责、一岗双责",切实加强安全生产和维护稳定工作。

(作者单位:天津市残疾人联合会)

2017—2018 年天津市市容园林和城市管理情况分析与预测

天津市市容园林和城市管理委员会课题组

2017 年，在市委、市政府的正确领导下，我市市容和园林工作深入学习贯彻党的十九大精神和习近平新时代中国特色社会主义思想，全面落实市第十一次党代会和市委十一届二次全会部署要求，牢固树立和落实新发展理念，紧紧围绕美丽天津建设和京津冀协同发展的总目标，扎实推进迎全运城市综合整治，市容环境、园林绿化和城市管理工作取得一定成效。

一、2017 年市容园林和城市管理的基本情况

全市紧紧围绕迎全运城市综合整治四大目标和十项工程，坚持高标准实施，全方位整治，长效化管理，破解了一批城市管理难点，打造了一批市容环境亮点，综合整治任务全面完成，天津的城市面貌发生明显变化。

一是扩量提质、增花添彩，园林绿化彰显大绿大美。坚持扩量提质，对全运会 53 个比赛场馆、125 条道路、10 条河道沿线绿化进行改造，实施 90 条道路立体绿化和垂直绿化，改造 28 处街头街心绿地，建设提升 17 座城市公园，补植裸露绿地 159 万平方米，全市新建提升各类绿化 3992 万平方米，栽植乔灌木 883 万株，仅全运村周边新增绿化 84.3 万平方米；坚持增花添彩，在奥体中心、天津站等重点地区设置立体草雕景观 319 处，摆放鲜花 47.5万平方米，凸显了绿化的层次感、色彩感、季相感，营造了郁郁葱葱、满眼皆绿的生态效果，绿化的层次和品位有了进一步提升。

二是整体推进、突出重点，城市风格更加典雅靓丽。坚持全要素整治，多维度治理，全覆盖提升，围绕奥体中心等比赛场馆、全运村、宾馆、机场、车站、入市口道路，实施 80 条道路 50 公里的架空线缆入地，对 173 条道路、

3739 栋建筑、826 万平方米立面进行整修粉刷,对黑牛城道、卫津路等 15 条道路 156 万平方米路面进行罩面铺装,对 144 条道路 62.6 万米标线重新施划,规范牌匾 13 万平方米,整修国省干线、高速公路等 17 条 313.7 万平方米,更新配置一批马路家具,一条条凹凸不平、管线杂乱的道路变得整洁舒适、平整规范,一栋栋老旧破损、颜色暗淡的建筑变得大气洋气、清新靓丽。

三是打造组团、形成网络,夜景灯光更加美轮美奂。按照“增光、添彩、提质”的总体原则,对奥体中心及周边 3 个场馆、7 条道路、357 栋建筑、127 处楼顶、6 公里绿化、3 个公园、两座立交桥和近 9 万平方米水系进行夜景灯光建设,采用智能联动照明控制技术,对场馆周边围合的 18 栋高层建筑群进行媒体演绎,形成了恢宏大气、灯火辉煌夜景组团;秉承“金色海河、流光岁月”的主题,充实完善岸、绿、楼、桥四大景观元素,整体提升“天津之眼”至大光明桥段 8 公里夜景效果,进一步扮美扮靓美丽海河;在已建成 25 公里城市夜景灯光线的基础上,增加 14 条道路 44 公里,全面建设提升全运村、天津站、五大道等重要景观节点,串点连线,打造形成 63 公里的城市道路精品夜景灯光网络,天津的夜景更具品质品位。海河、奥体中心、全运村已经成为城市旅游的新热点,津城百姓的满意度、自豪感油然而生,天津城市的吸引力进一步增强。

四是以人为本、便民利民,群众生活环境显著改善。坚持以人民为中心的思想,秉承全运惠民的理念,推进 450 个社区综合整治,对 54 条里巷道路进行杂物清整清理、补全功能设施、硬化裸露地面,实施 6 座人行天桥、15 条道路人行便道修整工程,新建改造空调罩 14.2 万平方米,新建提升、改造整修公厕 594 座,修整围墙 42 万平方米,补装补建 20 条道路缺失路灯,更换友谊北路等 51 条道路老化灯具;持续开展环境卫生大清整大清洗大清扫活动,清理居民社区、单位庭院垃圾杂物 7 万余处,拆除违章设施 9400 余处,改善了居住条件,方便了群众出行,做到了美化城市整体环境与改善居民居住条件相结合,解决了一批群众生活中的难事,办成了一批群众盼望的大事,群众真正得到了实惠,极大地调动了人民群众参与城市综合整治的积极性。

五是综合施策、强力推进,专项治理取得重大突破。综合运用法律、经济等手段,推进全市 19 条高速公路两侧 3294 块大型占地户外广告设施全部拆除,开全国之先河;深入开展全运村周边环境整治,实行多部门、大兵团联合作战,拆违拆迁 18.6 万平方米,同步完成伸和铸造厂搬迁,对全运村周边 8 条道路以及 17 个地块实施绿化建设,增绿 95 万平方米,全运村环境实现根本性提升；拆除美化中心城区废旧烟囱 109 根，优化了城市空间环境，形成了新的景观视点；坚持遏增量、去存量，拆除违法建设 336 万平方米；深入开展公铁沿线治理，拆除高速铁路沿线各类违法建设、土地圈占 14 余万平方米，清运垃圾渣土 2.34 万吨；坚持以整治促进管理，以管理深化整治，清理占路经营 6.1 万处、乱堆乱放 2.8 万处，立案查处运输撒漏案件 1168 起，处罚金额 121 余万元，有效解决了一批难点热点问题，城市管理更加规范有序。

二、2018 年市容园林和城市管理面临的问题和挑战

一是城乡市容环境之间的不平衡。城乡二元结构依然没有打破，自 2008 年开始，天津连续 9 年开展了大规模市容环境综合整治，城市面貌发生了显著变化。但整治的重点主要针对市内六区，用力不均，综合整治向外围、远郊区县延伸的不够，存在效果不一的现象，城乡之间的公共服务设施保障能力和规范管理水平的差距依然突出。

二是主干道路和背街里巷的不平衡。受基础设施建设、政策法规、重视程度、资金投入、历史遗留等多种因素的影响，主次干道和背街里巷的环境差别依然明显，城乡接合部地区、待拆迁地区的环境面貌还不尽如人意。

三是新建地区和老旧小区的不平衡。城市日常管理不够精细，旧病复发、久治不愈、久拖不治现象虽有所缓解，但许多问题还未得到有效解决，新增设施有人建无人管、部分未移交设施管理责任不落实、老旧破损设施维修维护不及时不到位的问题依然存在，新家园地区和老旧小区的整体环境还有待提升。

四是在城市绿化品质上还有欠缺。城市绿化“三率”指标长期位于直辖市和省会城市末游，且增长乏力。“十二五”期间，尽管新建提升绿化 1.1 亿平方米，但实际新增绿地 4358 万平方米，中心城区仅新增 315 万平方米，城市绿化与城市化进程形成巨大反差。全市虽有 102 座公园，但公园绿地面积约 6000 万平方米，规模小，分布不够合理。

五是在引领新常态上还有差距。新常态下市容环境、园林绿化、城市管理的特点和规律研究得不够透，顺应“五大战略”发展机遇的举措还不够具体。加之城市管理体制机制尚未理顺，相关管理部门职能交叉、多头管理、推诿扯皮的现象依然存在。

三、2018 年市容园林和城市管理的发展预测和对策建议

2018 年,是全面贯彻落实党的十九大精神的开局之年,是改革开放 40 周年,是全面落实京津冀协同发展国家战略、全面加快美丽天津建设、实现“五个现代化天津”的关键一年。

2018 年,市容环境、园林绿化和城市管理工作主要预期目标是:新建提升绿化 1000 万平方米,绿化覆盖率、绿地率、人均公园绿地面积“三率”指标分别达到 38.5%、33.5%、11.5 平方米以上,努力做到“300 米见绿、500 米入园”;全市建成区主干道路机扫率、水洗率实现两个 100%,全市城市生活垃圾无害化处理率达到 95% 以上;打造美丽海河,城市夜景更加富有魅力,路灯设施完好率达到 95% 以上,亮灯率达到 98% 以上;以生态宜居为目标的城市生态网络框架基本形成,系统化、功能化、精细化的生态服务水平进一步提高;以分类管理为基础的城市生活垃圾收运处体系进一步建成,实现生活垃圾减量化、资源化、无害化水平持续提升;以常态长效为要求的城市市容环境运行机制及管理平台基本建立;实现市容市貌更加清新靓丽,园林绿化更加生态自然,市容环境更加干净整洁,城市夜景更加亮丽大气,城市管理更加精细高效。

2018 年,市市容园林和城市管理工作将坚持以人民为中心的思想,持续推进城市综合整治,在全面推进城市“绿化、美化、净化、亮化、序化”工作的基础上,重点以“厕所革命”为引领,将“小事情大情怀”的思想向垃圾治理、背街里巷清整等 9 个方面延伸,着力抓实 10 项任务。

一是抓实厕所革命。针对我市公厕数量不足、布局不够合理、建设管理品质及人性化有待提高等问题,以增总量、补短板、提品质、强管理为目标,深入开展厕所革命。制定完善天津市公厕建设管理专项规划,依据城市环卫设施布局规划和标准,统筹推进公厕规划建设管理,做到一张蓝图管公厕;修订《天津市公共厕所规划设计导则》,围绕公园、重点地区,高标准建设改造公厕 300 座,建设一批集科技、基本公共服务、景观建设为一体的新型智能公厕,全面提升街巷胡同、城乡接合部平房区公厕,消灭三类以下公厕;推动《天津市公厕管理办法》修订,强化社会单位公厕对外开放,努力构建“以独立式、附属式公厕为主,社会单位公厕对外开放为辅,移动公厕拾遗补阙”的格局,进一步提升公厕服务品质;细化《天津市公厕作业管理服务标准》,全面加强公厕养护管理,完善配套服务设施,强化人性精细精致服务,

发布天津公厕手机应用程序，让群众通过手机快速搜到就近公厕的具体位置，使公厕成为城市最具人性的便民设施之一。

二是抓实垃圾治理。理顺垃圾管理体制，强化垃圾治理的组织领导，持续开展生活垃圾、餐厨垃圾、建筑垃圾专项治理，推进脏乱死角治理的全覆盖；启动实施生活垃圾分类工作，制定《天津市生活垃圾分类实施方案》，建立健全生活垃圾分类投放、分类收集、分类运输、分类处置体系，在 100 个居民区启动垃圾分类试点，全市单位垃圾分类做到全覆盖；强化生活垃圾的源头减量，建立"激励和约束"相结合的垃圾分类减量政策体系，促进再生资源回收利用网络和垃圾分类收集处理网络的"两网协同"发展；制定《天津市餐厨垃圾管理办法》，强化对餐厨垃圾监管，按照源头管控全覆盖、监督管理全过程、处置运营市场化、执法处罚零容忍的原则，严把餐厨垃圾投放、收集、运输、处置四个环节，建立健全刚性闭合的管理机制；加快推进生活垃圾处理设施建设，抓好双口、大韩庄垃圾填埋场渗滤液的处置，推进宁河垃圾焚烧厂、静海垃圾处理场建设，启动运行贯庄垃圾焚烧厂，抓实东丽、西青、北辰 3 座生活垃圾处理设施建设，实现全市城市生活垃圾无害化处理率达到 95%；建设生活垃圾监管"一张网"。加强建筑垃圾管理，以"中心城区统筹消纳，郊区自行处理"的原则，构建全市域规范化的建筑垃圾处理体系。

三是抓实道路整治。制定《天津市城市综合整治专项规划》，建立整治工程项目库，推进城市综合整治的常态化规范化；深入开展城市综合整治"回头看"，建立健全城市综合整治长效管理机制，切实将迎全运城市综合整治成果维护住、管理好；按照"穿点连线，接线成网"的原则，综合整治 30 条道路沿线环境，进一步完善城市路网环境；根据中央"既要管好主干道、大街区，又要治理好每个社区、每条小街小巷小胡同"的要求，推进综合整治向背街里巷延伸，对中心城区 300 条背街里巷道路，实施"清脏、治乱、补绿、修路"专项治理，通过提升设施、治理脏乱、补植绿化、修补路面等，进一步拓展城市综合整治成果，解决群众出行的环境问题。

四是抓实街容美化。深入开展天津市违法户外广告设施治理，铁腕重拳治理违法户外广告设置，坚决防止违法户外广告设施反弹；启动实施违法户外 LED 屏（牌）的专项治理，加大立法力度，依法严格治理，突破性解决难点问题；制定完善《天津市中心城区户外广告设施设置控制性详细规划》，建立健全户外广告、商业牌匾管理档案，中心城区户外招牌建档率达到 90% 以上；加强户外广告牌匾安全和监管工作，建成快速、可靠、高效的市区街审批管理执法联动机制。持续推进烟囱美化治理，扩大烟囱美化治理成果，因地制宜,巧妙设计,遵循"弱化视觉冲击、融入周边环境"理念,打造天津烟囱美化品牌。

五是抓实绿化建设。围绕"环、楔、廊、园、林"等要素,健全完善天津市城市绿地系统规划,持续加大城市绿化建设力度,新建提升各类绿地 1000 万平方米;启动实施外环线外侧 500 米绿化带的提升改造,打造环绕中心城区的城市绿带;积极推进城市慢行系统建设,启动实施城市绿廊和城市绿道系统规划建设,建设提升气象台路、营口道等 30 条道路沿线绿化,改造提升南运河、津河等 10 条二级河道沿线绿化,通过串联都市绿脉、水脉、文脉,构建健康、多元、互通、易达的都市绿色休闲网络;扎实推进城市立体绿化建设,实施屋顶绿化试点 20 处,设置绿化草雕 100 处,新增立体绿化网络空间 30 万平方米,提高街道空间绿视率、丰富街面景观;持续实施"增花添彩"行动,以改革开放 40 周年等宣传为主题,实施花卉妆点 30 万平方米,进一步提升园林绿化品位;全面加强园林绿化的养护管理,强化行道树的养护管理,启动实施林荫道创建工程,创建林荫道 20 条,完成中心城区 151 条主干道路行道树二维码设置;制定完善古树名木保护专项规划,加强古树复壮保护与技术研究,建设 1 ~ 2 个古树保护示范公园绿化;修订完善园林绿化养护管理定额,推进养护管理的精细化,进一步提升园林绿化水平。

六是抓实公园提升。坚持文化建园、特色游园,按照"增数量、优布局、提品质"的原则,持续加强公园的规划建设管理;启动实施天津植物园、动物园的规划选址,补齐天津公园规划建设的短板;加快推进水溪公园建设,努力做到年底建成开放;提升改造北宁公园、天津湾公园等 7 个公园,进一步强化城市绿肺功能;建设提升一批街心公园、社区公园,完善公共服务设施配备,增强服务性和功能性,实现居民出行"300 米见绿、500 米入园",真正把绿送到百姓家门口,让群众能够走进绿、贴近绿、享受绿;强化公园管理服务,制定发布天津市公园 App,方便群众游园。

七是抓实路灯管理。坚持绿色、环保、节能理念,提升改造路灯指挥管理监控中心,实现"一把闸"管理;结合中心城区老旧小区及远年商品房改造,逐步推进高能耗高压汞灯淘汰更换工作,提高绿色照明水平;补装补建 200 个老旧小区的 4000 基路灯,强化社区路灯照明管理;对 20 条有灯不亮道路进行整改提升,切实把有路无灯、有灯不亮问题解决好。加强路灯设施日常养护管理,对修饰的灯杆、老化的灯具、变电箱及其附属设施进行清洗、油饰和更换;修订《天津市城市管理照明规定》,促进城市路灯照明管理法治化、规范化、智能化。

八是抓实夜景改造。按照“增光、添彩、提质”的建设思路，在巩固提升现有夜景灯光的基础上，完善景观照明总体规划，优化景观照明布局，推广运用“互联网＋”技术，坚持绿与亮、静与动相结合，做到该亮的地方亮起来、美起来，不该亮的地方坚决不亮，避免光污染，切实做到惠民利民不扰民；高标准推进海河沿线、城市夜景灯光线夜景灯光建设“三同时”工作，进一步完善供电配电设施；修订完善《天津市夜景灯光设施管理办法》，对夜景灯光监控指挥中心进行升级改造，提升完善夜景灯光智能监控系统，提高天津城市夜景管理水平。

九是抓实专项治理。坚持标本兼治、综合施策，围绕旧病复发、久治不愈、久拖不治等城市管理顽疾，全面实施非法圈占、违法建设、结合部脏乱等专项治理。以治理私装地锁为重点，铁腕重拳开展乱圈乱占专项治理，健全法律支撑，组织联合行动，建立问题台账，找准薄弱环节，依法坚决治理，落实长效举措，做到中心城区道路、公共场所圈占零存在，居民社区的圈占零增长，切实把这一久拖不治问题解决好。坚持“遏制增量、削减存量，属地管理、联防共治，分类处置、综合治理，程序规范、社会稳定”的原则，对全市 13.46 万处、18.41 万间、760.28 万平方米违法建设集中开展治理，建立健全违法建设“有人管、管得住、管到位”的长效机制。持续深入开展建筑渣土专项治理行动，加大对“乱张贴、乱涂写、乱散发”等非法小广告的清除和管控力度；按照“疏堵结合、分类管理”的原则，加强对占路摊贩规范和治理；通过一系列专项治理，切实破解一批城市管理难题。

十是抓实管理升级。坚持以城市管理执法体制改革为契机，推进城市管理供给侧结构性改革，推动城市管理质量变革、效率变革、动力变革，构建权责清晰、服务为先、管理优先、执法规范、安全有序的城市管理体制。创新城市管理运行机制，建立健全城市管理高位协调机制，完善城市管理考核方式，提升数字化城市管理平台，推进城市管理向城市治理转变，不断提升城市治理科学化、精细化、智能化水平；强化城市治理体系和治理能力现代化建设，持续推进管理重心下移，深化养护市场化改革，深化拓展网格化管理，提升城市综合管理效能，打造城市管理转型升级版，形成与经济社会相匹配的城市管理能力，让城市更有温度。

（执笔人：梁建洪，天津社会科学院发展战略研究所；刘腾，天津市市容园林和城市管理委员会）

2017—2018 年天津市城乡居民生活状况分析与预测

翟　倩

2017 年是实施“十三五”规划的重要一年,也是决胜全面建成小康社会、向社会主义现代化建设新征程迈进的关键之年,全市上下认真贯彻落实中央和市委、市政府各项决策部署,坚持以创新、协调、绿色、开放、共享为新发展理念,以创新驱动发展为战略,以提高发展质量和效益为中心,积极适应引领经济发展新常态,全市经济继续保持稳定增长,民生不断改善,城乡居民收入持续增加,居民生活水平稳步提升。

一、2017 年城乡居民收入平稳增长

国家统计局天津调查总队城乡居民住户调查资料显示,2017 年前三季度,我市居民人均可支配收入 29448 元,同比增长 8.9%。城镇常住居民人均可支配收入 32212 元,同比增长 8.6%;农村常住居民人均可支配收入 16611 元,同比增长 8.5%。城乡居民收入继续平稳增长。

(一)城镇居民收入增长的主要特点

前三季度,我市城镇居民四大项收入全面增长,工资性收入作为可支配收入的主要来源仍然是拉动收入增长的主要因素,转移净收入、财产净收入、经营净收入逐渐成为城镇居民收入新的增长点。

1. 工资性收入是收入增长的主要动力

前三季度,我市城镇常住居民人均工资性收入 20746 元,同比增长 8.5%,拉动可支配收入提高 5.5 个百分点,对人均可支配收入增长的贡献率为 64.0%。工资性收入仍是城镇居民收入的第一大来源,占可支配收入

64.4%，是拉动城镇居民收入增长的主要动力。

工资性收入增长较快的主要因素：一是京津冀一体化协同发展，吸引了一大批企业在津落户，促进了就业；二是政策性增资因素，机关单位落实上下班交通费和通讯费、提高绩效考核奖金标准等政策拉动居民收入增长；三是钢铁企业效益回暖，高新、新兴企业快速发展，电子物流等产业效益提高等带动部分行业收入稳步增加。

2. 转移净收入、财产净收入和经营净收入稳步提高

前三季度，我市城镇常住居民人均转移净收入 5897 元，同比增长 10.3%，对人均可支配收入增长的拉动作用仅次于工资性收入，贡献率为 21.6%，拉动可支配收入增长 1.9 个百分点。其中，人均养老金或离退休金收入同比增长 14.9%，是城镇居民转移性收入的主要动力。

前三季度，城镇常住居民人均财产净收入 3270 元，同比增长 7.9%，对人均可支配收入增长的贡献率为 9.4%，拉动可支配收入增长 0.8 个百分点。人均经营净收入 2299 元，同比增长 5.8%，对人均可支配收入增长的贡献率为 5.0%，拉动可支配收入增长 0.4 个百分点。

转移净收入、财产净收入和经营净收入提高的主要因素：一是养老金待遇提高带动城镇居民转移净收入增加；二是房地产价格高位运行下房租租金价格提高，从而带动居民财产净收入提高；三是服务业快速发展推动居民经营净收入稳步增加。

（二）农村居民收入增长的主要特点

前三季度，我市农村常住居民工资性收入、家庭经营净收入、经营净收入和转移净收入全面增长，工资性收入和经营净收入仍是农村居民收入的主要来源，对农村居民增收起重要支撑作用。

1. 工资性收入对农村居民增收支撑作用明显

前三季度，我市农村常住居民人均工资性收入 10530 元，同比增长 7.5%，工资性收入是农村居民最主要的收入来源，占可支配收入的 63.4%，拉动可支配收入提高 4.8 个百分点，对人均可支配收入增长的贡献率为 56.8%，对农村居民增收支撑作用明显。

促进工资性收入较快增长的主要因素有：一是最低工资标准由 1950 元提高到 2050 元，使中低收入者直接受益；二是京津冀协同发展、小城镇建设等加快了农村劳动力转移，农村就业人数稳中有升；三是各级政府积极搭建各类平台，推进和加强就业技能培训，促进了农村劳动力转移就业，农民就

业能力显著提高。

2. 家庭经营净收入稳步增长

前三季度,我市农村常住居民人均家庭经营净收入 3752 元,同比增长 6.0%。其中,第一产业净收入 1341 元,同比下降 2.8%;第二产业净收入 674 元,同比增长 3.3%;第三产业净收入 1737 元,同比增长 15.2%。交通运输、批发零售、居民服务等第三产业快速发展是带动家庭经营净收入增长的主要因素。

3. 财产净收入和转移净收入快速增加

前三季度,我市农村常住居民人均财产净收入 829 元,同比增长 19.4%,其中,分红收入、转让承包土地经营权租金收入和房租收入同比分别增长 45.2%、15.0% 和 29.5%,是农村居民人均可支配收入增长的亮点。前三季度,农村常住居民人均转移净收入 1500 元,同比增长 16.8%。市委市政府进一步加大民生投入,各项惠民政策不断调整落实,农村养老和医疗保险参保人数增多、养老金水平继续提高、住院报销比例调整等各项有利因素促使转移性收入大幅提高。

二、2017 年城乡居民消费水平持续提升

2017 年前三季度,我市常住居民人均消费支出 20658 元,同比增长 5.0%。城镇常住居民人均生活消费支出 22526 元,同比增长 4.7%;农村常住居民人均生活消费支出 11980 元,同比增长 5.5%。城乡居民消费支出继续稳步增长,居民消费水平持续提升。

(一)城镇居民消费支出的主要特点

1. 基本生活消费支出小幅上涨

前三季度,我市城镇常住居民吃、穿、用基本生活消费人均支出 9936 元,同比增长 5.4%。其中,人均食品烟酒消费支出 7110 元,同比增长 6.8%,主要是因为居民在外饮食支出增加,人均支出同比增长 15.9%;人均衣着支出 1555 元,同比下降 1.1%;人均生活用品及服务支出 1271 元,同比增长 5.9%,其中,家具及室内装饰品和家庭日用杂品支出增幅较大,分别增长 13.8% 和 10.6%。

2. 居住类消费支出稳定增长

前三季度,我市城镇常住居民人均居住消费支出 4909 元,同比增长

4.8%。2016 年房地产市场的火爆带热了本年住房装修，人均住房维修及管理费用支出增幅较大，达到 31.3%，其中：住房装潢支出同比增长54.0%。同时，小城镇建设不断推进，拆迁力度加大，房屋租赁市场火爆，人均房屋租赁支出同比增长 10.4%。

3. 发展享受型消费支出增幅较大

随着居民生活水平的提高，消费理念正在发生转变，人们越来越追求生活品质，注重健康和教育，消费层次呈现多样化。前三季度，我市城镇常住居民人均教育文化娱乐支出 2135 元，同比增长 7.0%，其中：教育支出 999 元，同比增长 9.7%；人均医疗保健支出 1847 元，同比增长 8.4%，其中：医疗服务支出 1261 元，同比增长 9.3%；人均其他用品和服务支出 725 元，同比增长 12.4%，其中：其他用品（首饰、手表等）支出和其他服务（旅馆住宿、美容美发等）支出同比分别增长 12.8%和 11.9%。

（二）农村居民消费支出的主要特点

1. 吃、住、行构成农村居民消费三大主体

前三季度，我市农村常住居民用于吃、住、行消费支出 8040 元，同比增长 7.2%，其中，人均食品烟酒支出 3628 元，同比增长 4.2%；人均居住支出 2275 元，同比增长 5.4%；交通通信支出 2137 元，同比增长 14.7%，在八大类消费中增长速度最快。吃、住、行三项消费支出占总生活消费支出的比重接近七成，是拉动农村居民消费增长的三大动力。

2. 医疗保健、教育文化娱乐消费继续增加

前三季度，我市农村居民人均医疗保健支出 1102 元，同比增长 5.1%。医保政策的不断完善，使农村居民医疗保险覆盖面扩大，补贴标准提高，农村居民预防保健、有病就医的意识不断得到增强，同时，伴随人口老龄化进程不断加快，老年人比重逐年增加，农村居民用于医疗保健的支出增长迅速。前三季度，人均教育文化娱乐消费支出 953 元，同比增长 3.7%，随着农村居民生活水平的提高，人们对教育文化娱乐需求日益增加。

3. 生活用品及服务消费支出下降

前三季度，我市农村居民人均生活用品及服务消费支出 831 元，同比下降 4.1%。受 2016 年农村居民大量购买节能炉具的翘尾因素影响，农村居民人均生活用品及服务消费支出较去年同期下降。

三、对 2018 年城乡居民收入、消费的预计和建议

今年以来,面对复杂严峻的国内外形势,天津主动适应经济发展新常态,以新发展理念为引领,大力推进供给侧结构性改革,着力培育新的增长动能,坚持走绿色发展道路,推动经济由高速增长向高质量发展转变。前三季度,全市生产总值(GDP)13449.50 亿元,按可比价计算,同比增长 6.0%。农业经济继续增长,工业效益稳中趋好,服务业持续较快增长,主要经济指标运行平稳,动能转换步伐不断加快,转型升级取得积极进展。

2018 年,在全市继续保持当前经济发展及就业状况,并辅以有效增资政策前提下,我市城乡居民收入将继续保持平稳增长态势。在市场供应平稳,物价水平不出现大幅波动的情况下,城乡居民消费支出有望继续稳步增加,城乡居民生活水平有望继续提升。

为确保当前城乡居民收入与消费平稳增长的局面,需对以下问题加以关注:

1. 努力提升经济发展实力

继续深入推进供给侧结构性改革,持续优化产业结构,着力培育经济发展新动能、发展新业态,加快智能制造等战略性新兴产业发展,壮大先进制造业,推动传统制造业升级换代,打造经济发展新引擎,坚持去产能、淘汰污染落后企业,扎实推进"三去一降一补"重点任务,努力夯实发展基础,稳住存量、扩大增量,确保发展的内涵质量,不断提升经济发展实力。

2. 推进重点领域和关键环节取得新进展

紧紧抓住京津冀协同发展机遇,加快建设全国先进制造研发基地、北方国际航运核心区、金融创新运营示范区、改革开放先行区,积极推进产业、交通、生态等重点领域建设;主动承接北京非首都功能疏解,积极对接雄安新区规划建设,大力推进发展战略合作,形成全面协同、深度融合的发展格局。积极融入"一带一路"建设,继续深化"放管服"改革,积极稳妥地推进财税金融、医疗卫生等领域改革,推进国有企业混合所有制改革,不断推进开放型经济发展。

3. 全面推进城乡一体化发展

借力京津冀城市群建设,构建以双城、辅城和中等城市、特色小城镇、美丽乡村为骨架的现代城乡体系,健全城乡一体发展、多层面联动发展的体制机制。全面提升中心城区功能,大力发展创意、商贸、金融等业态,建设开发

更多带动性强的特色楼宇和示范楼宇，提高服务经济社会发展能力。进一步增强滨海新区综合实力和竞争力，壮大区县综合实力，大力培育特色产业和优势企业，推进示范工业园区转型升级、集约发展。加快推进以人为核心的新型城镇化，全面提升城乡一体化水平。

4. 积极促进就业提高就业能力

坚持就业优先战略和积极就业政策，培育新的就业增长点，促进高校毕业生、农民工多渠道就业创业，健全就业服务体系，落实就业帮扶措施，大力推动创新创业，实现更高质量和更充分就业。完善政府、工会、企业共同参与的协商协调机制，构建和谐劳动关系。鼓励勤劳守法致富，拓宽居民劳动收入和财产性收入渠道。

5. 进一步拓宽居民消费领域

在巩固传统消费的基础上，大力增加优质服务供给，积极开展旅游休闲升级、农村消费升级等扩大消费行动，促进旅游、教育、文化、信息等新兴消费，提升健康、养老、家政等服务品质，建设一批高水平重点商圈和便民商业网络。优化消费市场环境，打造新型消费业态，改造提升传统商业模式，大力发展线上线下商业设施和电子商务，推进农村物流网络建设，加强消费品质量监管，营造愿消费、敢消费、放心消费的良好市场环境，不断释放居民消费升级需求潜力，全面推动城乡居民消费持续增长。

（作者单位：国家统计局天津调查总队）

2017—2018 年天津市老龄事业发展状况分析与预测

天津市老龄工作委员会办公室课题组

一、2017 年老龄事业发展状况分析

2017 年全市老龄工作,按照"积极应对人口老龄化,构建养老、孝老、敬老政策体系和社会环境,推进医养结合,加快老龄事业和产业发展"要求,牢固树立和贯彻落实发展新理念,突出重点,狠抓落实,各项工作取得新进展。

1. 人口老龄化现状及特点

据统计,到 2016 年底,我市 60 岁及以上户籍老年人口 243.90 万人,占全市户籍总人口的 23.35%;我市 80 岁及以上高龄老人 35.94 万,占老年人口 14.73%;失能半失能老年人占老年人口的比例约为 5.32%;空巢老人家庭比例约为 57.73%,独居老年人约为 9.5%;2013 年以来,我市已经进入人口老龄化的加速期,且呈现出高龄化、失能化、空巢化的特点:

2. 加强顶层设计,积极谋划老龄工作

应对人口老龄化是一项复杂的系统工程,必须统筹推进,加强顶层设计,构建制度体系。2017 年,市政府办公厅先后印发《天津市"十三五"老龄事业发展和养老体系建设规划》(津政办发〔2017〕106 号)、《天津市贯彻落实老年教育发展规划(2016—2020 年)实施方案的通知》(津政办函〔2017〕119 号)、《关于加快发展商业养老保险促进养老保障体系建设实施方案》(津政办函〔2017〕125 号)。各部门制定了一系列涉老的政策文件,内容涵盖:推进养老服务业发展、居家养老服务、健康老龄化、异地住院医疗费用直接结算、老年人法律援助、心理健康服务等多个方面。

3. 完善社会保障制度，保障水平逐年提高

全面实施全民参保计划。根据《天津市人民政府办公厅关于实施全民参保计划的通知》（津政办发〔2016〕60 号）部署，通过完善政策、数据比对、资源排查等多种措施，促进各类用人单位及人群依法参保。在全市范围内对本市户籍未参保人员、中断缴费人员以及持居住证的外省市未参保人员，特别是未参保的老年人，开展全民参保登记入户调查，促进未参保人员及时参加相关保险，维护他们的社会保险权益。截至目前，全市城镇职工养老保险参保人数近 653 万人，城乡居民养老保险参保人数近 152 万人。二是保障水平稳步提高。按照国家统一部署，提高了我市企业和机关事业单位退休人员养老待遇水平，并适当向高龄人员、养老金水平较低等群体进行倾斜。同步调整了城乡居民基础养老金和征地参保人员养老待遇。三是出台了《天津市城镇企业职工基本养老保险关系转移接续实施办法》（津人社规字〔2017〕13 号），保障了流动就业人员养老保险权益。

健全医疗保险制度。截至目前，全市基本医疗保险参保人数近 1083 万人，参保率稳定在 95% 以上。居民参加基本医疗保险政府补助标准由每人每年 730 元提高到 800 元。同时，扎实推进异地就医结算，全面深化医保支付方式改革。

推进“三重保险保老人平安”保险保障体系（全民意外伤害附加保险、养老床位综合责任险、老年人意外伤害商业保险）。养老床位综合责任险，已覆盖全市所有养老机构、试点照料中心、社区延伸服务床位。老年人意外伤害商业保险，覆盖我市 43 万老年人。

4. 健全养老服务体系，推进养老服务业发展

推进居家养老补贴全覆盖。提高困难老年人居家养老补贴，市财政增加投入 1900 万元，由原来的每人每月 150 元、200 元、400 元分别提高到 200 元、400 元、600 元，保障了城市困难老年人基本养老服务；调整居家养老补贴发放方式，将养老服务券改为现金，增加老年人可支配收入；在所有涉农区开展居家养老补贴试点，为实现城乡统筹打下坚实基础。

加快老年日间照料中心转型升级。新建老年日间照料中心 31 个，重点向农村和城镇空白社区倾斜；转型升级老年日间照料中心 42 个，并投入试运营，兼具社区养老、居家养老、照料服务功能；新增社会化运营照料中心试点 116 个，鼓励引进社会组织负责运营，支持开展就送配餐、生活日用品便利店、呼叫、家政等四项基本服务，市财政每年给予 9 万元运营补贴，保障了老年日间照料中心可持续发展；积极申请河东区、南开区为全国养老服务改

革试点地区。

推动养老机构提质增效。开展 2017 年养老院服务质量建设专项行动,加强养老院服务质量监管,改善养老院基础条件,提升养老院服务水平;大力推进机构层面医养结合,新建 2 所养护院、推动 3 所提升改造,养老机构内设医疗机构或与医疗机构签约率为 95.6%;持续推进公办养老机构公建民营,新建公办养老机构一律实行公建民营,已有 13 家公建养老机构实现公建民营;组织“京津冀养老工作协同发展 2017 年第一次联席会议”,发布了京津冀养老院黄页;加快养老服务信息管理平台建设。

创新智能养老服务。通过“互联网 + 养老”模式,搭建企业与社区、服务与需求、政策与市场 3 个对接平台,推广 10 种服务模式,培养 46 家智能服务企业,落地社区 212 个,依托智能居家养老服务专业委员会,扶持企业和社会组织开展线上线下居家和社区养老服务。

加强养老服务人才培养。鼓励养老服务企业组织职工参加技能提升培训,给予职业培训补贴,2017 年,有 1800 余人参加养老护理员补贴培训;开展“养老护理员”职业技能竞赛,对优胜选手给予晋升职业资格等级、授予荣誉称号等奖励,并对竞赛承办单位给予竞赛经费补贴。

5. 健全老年健康支持体系,推进医养结合

完善基本公共卫生服务项目。将老年人作为重点人群纳入家庭医生签约服务。基层医疗卫生机构为辖区内 65 周岁(含)以上常住老年人普遍建立健康档案,每年为 60 周岁(含)以上老年人免费体检,适当扩充老年人健康体检项目。

全面提升机构层面医养结合。养老机构可根据服务需求和自身能力,按相关规定申请开办老年病医院、康复医院、护理院、中医医院等,也可内设或引入医务室、护理站。鼓励有条件的医疗机构兴办老年护理院和康复医院,二级以上综合医院开设老年病科。鼓励养老机构与周边的医疗卫生机构开展多种形式的协议合作,开展签约服务。鼓励具备家庭病床服务资格的医疗机构、养老机构内设的医疗机构,为行动不便且有特殊需求的老年人建立家庭病床。加大医保扶持力度,养老机构内设的医疗机构,符合基本医疗保险服务协议定点管理条件的,优先纳入医保协议定点管理;家庭医生为居家老年人提供上门服务的医疗服务项目,符合本市医疗保险规定的,纳入医疗保险支付范围。

6. 老年人精神文化生活丰富多彩

积极推进区属老年大学建设。鼓励有条件的区率先建成区级高水平老

年大学，市财政对拥有独立校区、办学条件好、办学历史较长、学员规模较大的区属老年大学，按照每所 200 万元给予资金支持，首批安排 6 所学校共 1200 万元。推动天津广播电视大学利用天津广播电视大学迎水道校区和远程教育的优势，举办虚实结合的“老年开放大学”。推进各区提升成人教育学校服务老年教育的能力。

进一步完善我市公共文化服务体系建设。不断完善服务内容，全面提升服务品质，为老年人享受文化服务提供多方面便利。天津市群众艺术馆、天津图书馆、天津美术馆作为我市公共文化服务的示范窗口单位，坚持开展适合老年人特点、符合老年人实际需要的文化活动。

老年群众性文化体育活动丰富多彩。天津市文化广播影视局、天津市老龄办、红桥区人民政府共同主办天津市第八届老年文化艺术节系列活动以“唱响中国梦喜迎十九大”为主题，在全市范围内举办了开幕式文艺演出、“放飞艺术绽放光彩”中老年合唱比赛、“翰墨传情夕阳璀璨”中老年书画大赛、中老年模特表演、读书征文、中老年合唱比赛等活动，吸引全市中老年文艺爱好者积极参与。全国第八个敬老月期间，由天津市老龄办主办，天津广播电视台经济广播、中国人寿保险股份有限公司天津市分公司承办的“欢庆十九大乐龄贺重阳——天津市 2017 年敬老月文艺展演”，集中展现了我市老年人老有所学、老有所为、老有所乐的幸福生活和蓬勃向上、与时俱进的时代风采。第三届全国老年人体育健身大会开幕式在我市举行，大会共设气排球、柔力球、门球、太极拳（剑）、健身气功、棋牌、健身球操、网球、健身秧歌、乒乓球、持杖健走、钓鱼等 12 个项目，大会对推动我市老年体育和全民健身发展，引导老年人参与体育健身活动，增强老年人体质，丰富老年人精神文化生活，促进社会和谐等方面发挥了积极作用。

7. 老年人合法权益得到保障

进一步做好老年人法律援助工作。进一步放宽老年人法律援助经济困难标准和事项范围，最大限度帮助老年人运用法律手段解决诉求。完善老年人法律援助“快速办理机制”，在敬老院、老年学校、老年公寓、基层老年协会等老年人较为集中的场所，设立法律援助联络员，开展法律援助流动服务，实现老年人法律援助服务全覆盖。2017 年前三季度，全市共办理老年人法律援助案件 517 件。组织开展以法律援助服务老年人为主题的“敬老服务月”活动，举办各类法制宣传近 40 场次，发放各类宣传资料 7000 余份，赠送慰问品 200 余份，解答法律咨询 300 余人次。

进一步做好律师服务老年人工作。健全完善服务措施，组织引导广大律师积极参与涉老诉讼、调解、仲裁和法律咨询等活动,倡导律师事务所对经济困难但不符合法律援助条件的老年人减免服务收费,对无固定生活来源的老年人追索赡养费案件予以费用减免。积极搭建服务平台,组织律师走进社区、乡村的养老服务机构及老年人家庭等,开展适应老年人特点的法律咨询、法治宣传、法律服务等助老维权活动,推进市律师协会与市退休职工养老院共建法律服务基地,定期安排律师开展保障老年人权益工作,充分发挥律师事务所"老年维权示范岗"作用,为老年人答疑解惑,切实维护其合法权益。以"敬老月""法制夕阳红""重阳节送温暖"等为主题,积极开展走访敬老院、慰问老律师等送温暖活动,为老人们提供物质帮扶和爱心关怀,营造关爱老年人的良好社会氛围和舆论导向,使老人们切身感受到来自全社会的重视和关爱。

进一步做好涉老矛盾纠纷调解及法治宣传教育工作。以开展"依法调解化纠纷、维护稳定促和谐"专项活动为契机,扎实开展涉及老年人的赡养、婚姻、财产继承和监护等矛盾纠纷调解工作,及时依法解决涉老矛盾纠纷,并在调解过程中积极弘扬法治精神,倡导文明家风。进一步做好全市法治宣传教育的指导、协调、检查和考核工作,按照"谁执法谁普法"和"谁主管谁负责"的原则,认真做好老年人权益保障相关法律法规的学习宣传工作,将老年人权益保障法制宣传列入普法责任清单,积极开展以案释法等活动,切实保障老年人合法权益。

8. 加强老龄科研工作

为落实《天津市"十三五"老龄事业发展和养老体系建设规划》(津政办发[106]号)提出的"依托高等院校和科研机构,设立我市老龄科学研究基地,提升我市老龄事业研究水平",天津市老龄办分别与南开大学、天津财经大学、天津师范大学签署天津市老龄科研基地的框架合作协议,设立 5 个天津市老龄科研基地,即:人口老龄化战略研究基地、老年人法律和权益保护研究基地、老龄经济与产业发展研究基地、老龄统计与调查工作研究基地、老年心理健康研究基地。

2017 年,我市各老龄科研基地确定了《我市人口老龄化趋势及对策研究》《天津市实施〈老年法〉办法立法调研》《我市农村老年人生活状况及养老需求》《推进天津市老年人意外伤害商业保险研究》《京津冀智能养老服务业一体化发展研究》《青岛、南通、上海等城市试行老年人长期照护保险的对比研究》《我市城乡老年人协会现状及发展研究》等重点调研课题,并取得了初步研究成果。

二、2018年老龄事业发展预测和对策

2018年,全市老龄工作坚持保障和改善老年人民生,逐步增进老年人福祉,大力弘扬孝亲敬老、养老助老优秀传统文化,为老年人参与社会发展、社会力量参与老龄事业发展和养老体系建设提供更多更好支持,保障全体老年人参与社会发展和共享发展成果的权利,实现不分年龄、人人共建共享。

1. 健全完善社会保障体系

坚持全覆盖、保基本、多层次、可持续的方针,建成更加完善的覆盖城乡全体职工和居民、更加公平可持续的养老保障体系。进一步完善养老保险制度。继续实施全民参保计划。按照国家统一部署,适度提高养老待遇水平。进一步做好基本养老保险关系转移接续工作。进一步健全医疗保险制度。深入推进基本医疗保险参保工作,提高居民基本医疗保险补助标准和待遇水平。扎实推进跨省异地就医住院医疗费用直接结算。全面推行以按病种、按人头付费为主的多元复合医保支付方式,减轻患者个人负担。鼓励发展补充医疗保险和商业健康保险、老年人意外伤害保险。

2. 加快健全养老服务体系

完善养老服务兜底保障制度,扩大困难老年人居家养老服务(护理)政府补贴覆盖面,研究制定市级公办养老机构入住管理办法,发挥市级公办养老机构兜底保障作用。加大设施扶持力度,继续推进老年日间照料中心建设和社会化运营改革,提高养老院运营补贴标准,鼓励收住失能老年人。深入推进养老院质量建设专项行动,强化安全建设与服务管理,提升专业服务水平。加强行业监管,推进养老服务评估,规范机构、社区和居家养老服务标准。积极推进京津冀异地养老服务探索。完善养老服务从业者技能评价服务。

3. 健全健康支持体系

继续完善医养结合机制,建立健全医疗机构与养老机构之间的业务协作机制。继续推进家庭医生签约服务,优先覆盖老年人。继续落实老年人医疗服务优待政策,为老年人特别是高龄、重病、残疾、失能老年人就医提供便利服务。鼓励各级医疗卫生机构和医务工作志愿者为老年人开展义诊。

4. 进一步丰富老年人精神文化生活

完善老年教育四级办学体系,推进示范性老年大学建设。不断提升各

类老年教育机构服务能力,进一步丰富老年教育的内容和形式,整合远程老年教育多媒体课程资源,提供远程老年教育服务。继续实施文化惠民工程,完善公共文化服务体系,广泛开展多种形式的老年文体活动,惠及更多老年人。围绕老龄工作全力创作推出群众文艺新作品。举办第三届市民文化艺术节,广泛吸引广大老年人的参与。

5. 切实维护老年人合法权益

加大法制宣传力度。结合“法律六进”活动,推进《老年法》及配套法规的普法宣传教育规范化、常态化,开展更多适合老年人的法治宣传活动,帮助老年人学法、懂法、用法,提高守法意识和依法维权意识。进一步加大法律援助和法律服务工作力度,拓展基层服务网络,创新服务方式,提升服务水平,努力提供便捷周到的法律服务。落实好各项老年人优待政策。

6. 进一步做好老龄科研工作

充分发挥天津市老龄科研基地的优势和作用,针对我市老龄事业发展中遇到的热点和难点问题,确定重点科研课题,为积极应对人口老龄化,推动老龄事业发展,领导决策和制定政策提供理论支撑。组建老龄专家智库,建立专家咨询制度。

(执笔人:天津市老龄办　郭宁)

专　题　篇

社会工作介入医疗机构服务功能与路径

李　铭　杨云娟　袁　丽

社会工作作为一门助人的专业和职业可以在医疗卫生领域为患者和家属提供心灵上的关爱和社会上的支持,促进医患和谐沟通并协助患者在医院内顺利治疗,最终实现“疾病与心灵”共同康复的目标,因此发展医务社会工作显得尤为重要。本文在介绍天津市医务社会工作发展背景和现状的同时,分析了社会工作介入医疗机构服务的功能,并就未来社会工作介入医疗机构服务的路径进行了探讨。

一、天津市社会工作介入医疗机构服务的背景及现状

随着我国人民生活质量和水平的快速提高,社会大众对于自身疾病和健康的关注度不断上升,而传统生物医学治疗模式的转变也使得人们在关注疾病的同时开始对医疗过程中病人的心理和社会问题进行关注。医疗机构作为从事疾病诊断、治疗活动的卫生机构在满足人们日益增长的医疗卫生需求方面发挥着重要作用,截至 2017 年 6 月底,天津市共有 5518 个医疗卫生机构,其中各级医院 428 个,基层医疗卫生机构 4907 个,专业公共卫生机构 126 个,其他机构 57 个。①

目前,在现行医疗体制背景下各类医疗机构在满足民众看病就医方面虽然取得了一些进展,但是也存在着不少的问题。一方面医疗机构资源有限以及疾病检查和治疗费用的高昂,给患者个人及家庭带来了较大的经济负担,一些特殊疾病患者由于每日承受着病痛的折磨,时常表现出焦虑、抑郁等负面情绪。家属由于长时间的陪护身体疲惫,同时又承受着来自工作、

① 国家卫生计生委统计信息中心. 2017 年 6 月底全国医疗卫生机构数. http://www.nhfpc.gov.cn/mohwsbwstjxxzx/s7967/201708/d05b1b2964ac4780a2ba75b5aaa84b94.shtml

生活等方面的压力,负面情绪也会相应增多。另一方面当今“全人健康”医学模式下医疗机构除了为患者提供必要的诊疗技术服务外,还要为患者提供精神的、文化的和情感的服务,以满足患者的健康需要。① 但是传统的生物治疗模式仍然在医疗机构中占据主流地位,服务理念还是以治疗患者躯体疾病为目的,对患者心理和社会问题缺乏关注。同时由于医护人员每日需接待大量前来医院就诊的患者,工作十分繁重,其身体和心理也承受着巨大的压力,难免也会出现情绪低落、急躁等情况,如果这时医患双方沟通不畅,那么医患矛盾则会不可避免地发生。

为了改善目前医疗服务中存在的上述问题,中共中央国务院、国家卫生计生委先后印发了《关于深化医药卫生体制改革的意见》等政策文件,天津市卫计委也出台了《天津市进一步改善医疗服务行动实施方案(2015—2017年)》,明确指出要“开展并加强医院社工和志愿者队伍专业化建设,充分发挥社工在医患沟通中的桥梁和纽带作用。”②医务社会工作者在协助患者、家属及社会民众处理与疾病、治疗和健康维护相关的社会、心理问题方面发挥着重要作用,同时在缓和医患矛盾、促进医患沟通方面也占有举足轻重的地位。北京、上海、深圳等地医疗机构纷纷开展医务社工服务,目前上海所有二三级公立医院均已设有医务社工岗位。据调查,天津市现有开展医务社会工作服务的医疗机构仅有 5 个,行业组织 1 个。2001 年成立的天津市第一中心宁养院医护人员为患者提供止痛治疗、心理辅导和舒缓医疗服务,旨在提高患者生命质量,这正与医务社会工作的理念相吻合。2006 年安定医院率先引进专业社工,在儿童青少年精神健康、心理支持、志愿服务等领域开展工作。2014 年武清区人民医院骨三科引进公益组织,运用社会工作、心理学等专业方法为罕见病患者及家属提供心理关怀、爱心陪护等服务。2016 年天津医科大学总医院建立了天津首家也是目前唯一的医务社工站,同年 2 月天津市医院协会医务社会工作与志愿服务专业委员会正式成立。2017 年 9 月天津市肿瘤医院疼痛科引进专业社工为癌痛患者及家属提供心理支持、节日活动、志愿关怀等服务,在帮助患者减轻心理痛苦,以积极乐观的心态面对治疗的同时,促进了医疗过程中患者及家属与医护人员

---

① 本刊编辑部.“全人健康”发展模式下的医务社会工作角色透视[J].中国社会工作,2017,(18):1.

② 《市卫生计生委关于印发天津市进一步改善医疗服务行动实施方案(2015 - 2017 年)的通知》(津卫医政〔2015〕128 号).天津市卫生和计划生育委员会.http://www.tjwsj.gov.cn/html/wsjn/yzgl22959/2015 - 04 - 15/detail_639841.htm.

的良性互动，为患者营造了和谐、温馨的住院环境，提高了患者的住院满意度及医疗效果。综上所述，目前虽然天津市医务社会工作的发展进程与北京、上海、深圳等地相比相对落后，但是医务社会工作的开展在一定程度上弥补了天津市医疗服务领域的空白，改善了患者的就医体验，间接促进了医疗服务水平的提高，在构建和谐医患关系方面发挥了重要作用。

二、未来社会工作介入医疗机构服务的路径

当今医务社会工作的开展是我国医疗卫生体制改革的需要，是适应现代医学模式发展的需要，是提升医疗机构整体服务水平的需要，更是推进社会发展、促进社会和谐的迫切需要。在上海、深圳等地，医务社会工作的发展已经成为城市文明、城市治理的重要体现，成为社会治理创新的重要工作。因此，为了进一步推进天津市医务社会工作介入医疗机构服务的发展，本研究提出了未来天津市社会工作介入医疗机构服务的可能路径及措施。

1. 加强和完善医务社会工作领域规章制度建设

自 2011 年中央组织部、民政部等 18 部门、19 部门联合下发《关于加强社会工作专业人才队伍建设的意见》和《社会工作专业人才队伍建设中长期规划(2011—2020 年)》以来，天津市委组织部、市民政局等 18 部门积极响应于 2013 年联合印发了《关于加强社会工作专业人才队伍建设的实施意见》将社会工作专业人才队伍建设作为天津市人才队伍建设的重要内容。在医务社会工作领域，随着“新医改”的推进实施，中共中央国务院、国家卫生计生委和天津市卫生计生委都在相应的文件中明确指出要“加强医院社工和志愿者队伍专业化建设”。[①] 虽然国家和天津市都出台了促进医务社会工作服务的关政策文件，但政策的具体实施落地及相应的配套实施细则均尚未明确。因此，政府及其相关部门要协同发力在推动已有政策落地生根的同时进一步完善医务社会工作领域的规章制度建设，学习医务社会工作发展较为成熟的省、市并结合天津市的实际情况，制定医务社工人才队伍建设规范性文件，对医务社工的岗位设置、人员配置、工作职责和培养模式给予明确的规定。同时要积极探索天津本土医务社会工作服务标准，加强医务社工领域服务规范化、标准化建设。此外，政府和相关部门要出台相应

---

① 《关于印发进一步改善医疗服务行动计划的通知》(国卫医发〔2015〕2 号). 国家卫生计生委医政医管局. http://www.nhfpc.gov.cn/yzygj/s3593g/201501/5584853cfa254d1aa4e38de0700891fa.shtml.

的配套保障政策,例如医务社工财政支持政策和权益保障政策等。

2. 在医疗机构内设立医务社会工作部

医务社会工作部的设立一方面为医务社会工作者在医疗机构开展服务提供办公场所和薪资保障,另一方面也是医疗机构对医务社工管理的重要平台。目前国内医务社会工作部的运行模式主要有两种,一是政府购买服务模式,由政府购买民间社会工作组织的服务,专业社会工作组织或机构的社会工作者以专职人员岗位或项目化运作方式进入医疗卫生机构,统一管理,统一支付薪酬;二是医疗机构自主聘用模式,由政府制定相关配置标准和相关规范,医疗机构出资,按照标准和需求聘用医务社工。[①] 天津医科大学总医院医务社会工作站采用的是政府购买服务模式,是由天津医科大学总医院和香港无国界社工合作建立的,其人员编制不属于本医疗机构内。天津市其他医疗机构在创建医务社工部时也可以采用医疗机构自主聘用模式,医务社会工作者属于医疗编制内的员工,在薪酬、福利和职称评定上与本单位的卫生技术人员一致,相比政府购买服务模式社会工作者的稳定性更高。[②]

3. 培养或引进专业化的社会工作人才

目前天津市医务社会工作的人才培养及储备量严重不足,从事医务社会工作实践的人员大部分为没有社会工作专业背景的医务人员或者虽然有社会工作专业背景但缺乏医学常识的社会工作者。天津市所有高等院校中都没有开设系统全面的医务社会工作专业课程。因此加快培养和引进医务社会工作专业人才已经成为当务之急,一方面开设社会工作专业的院校可以与医疗机构合作,双方优势互补联合培养既掌握社会工作专业技能又了解基础医学常识的医务社会工作者。另一方面,医学类院校可以开设医务社会工作课程或专业,让更多的医学生掌握社会工作的基本理论与方法,成为一名专业的医务社会工作人才。同时也可以引进国外及港台等医务社工发展较为成熟地区的专家、学者作为社工督导来提升当前从业人员的专业能力。

4. 开展医务社会工作专业服务

医务社会工作者要积极利用专业理论和方法在医疗机构内开展社会工

---

① 上海:医务社工,传递润物细无声的力量. 新华网. http://www.sh.xinhuanet.com/2017-09/19/c_136621399.htm

② 张卓华,林莲英,陈晓微. 专业引领,协同发展——深圳医务社会工作10年本土实践[J]. 中国社会工作,2017,(18):20-23.

作干预服务，常见的服务方式主要有：病员非医疗性评估、病房探访、个案工作、小组工作、社区工作和其他服务等。非医疗性评估主要是对患者入院初期进行个体及其家庭基本信息、就业、经济性条件等进行初步判断与评估，为患者治疗进行前期准备。病房探访是指医务社工在患者住院期间掌握患者的心理情绪情况，充分了解患者的社会背景，初步判断患者是否有产生心理情绪压力的趋向，与医护工作形成互补，为患者提供专业的服务以此来改善患者各方面状态。① 个案工作是医务社工为有需要的患者、家属和医护人员提供一对一的个别化服务，协助服务对象发掘自身潜力解决目前遇到的困难。小组工作是为有相似问题的服务对象组成小组，通过医务社工与组员之间的互动来更好的帮助服务对象解决问题。常见的小组活动类型有病友支持小组、家属照顾者小组、康娱小组、医护人员小组等。社区工作包括对住院患者和家属开展健康宣传讲座、心理读书会、患者俱乐部等，帮助患者在医院内能够顺利治疗；对医护人员开展科室联谊会、压力舒缓、运动会等活动来提高医护人员工作的积极性；或是联合所属社区开展针对社区居民的疾病预防和健康知识宣传和讲座，以提高居民的健康意识。其他服务包括为出院患者制定离院计划、协助特殊困难患者筹集医药费用或链接社会资源给予患者提供物质支持、协调医患关系以及开展社工培训等。

5. 加大医务社会工作的宣传力度

由于目前医务社会工作还处于初创阶段，政府有关部门、医务人员和社会大众对医务社工多持观望状态，并没有得到完全的认可和重视。因此，为了提高医务社会工作的知晓度和认可度，必须加大医务社工的宣传力度，充分利用网络、电视、报纸和宣传栏广泛宣传医务社工的理念、功能和作用，让社会公众了解医务社工、认同医务社工。同时医务社会工作者在日常工作中也要“身体力行”宣传和普及医务社工的理念，为医务社工的发展营造良好的社会空间。

6. 整合多方资源共促医务社工发展

医务社会工作的发展与周围环境中的资源整合有着密不可分的关系，医务社会工作者要调动一切可以调动的资源，例如红十字会、慈善总会以及各种基金会，获得资源的支持；与中国社会工作者协会以及天津市社会工作者协会联系，取得专业支持；与民政部门以及相关的行政部门联系，获得政策与行政支持。顺应时代的要求，将医务社会工作纳入医疗卫生机构的发

---

① 马馨逸. 我国社会工作介入医疗服务体系的可能性和路径研究[D]. 兰州大学，2013.

展当中,虽然它之前的发展过程很曲折,但是它未来的发展势头是光明的,让我们共同促进医务社会工作的专业化、职业化。①

（作者单位:天津理工大学）

① 刘慧.当代中国医务社会工作发展的路径分析[D].山东大学,2012.

困境儿童的发展现状及服务对策

王　淼

儿童是家庭和国家、民族的希望和未来。在党和政府的高度重视和关心下，我国儿童保障体系逐步完善，生存发展环境逐步优化。然而，依然有部分儿童由于家庭经济困难、自身残疾、家庭监护缺失等原因而面临着生存、发展和安全的困境。为全面、分类、精准保障儿童权益，维护社会和谐稳定，2016 年 6 月，国务院颁布了《关于加强困境儿童保障工作的意见》（以下简称《意见》）。《意见》中首次明确了困境儿童的概念及分类保障的具体内容，将困境儿童分为三类，包括因家庭贫困导致生活、就医、就学等困难的儿童，因自身残疾导致康复、照料、护理和社会融入等困难的儿童，以及因家庭监护缺失或监护不当遭受虐待、遗弃、意外伤害、不法侵害等导致人身安全受到威胁或侵害的儿童。根据第六次人口普查数据，我国有约 57 万孤儿，另有约 61 万事实无抚养儿童，加上其他类型的困境儿童，民政部估计，全国困境儿童数量大概有数百万之多。保障困境儿童的权益，涉及十九大报告中提出的“幼有所育”“病有所医”“弱有所扶”等多项民生议题，是更精准、更全面地补齐民生短板的重要内容，是全面建成小康社会亟须妥善解决的突出问题。

一、近年来困境儿童数量整体增长情况

由于《意见》颁布尚不足两年，民政部的数据统计也尚未依照困境儿童的具体分类进行统计，本部分仅报告民政部登记在册的各类收养救助儿童的统计数据。

据《2017 中国民政统计年鉴》显示，截至 2016 年底，全国共有儿童收养救助服务机构 705 个，床位 10.0 万张，年末收留抚养各类人员 5.4 万人。

其中儿童福利机构 465 个,床位 9.0 万张,未成年人救助保护中心 240 个,床位 1.0 万张,全年共救助流浪乞讨未成年人 5.2 万人次。下图 1 是 2012—2016 年全国儿童收养救助服务机构(包括儿童福利机构、未成年人救助保护中心)的数量及收留抚养各类儿童的数量(万人)统计。

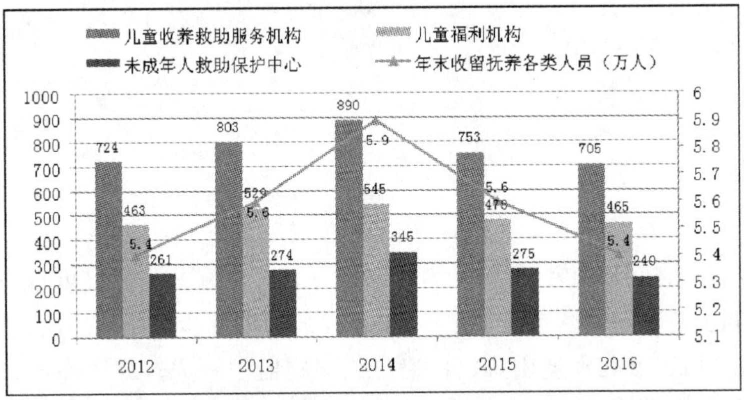

图 1　2012—2016 年全国儿童收养救助服务机构(包括儿童福利机构、未成年人救助保护中心)数量及年末收留抚养各类儿童数量(万人)统计表①

统计结果显示,我国儿童收养救助服务机构数量及收留抚养儿童数量呈现倒“V”字增长,每年平均收养抚养儿童数量约 5.5 万人。

截至 2016 年底,全国共有孤儿 46.0 万人,其中集中供养孤儿 8.8 万人,社会散居孤儿 37.3 万人。2016 年全国办理家庭收养登记 1.9 万件,其中内地居民收养登记 1.6 万件,港澳台华侨收养登记 131 件,外国人收养登记 2771 件。下图 2 显示 2009 年至 2016 年全国家庭收养儿童登记数变化趋势。统计结果显示,我国每年家庭收养儿童登记数逐渐下降。

① 数据来源:《中国民政统计年鉴》2010—2017 年数据。

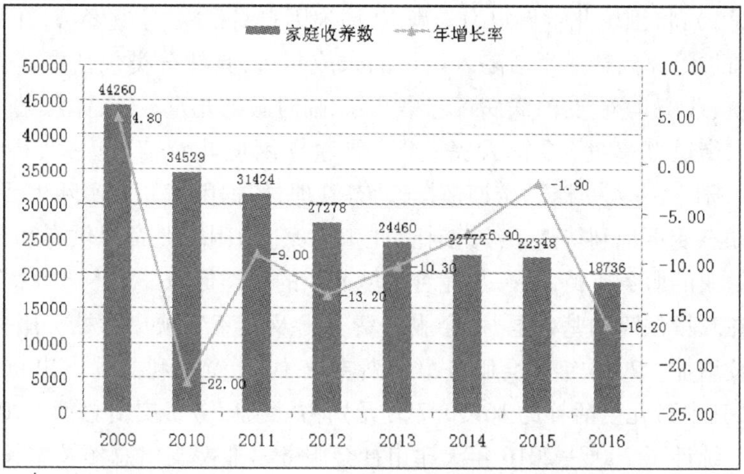

图 2　2009—2016 年全国家庭收养儿童登记数及年增长率①

目前,学界对困境儿童的研究主要涉及流浪儿童、残疾儿童、贫困儿童、留守儿童和流动儿童、受艾滋病影响儿童、事实无抚养儿童等群体,研究发现,他们面临着生活、就医、就学、社会融入等多重困难,如此庞大的统计数字和如此多的发展困难,无不警示着我们,保障困境儿童的权益,刻不容缓。

二、天津市困境儿童福利保障现状

在国家出台《关于加强困境儿童保障工作的意见》前后,天津市出台了一系列关于困境儿童保障的政策文件,保障困境儿童的发展权益。

《意见》发布前,天津市于 2014 年发布《天津市民政局、财政局关于发放困难家庭儿童基本生活费的通知》(津民发〔2014〕61 号)、《天津市民政局、财政局、公安局、国土房管局、人力社保局、残疾人联合会关于印发天津市儿童福利机构孤儿成年后安置办法的通知》(津民发〔2014〕68 号)等一系列文件,文件中明确发放范围,统一城乡发放标准,并保障孤儿安置。通过制定这一系列的困境家庭儿童基本生活保障实施方案,明确了保障对象、保障标准、保障内容、工作流程等内容。

《意见》发布后,天津市人民政府办公厅于 2017 年 1 月 26 日发布《天津市人民政府办公厅关于加强困境儿童保障工作的实施意见》(以下简称《天

① 数据来源:《中国民政统计年鉴》2010—2017 年数据。

津意见》),将困境儿童界定为未满 18 周岁因自身残疾、家庭经济贫困、缺乏有效监护等原因造成生活陷入困境的未成年人,具体分类包括事实无人抚养儿童、残疾儿童、艾滋病病毒感染儿童、临时救助儿童。《天津意见》中,明确要求街道办事处(乡镇人民政府)要建立困境儿童信息库,实行"一居(村)一册""一人一档",定期摸排,动态管理,依据困境儿童实际生活境况,及时动态变更福利待遇手续,依托"儿童之家"为困境儿童提供有利于儿童身心健康的服务支持,进一步完善困境儿童的分类保障。

在政策保障的基础上,社会服务费支出及儿童专项保障社会服务费支出持续增加。2016 年社会服务事业费支出中,儿童福利共计支出 96839.2 万元(其中孤儿生活补助 16150.7 万元),占社会服务费支出总额的10.8%。下图 3 统计了 2006—2016 年天津市社会服务事业费支出总额及增长比例,儿童福利支出占比基本保持在 10% 上下。

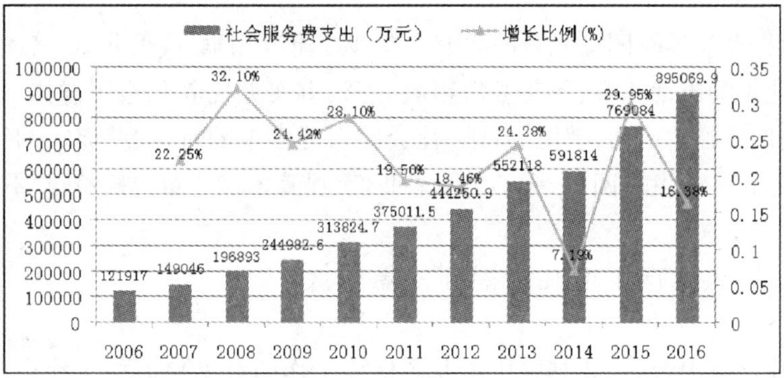

图 3　2006—2016 年天津市社会服务事业费支出总额及增长比例统计表①

在政策保障和社会服务费用支持的基础上,天津市针对各类型的困境儿童的社会服务机构和实施逐年增加,从业人员数量增多,从业人员素质不断提升。下表 1 是 2012 年至 2016 年天津市社会服务机构及儿童服务机构的相关统计数据。

---

① 数据来源:《中国民政统计年鉴》2007—2017 年数据。

表1　2012—2016年天津市社会服务机构及儿童服务机构统计数据①

	2012年	2013年	2014年	2015年	2016年
社会服务机构和设施数	11062	12254	12527	13171	13487
年末职工数	97284	99383	97029	99098	86681
助理社工师	1442	938	1416	1959	2047
社工师	328	256	420	554	649
每万人口社会服务机构和设施数	7.8	8.3	8.3	8.5	8.6
每万人口社会服务职工人数	68.8	67.5	64.0	64.1	55.5
每百万人口社工、助理社工师数	132.4	163.3	121.0	162.4	42.0
每十万人口孤儿数	6.4	5.7	5.8	5.6	5.2
每百万人口家庭收养数	12.5	11.3	8.5	5.6	4.0
社工师累计合格人数	346	506	658	1002	1431
助理社工师累计合格人数	1525	1898	2712	3752	5135
孤残儿童护理员数	11	70	109	109	129
社会工作机构数	1657	2417	2461	2621	3282
年末职工数	32046	34045	32424	34908	21081
大学专科学历人数	4109	4714	5461	5605	5154
大学本科及以上学历人数	2202	2785	3002	3727	3848
助理社工师数	297	352	554	923	996
社会工作师数	112	123	182	228	319
儿童收养服务机构数	2	2	2	2	2
未成年人救助保护中心数	0	0	0	0	0
儿童收养机构数	2	2	2	2	2
床位数	823	823	823	668	668
年末职工数	126	124	124	126	128
大学专科学历人数	33	35	35	36	37
大学本科及以上学历人数	60	62	62	71	70
助理社工师数	5	4	4	8	8
社会工作师数	10	11	11	13	14
家庭寄养儿童数	270	270	245	363	371

据《2017中国民政统计年鉴》显示，截至2016年底，天津市共有各类社会服务机构和设施13487个，其中社会工作组织3282个，从业助理社会工作师2047人，社会工作师649人，每万人口社会服务机构和设施数8.6个/万人，每万人口社会服务职工人数55.5个/万人，每百万人口社工师助理社工师数42.0人/百万人，每十万人口数孤儿数5.2人/十万人，每百万人口家庭收养数4.0件/百万人，除每百万人口社会服务职工人数低于全国平均指标外，其他指标均高于全国平均指标。截至2016年底，天津市累计社会

① 数据来源:《中国民政统计年鉴》2013—2017年数据。

工作师 1431 人,助理社会工作师 5135 人,累计审批合格孤残儿童护理员 129 人。

截至 2016 年年末,天津共有各类儿童服务机构 2 个,全部为儿童收养机构,无未成年人救助保护中心。现有 2 个儿童收养机构属编制登记,年末职工人数 128 人,其中女性 85 人。从业人员中,大学专科人数 37 人,大学本科及以上人数 70 人,从业的助理社会工作师 8 人,社会工作师 14 人。为儿童提供服务机构床位数 668 张,年末收养人数 231 人。2016 年年末,提供住宿的社会服务机构共收养青少年儿童 318 人,不提供住宿的社会服务活动主要包括为孤儿提供服务,主要以家庭收养为主。截至 2016 年,有统计的孤儿为 805 人,其中集中供养孤儿 552 人,社会散居孤儿 253 人;收养登记合计 62 人,其中中国公民收养登记 20 人,外国人收养登记 42 人。被收养人合计 62 人,其中残疾儿童 36 人,社会福利机构抚养的儿童 59 人,社会孤儿数 0 人,近亲属抚养人数 1 人,生父母有特殊困难无力抚养人数 1 人。

三、加强困境儿童福利保障的政策与服务建议

为加强困境儿童福利保障,必须从政策保障与服务保障两个层面入手。

首先,保障理念先行,完善保障政策与法规。建议在《关于加强困境儿童保障工作的意见》分类保障要求的基础上,制定《中华人民共和国儿童福利法》,从单一的孤残儿童转向多元化的困境儿童主体,扩大保障范围,解决儿童福利法规政策“碎片化”的问题,协调不同主管部门的关系,形成困境儿童保障的合力。《中华人民共和国儿童福利法》应对儿童福利内容、主管部门、工作队伍、服务机制、基础设施和财政预算等内容,注重国家福利政策保障对家庭的支持,以国家福利政策兜底,帮助困境儿童家庭增强抚养能力,以最大可能让困境儿童在家庭环境中成长。同时,《中华人民共和国儿童福利法》也应完善家庭寄养和领养制度,加快推动家庭寄养向家庭领养制过去,保障确实不具备抚养能力家庭的困境儿童的权益和发展,也与前文提到的注重家庭在儿童福利保障中的角色相吻合。

其次,促进专业机构发展,落实专业服务。在保障理念先行与保障法律法规保障完善的基础上,落实专门的儿童福利事务管理机构十分必要。我国应改革目前多部门负责儿童福利问题的传统管理体制,建立专门的副部级的儿童福利和保护主管机构,如儿童福利局或家庭与儿童事务部等,专门负责儿童福利事务。在专门机构的组织和协调下,专业服务机构与专业服

务的保障就亟待加强，应着力促进社会工作专业机构的发展和社会工作专业人才的培养，形成一支专业化社会工作者与社会工作者指导下的志愿者相结合的基层儿童福利服务队伍，为困境儿童提供专业服务。《天津意见》中已明确要求街道办事处（乡镇人民政府）要建立困境儿童信息库，实行“一居（村）一册”“一人一档”，在此基础上，倡导建构“区—街（县）—居（村）”三级工作网络，在村（居）设立兼职或全职儿童福利督导员，协助专业的儿童福利社会工作者实现与困境儿童的直接对话及困境儿童福利服务的直接开展。在社会工作者及儿童福利督导员的共同工作下，将开展对儿童福利相关工作人员的岗前和在岗培训列入儿童福利工作条例，确保基层儿童福利服务队伍的工作人员的专业能力，以专业服务保障困境儿童的福利。

（作者单位：天津理工大学社会发展学院）

天津市残疾人托养服务需求状况及完善措施研究

张宝义

残疾人托养服务是指为符合条件的智力、精神和重度肢体残疾人,提供基本生活照料和护理、生活自理能力训练、社会适应能力辅导、职业康复和劳动技能训练、运动功能训练等方面的社会服务。根据《天津市残疾人托养服务工作实施办法》,具有本市常住户口,持有《中华人民共和国残疾人证》(第二代),经区县残联审核确定,60 周岁以下未就业、未入学的智力、精神(病情稳定)残疾人和其他类别的重度残疾人(一二级),均可享受托养服务。天津市托养服务分为四种方式:一是居家托养服务。服务对象是生活不能自理长期需要专人照料的智力、精神残疾人和其他类别的重度残疾人,由社会组织、服务机构对服务对象上门进行生活照料、康复护理等服务。对居住分散、社会组织和服务机构不便上门服务的服务对象可以由街道(乡镇)、社区(村)组织指派专人对服务对象上门进行生活照料、康复护理等服务;二是日间照料托养服务。服务对象是在家庭中日间无人照料的智力、精神残疾人和具有一定生活自理能力的其他类别重度残疾人,由离家近的服务机构提供日间生活餐饮、康复训练、生活和职业技能培训、工(农)疗、心理辅导、文体活动等多种形式的服务;三是寄宿托养服务。服务对象是无自理能力且监护人(抚养人)无力照顾的智力、精神残疾人和其他类别重度残疾人,由寄宿托养服务机构为服务对象提供食宿和全天候的生活照料、护理和康复训练等服务;四是庇护性就业服务。服务对象是具有一定劳动能力的智力、精神和具有生活自理能力的重度残疾人,通过为服务对象安排简单的劳动和工(农)疗服务及职业技能训练,帮助其获得一定的职业技能逐步实现回归社会就业。

一、我市残疾人托养服务需求状况

根据2017年天津市残疾人联合会的调查，全市持证的残疾人中属于智力、精神和重度肢体(一级、二级)残疾人共70988人，占全体持证残疾人的22.7%。以上残疾人中，智力残疾21877人，占30.8%；精神残疾18208人，占25.6%；重度肢体残疾28932人，占40.8%，多重残疾1971人，占2.8%。在以上70988名残疾人(符合托养服务对象基本条件)中，已经享受托养服务的残疾人共25860人，占36.4%；未享受托养服务的残疾人45128人，占63.6%。在已享受托养服务的残疾人中，智力残疾8477人，占32.8%；精神残疾4847人，占18.7%，肢体重度残疾11681人，占45.2%；多重残疾855人，占3.3%。按残疾类型统计，符合托养条件的智力残疾人中，已享受托养服务的占38.7%；符合托养条件的精神残疾人中，已享受托养服务的占26.6%；符合托养条件的重度残疾人中，已享受托养服务的占40.4%。按城乡户籍分类统计，符合托养条件的非农业户籍残疾人中，已享受托养服务的占27.6%；符合托养条件的农业户籍残疾人中，已享受托养服务的占51.8%。以上数据表明，我市残疾人托养服务仍有较大的需求空间。

二、制约我市残疾人托养服务发展的主要问题

目前，我市符合托养服务条件的残疾人中，接受托养服务的残疾人已超过1/3，表明我市残疾人托养服务工作取得了较大成绩，值得充分肯定。然而，我市残疾人托养服务仍不能完全满足残疾人的需要。根据2017年市残联的调查统计，在符合托养条件但未享受托养服务的残疾人中，有21.8%的人有托养需求但尚未得到满足，需要在今后工作中进一步拓展托养服务。

除了以上残疾人总体托养服务有待进一步拓展外，目前我市在残疾人托养服务中的主要问题，是托养服务方式存在结构不合理现象。如上所述，尽管我市接受托养服务的残疾人已超过符合托养服务条件残疾人总数的1/3，但是在已享受托养服务的残疾人中，寄宿托养仅有326人，占1.3%；日间照料托养仅有415人，占1.6%；而属于居家托养的残疾人高达25123人，占已享受托养服务残疾人的97.1%。享受居家托养服务的残疾人主要是每人每月享受140元的居家托养服务补贴(补贴以代金券形式发放给服务对象)，居家托养服务的质量难以得到有效改善。目前，我市残疾人托养寄宿

机构仅有 19 家,日间照料机构仅有 63 家,综合托养机构仅有 3 家。机构托养严重不足成为制约我市残疾人托养服务推进开展的主要原因。而破解以上问题的路径,就是积极引入社会力量兴办残疾人托养服务机构,通过政府主导和社会参与大力提升我市残疾人托养服务产业的发展。

自 2016 年以来,我市有关部门采取一系列措施,积极鼓励社会力量兴办残疾人托养机构,并制定了机构建设标准和优惠政策。在机构建设标准方面,规定机构吸纳残疾人规模应与房屋建筑面积相匹配,寄宿机构应达到 20 ~ 30 平方米/人,日间照料机构应达到 5 ~ 10 平方米/人。机构应设有职业康复、职业培训、工疗站或农疗场、文体活动、宿舍、医疗保健、餐厅等基本用房,室内外配备相应的专用设施、无障碍设施等。对于社会举办的残疾人寄宿托养服务机构,经审核认定悬挂"阳光家园"①标志牌的,按照设置残疾人专用床位数,每张床位按 3000 元标准给予机构一次性建设补贴。在机构运营方面,对不享受天津低保或特困的寄宿托养服务残疾人,按每人每月补贴 250 元拨付寄宿托养服务机构;对享受低保或特困的寄宿托养服务残疾人,按每人每月补贴 400 元拨付寄宿托养服务机构。对社会力量举办残疾人日间照料托养机构的,经审核认定悬挂"阳光家园"标志牌的,给予机构一次性建设补贴 1 万元;每照顾一名残疾人还可享受每月 150 元的运营补贴。以上措施推出一年多来,社会力量进入托养服务的热情开始显现,但是由于受到其他方面条件的制约,如准入程序、运营模式、服务标准、税收优惠、法律法规等因素的影响,残疾人托养服务的发展仍处于"困境"之中。

三、完善和促进我市残疾人托养服务的措施与建议

1. 大力扶持民营残疾人托养服务机构的发展

借助社会力量兴办托养服务,是解决残疾人托养服务的根本出路。目前,我市民营残疾人托养机构处于成长培育期,面临诸多成长中的"烦恼",建议政府及有关部门加强主导,针对民营托养机构面临的困难,加大扶持力度。主要包括:①政府加大资金投入力度,在用地、用人和基础建设资金等方面给予特殊照顾,配发必要的康复器具,建立完善无障碍配套设施,提高残疾人的接纳能力;②对民营残疾人托养服务机构,根据其规模、服务需求

---

①　阳光家园计划是中国残疾人联合会和财政部实施的用于补助各地开展就业年龄段智力、精神和重度残疾人托养服务项目。符合规定条件的智力、精神和重度残疾人托养服务机构,居家照料智力、精神和重度残疾人的家庭,履行相应的申请审批程序后可获得资助。

和软硬件条件,科学核定托养服务机构收费标准和残疾人政策补助标准,发挥政府主导和市场机制相结合的作用,通过持续的政府购买和政策倾斜等方式,帮助机构良性运转;③明确残疾人托养服务机构的公益性,合理配置机构人员编制,并纳入政府公益性岗位;④明确残疾人托养服务机构招用人员时可享受的保险和补贴政策。

2. 探索 PPP 模式在残疾人托养服务中的应用

PPP 模式是指在公共服务领域,政府采取竞争性方式选择具有投资、运营管理能力的社会资本,双方按照平等协商原则订立合同,由社会资本提供公共服务,政府依据公共服务绩效评价结果向社会资本支付对价。PPP 是以市场竞争的方式提供服务,主要集中在纯公共领域、准公共领域。PPP 模式可以在一定程度上保证民营资本"有利可图",政府可以给予私人投资者相应的政策扶持作为补偿,从而很好地解决"利润"问题。目前,残疾人的托养服务主要是以政府补贴购买和政策扶持的方式进行,对于参与服务的民营机构而言,只要有效做好服务运营及成本控制,可以保证低风险下的"有利可图"。为此,我市在残疾人托养服务中应积极探索 PPP 模式,形成和建立一套政府与民营资本之间有效的合作机制,为拓展托养服务开辟一条新路。

3. 简化托养服务的申请和审批程序

我市残疾人托养服务的申请和审批程序相对烦琐。在托养服务对象方面规定,申请托养服务的残疾人需持《居民户口簿》《身份证》《残疾人证》《低保或特困救助金领取证》等有关证件到户籍所在居(村)委会提出申请,填写《天津市残疾人托养服务审批表》。居(村)委会、街(乡、镇)按照公正、公平、公开的原则,对申请托养服务的残疾人逐级审核。对通过初审的服务对象,在其户籍所在地的社区(村)公示七天,群众无异议后,由区残联进行最终审核确认。以上申请、审批程序比较烦琐,给残疾人及其家人办理手续带来不便,建议取消"逐级审核",由残疾人或家属直接到区残联办理相关手续。

另外按照相关规定,服务机构申请残疾人托养服务,应携带《民办非企业单位登记证书》《组织机构代码证》《社会福利机构设置批准证书》或《养老服务机构设立许可证》和残疾人与机构的协议等,到区残联填写《残疾人集中托养服务机构资助补贴申请审批表》和《申请资助补贴机构托养服务残疾人明细表》,经区残联审批认定无异议后签订协议。以上程序中要求服务机构先行与残疾人签订协议,然后与区残联签订协议,这给服务机构的运行带来不便,建议区残联可以使用授权的方式进行管理,在加强监督的基础上简化原有的程序设计,给服务机构管理运营带来方便。

4.逐步完善我市残疾人托养服务的地方法规建设

残疾人托养服务对象为智力、精神及重度肢体残疾人。他们在生理、心理及功能等方面存在缺陷,可能会对托养服务机构及服务者带来潜在风险。此外,残疾人托养服务对象中,绝大多数为没有民事行为能力或只有部分民事行为能力的人。如果入托残疾人发生意外事故,残疾人托养机构很难找到相关的法律依据来保障服务提供方的合法权益,而往往会迫于社会舆论的压力,被迫承担全部责任。因此,推进残疾人托养服务法治化,明确服务提供者与服务对象的权利及义务,是促进我市残疾人托养服务事业发展急需解决的问题,是将我市残疾人托养服务纳入法治化的必然要求。建议立法机关积极开展相关工作,使我市残疾人托养服务能够在法治轨道上得到健康发展。

(作者单位:天津社会科学院社会学研究所)

天津市共享单车发展现状及管理研究

王光荣

共享单车是对互联网租赁自行车的俗称。互联网租赁自行车是移动互联网和租赁自行车融合发展的新型服务模式。继广州、北京、上海、深圳等城市之后,2017年初,共享单车进入天津市场。在迄今为止的将近一年时间里,共享单车投入数量持续快速增长,用户随之逐渐增多。共享单车创造了绿色便捷的大众出行服务,受到社会的欢迎,然而,它所遇到的复杂的管理问题对自身发展和城市秩序产生了负面影响。未来一段时期,必须着力解决这些问题,让共享单车摆脱困境,实现规范有序发展,进一步发挥好交通功能。

一、共享单车数量持续快速增长

共享单车的服务模式是由企业将单车投放到公共空间,用户通过移动互联网即时办理租赁手续,使用结束后在目的地以同样的方式归还。共享单车借助于互联网技术超越了传统租车和还车必须在固定地点的局限,并且实现了瞬时办完交押金、付租金以及还车手续,大大提高了租车自由度和便利度。共享单车符合大众出行需要,使用手机即可随时随地办理租车手续,方法简单易学,因而在天津市投放以后,短期内就吸引了大量用户。随着大众的认可和用户数量增长,共享单车投放速度逐渐加快。截至目前,天津市拥有共享单车近100万辆,其中共享自行车占绝大多数,共享电单车不足1万辆。天津市交通运输委员会的数据显示,目前进入天津市场的多家共享单车企业中,ofo小黄车最多,有50万辆,其次是摩拜单车,有35万辆,再次是酷骑单车,有近 10 万辆。[①] 共享电单车主要有小鹿和七号等品牌,投放量不大,增速较慢。

共享单车作为一种大众随机使用的交通工具,具有极强的流动性。最初投放在公交站点等区域,一旦进入使用,便随着大众出行而流动到各处。总体上说,共享单车跟随交通量分布。市内六区交通量大,共享单车聚集量也大,其他区数量相对少一些。从具体地点来看,共享单车在大型公共交通站点,尤其是在地铁站最为集中,医院、商业中心等也是共享单车大量聚集的区域。从时间段来看,共享单车呈现出潮汐式的集散景象,早高峰时段,大量共享单车从四面八方涌向地铁站和公共汽车站,晚高峰时段,共享单车又从公共交通站点分散到各居住小区附近。

二、共享单车增强了市内交通能力

共享单车具有独特的优势和重要的交通功能。天津市的近百万辆共享单车,承担了大量市内短途客运任务,丰富了城市交通方式,提高了交通运输能力。

首先,共享单车承担了城市交通“最后一公里”服务。从公共交通站点到出行目的地这段路程,使用出租车或小汽车成本高、污染重,使用私人自行车存放困难而且难以兼顾两端交通。共享单车非常适合短途出行和公交衔接,从公交站点共享单车潮汐式集散可以看出,共享单车为天津市解决“最后一公里”交通难题提供了有效的交通方式。

其次,共享单车提高了低碳交通出行水平。共享单车实质上是借助于互联网技术租车,交通工具还是普通自行车,整个使用过程不消耗能源,不排放污染。在短途交通中,共享单车对机动交通有较高的替代性。共享单车使用量增大,意味着机动交通量相应地减少,从而促使交通低碳水平提高。据调查,公共汽车和出租车短途乘客随共享单车使用增加而有所减少。

再次,共享单车增添了短途出行的便捷方式。共享单车的核心特征是共享,每辆车供多个出行者付费使用,按租用时长收费。从费用来看,一般情况下,共享单车短途出行费用比公共交通还要便宜,属于大多数人可以接受的范围。与公共自行车相比,共享单车无须在固定站点取用和存放,使用更为简单方便。与私人自行车相比,共享单车不需要使用者保管和维护,没

---

① 高立红:《天津该到叫停共享单车的时候了吗?》,《天津日报》2017－09－16。

有失窃之忧，而且不受往返约束，使用成本更低、灵活度更高。

三、共享单车的管理现状与问题

共享单车在全国普遍存在车辆乱停乱放、车辆运营维护不到位、企业主体责任不落实、用户资金和信息安全风险等问题，为此，交通部交通运输部等10部门于2017年8月1日联合出台《关于鼓励和规范互联网租赁自行车发展的指导意见》，提出对互联网租赁自行车实施鼓励发展政策，并从规范运营服务行为、保障用户资金和网络信息安全、营造良好发展环境三方面提出具体要求和方法，为互联网租赁自行车的发展奠定了基础。天津市2017年9月发布《天津市关于鼓励规范发展互联网租赁自行车的指导意见（试行）》，对共享单车的管理做了详尽的规定。在押金管理上，企业应通过银行管理资金并接受交通部门监督，加快实现"即租即押、即还即退"。在车辆停放上，要求市、区两级政府履行监管职责，企业根据车辆投放的数量组建专业服务管理队伍，负责对集中停放点位的车辆停放实施管理。在使用安全上，要求使用者遵守相关法律法规规章的规定及服务协议约定，禁止向未满12岁的儿童提供服务，不鼓励发展互联网租赁电动自行车。在用户权益上，企业应建立承租人投诉受理机制和服务监督机制，保证承租人身份信息安全。《指导意见》明确了各方的责权利，提出了共享单车管理办法，为共享单车管理确立了法规制度依据。

从实际情况来看，共享单车的管理问题仍未从根本上解决。随着共享单车的数量增长，问题日趋严重，这既不利于共享单车的发展，也影响了城市市容和秩序。

第一，乱停乱放，破坏城市秩序。共享单车可以停放在公共交通站点的公共场地或者马路边指定位置，这样对用户最为方便。用户可以在离出发点最近的位置租到单车，又可以在离目的地最近的地点还车。然而，许多使用者只图自己便利，随意将单车停放在机非混行道和草坪绿地上，还有为数不少的共享单车被故意停放在机动车道上。2017年11月，整治乱停乱放行动清理占压盲道、车行道、绿地单车1234辆。清理之后又反复，大量共享单车长期无序停放，混乱不堪，造成有些路段交通阻塞，有些区域公共设施无法正常使用。

第二，无序投放，供需不相匹配。多家共享单车企业自由选择投放数量，相互竞争，造成投放总量与公众需求严重不匹配。市内六区共享单车数量供过于求,造成资源浪费和公共空间无效占用。外环线以外区域,企业投放数量小,共享单车相对短缺,出行者租车极不方便,用户体验感差,逐渐放弃共享单车转向其他交通方式,导致共享单车难以正常增长。

第三,责任不清,安全隐患突出。共享单车企业虽然有规定和提示,《指导意见》也明确禁止 12 岁以下的人群使用共享单车,但是由于监管难度大,违规现象十分常见,由此引发事故,造成损失,双方责任不清。在供租用的共享单车中,为数不少车辆存在安全隐患,在使用过程中发生故障,也会导致危险情况发生。在安全事故的处理上,用户与企业的责任难以界定和厘清,造成企业和用户之间的争执乃至冲突。

第四,找车困难,便利程度不高。共享单车的优势在于便捷,但是在实际使用中,便利程度远低于预期。在高峰出行时段,需求最为强烈,但是单车供不应求,找一辆车往往需要花不少时间,走很长距离,有时费了时间却找不到车,打乱了出行计划。大众出行的起点和终点主要是居住小区,由于单车禁止进小区,用户需要步行一段路到小区之外租车,便利度大打折扣。可用车和故障车混杂,用户在扫码之后才能识别出故障车,浪费时间,影响出行效率。

第五,车辆私占,服务效率下降。从共享单车投入使用以来,私人占据的现象就层出不穷。在 2017 年 12 月天津市开展的联合查处行动中,不到一周时间就查出 10 余起"公车私用"案件。有些人给车辆换上自己的车锁,据为己有,排斥他人使用;也有人把共享单车"藏"到自家楼道,让别人找不到,仅供自己使用;还有人在骑行到目的地后,不还车,阻止别人租用,等自己办完事后继续使用。诸如此类的行为违背了共享单车的服务宗旨,剥夺了他人对共享单车的使用权,也极大地损害了共享单车的服务效率。

第六,损毁严重,经营成本升高。故意损坏共享单车事件时有发生,屡禁不止。车座被偷走,车胎被剪断,二维码被毁坏等五花八门的破坏共享单车零件的行为,导致共享单车无法正常租用。砸毁共享单车或者将共享单车扔进河里等恶意破坏现象时有发生。人为破坏造成大批车辆故障或报废,给企业带来巨大的经济损失,也给用户租车造成不便。

四、促进共享单车有序健康发展的对策

共享单车作为一种新生事物,需要在实践中不断探索完善。有效解决以上种种问题,促进共享单车规范有序健康发展,无疑会提高城市交通和大

众出行质量。

首先,多管齐下规范停车秩序。共享单车停放涉及城市管理和企业运营两方面,因而必须加强政企合作推进规范停车管理。政府负责在马路两侧和公交站点等公共区域用明显的标识划定共享单车停车区,引导用户将单车整齐地停放在画线区内。企业加强共享单车停放的管理:一是允许共享单车停放在居住小区内的开放空间,既便于居民出行,又减少马路两旁停放的压力;二是利用智能技术设立电子围栏,通过手机终端指令让用户将车停放到围栏内;三是专人管理与社会监督相结合,在大型公交站点和商业网点,企业安排专人负责停放管理和车辆检修,同时,搭建互动平台,及时处理公众举报的问题。

其次,提升共享单车服务能力。政府利用共享单车运营大数据和交通信息技术,科学确定不同区域共享单车的投放数量,在企业相互竞争的情况下保持共享单车最佳规模,既方便公众使用又不泛滥成灾。企业立足于服务大众出行,根据共享单车实际使用情况,及时调整投放策略,逐渐加强薄弱区域的供给水平,促进供需平衡,全面提高服务能力,进一步解决城市交通“最后一公里”难题。政府监督企业及时撤回并维修故障车辆,提高投放车辆的有效率和安全性。

再次,全面加强依法监管水平。严格落实国家《关于鼓励和规范互联网租赁自行车发展的指导意见》和《天津市关于鼓励规范发展互联网租赁自行车的指导意见(试行)》,根据实际需要,制定和完善共享单车管理的法律法规,对共享单车押金收取和管理、损坏车辆的收回、破产企业的退出、事故的责任认定以及破坏、占用车辆等行为的处罚等做出明确规定,为监管提供系统的依据,强化监管的权威性和有效性。广泛开展法制宣传和教育,提高大众遵守规则的自觉性,养成规范用车的习惯。

(作者单位:天津社会科学院社会学研究所)

慈善组织参与天津市生活垃圾分类的可行性研究

刘 娜

一、天津市在生活垃圾分类处理方面已处在全国前列

随着经济社会发展和物质消费水平的大幅提高,作为一个有着近两千万人口的特大型城市,天津市的生活垃圾产生量每一天都是巨大的,造成的环境隐患日益突出。这一问题也提到了政府部门的议事日程上,在市委市政府的全力推动下,政府各部门支持下及全市人民的积极参与下,天津市在推行垃圾分类,无害化处理方面有很多创新探索。使得天津市的垃圾分类处理水平及成效已处在全国前列。突出表现在以下几方面:

1. 选取试点

天津市中新生态城 2013 年起开展垃圾分类工作,注重强化政府引导和综合协调,运用激励杠杆作用,倡导居民自律和社会参与,建立社会化源头减量机制,提高垃圾资源化利用水平。2015 年,中新生态城被住建部、环境保护部等五部委确定为国家第一批新城区生活垃圾分类试点。

中新生态城在规划建设之初就充分考虑到了生活垃圾的收运与处置。垃圾分类工作遵循大分流、小分类原则,按照建筑垃圾、居民垃圾、餐厨垃圾、园林垃圾等种类实行大分流,将生活垃圾按照可回收垃圾、厨余垃圾、有毒有害垃圾、其他垃圾进行小分类,做到分类收集、分类运输、分类处置。

在垃圾分类收集环节,中新生态城通过智能回收平台,将生活垃圾中的可回收垃圾及电子废弃物垃圾通过科技手段加以管理,并在回收垃圾资源化中心对垃圾进行分类、打包、扫描与积分录入。垃圾分类后,居民可凭借垃圾分类积分兑换商品,形成了“分类垃圾袋 + 垃圾分类积分卡 + 智能回收

终端+垃圾气力输送系统+积分兑换商店”这一成熟的垃圾智能分类回收系统。

2. 争取项目支持

2015年5月,天津市和平区餐厨一体化处理项目成功立项为“国家第五批餐厨废弃物资源化利用和无害化处理试点”项目。整个项目设计日处理能力100吨,覆盖整个和平区,项目总投资5094.31万元,规划建设8至9个前端处理节点和1家末端资源化工厂,分区域“就近就地”进行减量处理。

项目共有生物柴油、生物蛋白添加物、生物质燃料3条生产线,收集的餐厨垃圾经过减量处理后通过3条生产线进行加工生产,制造出可以在市场上销售的环保资源化产品。

目前,前端处理设备共有3种,一种是高温生物降解机,日处理能力为5吨,能满足周边1公里范围的厨余垃圾处理需求。第二种是油水分离机,将其与餐馆后厨的下水道连接,机器自动抽取隔油池中的油污水,把有利用价值的废弃油脂收集起来。第三种是餐厨废弃物收集专用车辆,车辆在行进的过程中可以把餐厨垃圾中油污水和固形物分离,减少后期处理的时间和成本。

3. 专项行动

在“美丽天津·一号工程”大目标的引导下,天津市开展了清洁村庄的专项活动。清洁村庄行动围绕垃圾收集、运输、处理3个环节,为全市村庄配备了垃圾箱40.08万个、垃圾转运箱3650个、三轮保洁车9402辆、乡镇级垃圾运输车417辆,新建垃圾池8449个,实现全部村庄垃圾设施配套率100%。同时,健全长效管护机制,建立了村庄保洁员队伍,制定了村庄日常保洁制度,推动村庄保洁网格化管理。村庄变得越来越美。

4. 购买服务

天津市宝坻区的南里沽村就通过购买服务的方式处置垃圾。南里沽村是天津市著名的七十二沽之一,位于大唐庄镇东北部,紧邻潮白河,距九园公路约1公里,村庄占地面积940亩,总人口1485人,现有耕地5680亩,鱼池水面1600亩。这个村是2013年天津市实施“美丽天津·一号工程”清洁村庄行动以来,受益的数百个村庄之一。

2015年,南里沽村通过购买服务的方式,与一家环保公司签订了为期5年的生活垃圾转运协议,由公司全权负责村庄的垃圾清扫、运输。由村内的保洁员将定期收集村民门前的垃圾,运至指定的垃圾中转站点。村里垃圾中转站的垃圾经过运输送至镇里进行压缩处理,之后再运送至宝坻区垃圾填埋场进行集中处理。

5.社团献力

天津市政府将“市居民生活垃圾源头分类宣传教育项目”列入全市 20 项民心工程,由市妇联承担。天津市妇联将其放在工作的首位。确定在全市创建 1000 个生活垃圾源头分类宣教示范楼门,举办 100 场生活垃圾源头分类宣教大讲堂。市妇联深入社区与各级妇联干部和街道、社区负责人、楼门长及居民代表面对面沟通交流,充分听取意见。通过调查等方式,面向全市发放问卷 2000 份,并针对调查反映的推广力度、配套设施方面存在的问题,进行重点研究、专项解决。

虽然天津市在生活垃圾分类处理方面取得了骄人的成绩,并在全国位列前茅,但天津市要建成“美丽、宜居的新型生态城”还有很长的路要走。目前,中央政府也把更多的目光聚焦到生活垃圾的处理上,因为垃圾的分类处理是影响国家能否实现“清洁的环境、清洁的大气、清洁的水源、清洁的土壤”这一环保大目标的关键因素之一。

二、《实施方案》对相关工作提出了更高要求

2017 年 3 月 30 日,国务院办公厅转发国家发展改革委、住房城乡建设部《生活垃圾分类制度实施方案》,部署推动生活垃圾分类,完善城市管理和服务,创造优良宜居环境。

《方案》提出,推进生活垃圾分类要遵循的原则是:减量化、资源化、无害化。加快建立垃圾分类投放、分类收集、分类运输、分类处理的垃圾处理系统,形成以法治为基础、政府推动、全民参与、城乡统筹、因地制宜的垃圾分类制度。到 2020 年底,基本建立垃圾分类相关法律法规和标准体系,形成可复制、可推广的生活垃圾分类模式。

《方案》要求,各地要加强组织领导,明确城市人民政府的主体责任,健全法律法规,完善支持政策,创新体制机制,通过开展多种形式的宣传教育,动员全社会参与垃圾分类,确保工作有效推进。

《方案》明确,在直辖市、省会城市、计划单列市以及第一批生活垃圾分类示范城市的城区范围内先行实施生活垃圾强制分类。生活垃圾强制分类城市应于 2017 年底之前制定出台治理办法,细化垃圾分类类别、品种、投放、收运、处置等方面要求;其中,必须将有害垃圾作为强制分类的类别之一。实施生活垃圾强制分类的城市要结合本地实际,于 2017 年底前制定出

台办法。天津市属于第一批生活垃圾分类示范城市。

天津本已在生活垃圾分类处理方面取得了全国瞩目的成绩,而《方案》的出台,对天津提出了更高的要求。如何在全国做出表率?如何在2017年底前制定出具体办法?如何在2020年底,基本建立垃圾分类相关法律法规和标准体系,形成可复制、可推广的生活垃圾分类模式?这给天津市委市政府带来很大动力,也带来很大压力。

三、借助慈善组织视为良策

《方案》中也提到,各级政府部门应鼓励社会资本参与生活垃圾分类收集、运输和处理,积极探索特许经营、承包经营、租赁经营等方式,通过公开招标引入专业化服务公司。《方案》中也提出各级政府部门可以借助社会力量协助完成,以缓解政府部门的压力。

天津市发布的《2016年天津最新生活垃圾管理条例,天津生活垃圾分类减量管理办法》中也提出:本市鼓励国内外单位和个人对生活废弃物的收集、运输和处理进行投资经营,鼓励国内外单位和个人采用高科技手段对生活废弃物进行处置和再利用。

慈善组织作为一个提供公共产品和公共服务的公益组织,参与到天津市的生活垃圾分类事业中是社会与法律赋予它的责任与义务。慈善就其本意为"为了公益的志愿行为""对人类固有难题的回应""是我们尝试集体解决公共问题的重要途径"。《慈善法》总则第三条规定慈善组织可以开展"防治污染和其他公害,保护和改善生态环境"等公益活动。慈善组织可以在协助天津市政府完成"城市生活垃圾分类减量化、资源化、无害化"这项重要的民生工程中发挥重要作用。慈善组织通过发起不同的慈善项目来推动生活垃圾分类投放、分类收集、分类运输、分类处理,并投入相应的人力、物力、财力。

项目一:分类投放

生活垃圾的分类投放是后续分类收集、运输、处理的前提。慈善组织根据政府的相关规定制定居民生活垃圾分类指南,印刷成小册子。志愿者深入到社区,居民家庭宣传垃圾分类的知识。志愿者不仅要向居民科普垃圾分类的知识,还要让居民知了垃圾分类的重要性、有害垃圾的危害性。为了让居民在家里就将垃圾分好类,志愿者可以在科普的同时给居民三个袋子:两大一小。大的分别装厨余垃圾、可回收垃圾,小的装有害垃圾,并在小区适当位置放置垃圾箱,箱上贴上明确标示。志愿者帮助居民在源头(即家庭)分类后,要引导居民分类投放到分类垃圾箱。重要的是引导居民单独投放有害垃圾,可在社区设立固定回收点或设置专门容器分类收集、独立储存有害垃圾,由居民自行定时投放,社区居委会、物业公司等负责管理,并委托专业单位定时集中收运。

项目二:分类收集与运输

居民在第一关分类投放后,分类收集也是非常重要的,否则会功亏一篑。经常发生这样的事情,免费的分类垃圾袋到了居民手中,小区里的分类垃圾箱都布好了,居民也分类投放了。可是,垃圾运输车一来,会把已经分类的垃圾一起混装,最后还是传统地统一处理。这就让此前一切的宣传、分类投放白费,也大大地伤害了居民垃圾分类的积极性。这就说明,垃圾分类收集比分类投放更重要。在慈善组织的参与下,对不同垃圾进行分类、分时收运,同时给社区配置满足垃圾分类清运需求、密封性好、标志明显、节能环保的专用收运车辆。有害垃圾的运输需配置符合国家有关规定的运输车辆;厨余垃圾应配置密闭专用车辆;可回收垃圾配置普通车辆。

项目三:分类处理

慈善组织筹资资助建立与垃圾分类相衔接的终端处理设施。秉承"资源化、无害化"的原则,建立有害生活垃圾处理系统,使有害生活垃圾得到安全处置;建立厨余垃圾资源化利用设施,使厨余垃圾变成工业油脂、生物柴油、饲料添加剂、土壤调理剂、沼气等;建立可回收垃圾的分拣系统,将分类后可回收的垃圾分别送往钢铁、有色、造纸、塑料加工等企业实现可回收垃圾处理的资源化、安全化、环保化。

项目四:资助科技创新

目前天津市的生活垃圾资源回收再利用产业已走在全国前列,但仍存在技术开发应用能力弱、工艺技术落后、资源利用率低的现实尴尬。

天津市的生活垃圾资源回收再利用产业必须借助科技谋发展。在政府能力有限的情况下,慈善组织可以积极参与其中,协助政府推动天津市生活垃圾回收再利用的科技创新、新技术应用,提高生活垃圾资源的利用率。

(作者单位:天津社会科学院社会学研究所)

天津市女性创业平台建设现状调查分析

李宝芳

在大众创业、万众创新的“双创”背景下,女性创业日益受到社会的重视。女性创业是我国大众创业的重要组成部分,促进女性创业有助于社会整体创业水平的提升,也有助于促进经济的包容性增长。引领、激励我市女性创业有利于促进我市经济社会发展。近年来,我市在引领女性创业、建设女性创业平台方面取得了一定成效,促进了众多女性创业者成长。其中主要的三大女性创业平台包括天津女性创业中心、“津帼众创空间”和天津市女性创业创新大赛。

一、我市女性创业三大平台建设现状

1. 天津妇女创业中心

天津妇女创业中心是我市最重要的女性创业服务载体,创立于 2000 年,最早得到了联合国开发计划署的技术援助包括商务计划书、咨询、培训等,在其建立和发展中得到了澳大利亚和美国国际孵化器专家的指导与帮助。中心一直致力于女性创业创新工作,通过为具有创业意愿的人员提供包括孵化场地、创业咨询、创业培训、项目推荐、开业指导、融资对接、企业宣传、政策扶持等全方位的服务,扶助女性创业、就业。中心拥有 5000 平方米的孵化场地,主要为孵化企业提供创业指导、商务策划、培训、毕业指导、融资等服务,已直接或间接地为社会提供约近万个工作岗位。在孵企业有达成电子商务、众源合电子商务、海豚传奇文化传播、晓鹿奔跑设计、众鑫博汇软件、门虫科技、融凡创意设计等 70 余家。目前全市已建立 8 个区县妇女创业分中心,为区县女性创业提供近距离便捷服务。

2."津帼众创空间"

2015 年以来,由市妇联牵头,借助社会力量,选择有条件、较为成熟、企业热情高的创业基地培育"津帼众创空间",打造低成本、便利化、全要素、开放式的新型女性创业创新服务平台,主要为女性创业者搭建培训、创新转化、帮扶、电子商务、女大学生创新创意等五大平台。目前"津帼众创空间"已有 30 家,各具特色,包括南开区以思齐培训学校草根创业女性为对象的"思齐津帼众创空间"、面向女大学生为主的"荣程女大学生众创空间"、天津首家互联网创业集成孵化器"3x－e 客津帼众创空间"、中心城区首家电子商务产业园"C92 文创园津帼众创空间"、致力于打造"互联网＋"专业化众创空间的"草帽津帼众创空间"、主打手工创新创意的蓟州区"巾帼聚联众创空间"、东丽区妇女创业分中心与高科技企业"科创慧谷(天津)园区"联手打造的、以"科技与艺术融合"为特色的东丽区"慧谷蜂巢津帼众创空间"、市妇女创业中心与北京商会强强联手成立的"铿锵玫瑰众创空间"等。其中,2016 年落成的东丽区慧谷蜂巢津帼众创空间占地 1000 平方米,众创空间内设有开放式集中办公区、项目路演区、文体休闲娱乐区、慧谷咖啡、商务洽谈区、公共会议室、接待室、茶吧、创业面馆、创业园区产品展示区等,集项目招商、技术成果转化、入园企业服务、政策咨询、孵化与科技金融以及教育培训、手工编织发展、家政服务、女性社会组织培育、妇女儿童帮扶救助等功能于一身,为帮助妇女儿童实现全面发展提供了良好保障。为放大榜样效应,市妇联深入高校、企业、社区和众创空间等方面,在联系服务女创客的基础上,重点宣传岗位和科技创新成绩突出、带动创业就业成效突出的先进女性及女大学生创业创新代表的创业故事和事迹,选出不同年龄、不同领域的优秀创业女性 200 名成为"津帼众创之星",充分发挥其榜样示范作用。2017 年,市妇联还举办了以"巾帼逐梦双创扬帆"为主题的津帼众创百场服务活动,为我市女性提供项目路演、创业沙龙、创业培训、创业市集、创业大赛等各类服务活动 100 场,旨在有针对性地提升不同群体、不同阶段的创业女性的综合能力,为她们全面发展提供良好平台。约 5000 名女性直接从项目中受益。

3. 天津市女性创业创新大赛

天津市女性创业创新大赛被广大创业女性亲切地称之为"天津女性创业界的奥斯卡",已经连续举办十四届,累计带动万名女性创业就业,成为我市女性创业的重要平台。在"双创"背景下,大赛与时俱进,致力于搭建妇女创业创新展示和服务平台,发掘适合女性创业的优秀项目,探索建立助力妇女创业创新的持续服务模式和生态系统,提升妇女双创能力,促进女性中小微企业创新性发展,激励广大妇女同享“她经济”,共创“她未来”。2017年7至12月举办的第十四届大赛中,有516人次参与,115个项目参与初赛,36个项目进入复赛,6个项目参加决赛路演,最终决出一等奖1名,二等奖2名,三等奖3名。本届大赛分为创客组和企业组,分启动、宣讲、报名、初赛、复赛、决赛等阶段,为参赛者提供的支持包括:创业能力提升支持、融资对接支持服务、宣传推介支持服务、政策支持等。本届大赛办赛方式和内容推陈出新:一是创新办赛,“互联网+”助力办赛全过程。首次引入了远程视频项目路演方式的同时,改变了初赛书面评审的传统形式,全部参赛项目现场路演,高效便捷、互动性强。二是开放办赛,资源聚集效应更加显著。赛事各阶段与“津帼众创空间”密切合作,深度整合场地、导师、服务等行业资源,助推创业者携手互助,共创共赢。三是务实办赛、项目赋能全方位立体化。累计邀请创业导师、专家评审近30位,专家评审队伍规模之庞大、实力之雄厚,创历次大赛之最,为选手提供了从项目评审、项目梳理、打磨提升、投融资对接、营销宣传等横向到边纵向到底的全方位支持。四是高效办赛,创业项目对标前沿聚焦热点。以“耀通科技”等为代表的智能型工业科技项目,以“葡先生”等为代表的智慧农业项目;以“艺点意创”为代表的云计算与大数据项目;以“咻鼻儿智能检测”为代表的现代网络服务项目,以“旺和达茶学堂”等为代表的现代服务项目,引领示范效应凸显,着力带动“她创业”方向。

二、我市女性创业平台建设中存在的问题

1. 女性创业支持环境不佳

创业平台建设受到整个创业环境的影响。一直以来,在传统“男主外女主内”的性别角色观念下,女性承担着兼顾事业与家庭的双重压力,对创业产生了依赖、自卑心理。与在就业领域中一样,女性在创业过程的主要环节上,如人力资本、发展战略、社会网络、创业团队等,几乎都面临一定程度的性别歧视与偏见,女性创业较男性创业常常遇到更多的困难。社会舆论对创业女性也存在歧视,女性创业往往被冠以“女强人”的刻板印象,或者被认为是“不安分的女人”,严重影响了女性的创业热情,女性创业的重要性和潜力还没有被充分的发掘,整个社会缺乏支持女性创业环境。

2. 创业政策缺乏性别视角

尽管在“双创”背景下,政府出台了一系列鼓励创新创业的政策,但是创业政策普遍缺乏性别视角,忽视了创业过程中的性别差异。女性创业的行业领域、资源及心理需求等创业特点都不同于男性创业者,而政策对女性的创业支持主要是传统的税费支持,创业指导、创业扶持、组织孵化等方面的优惠政策和针对性还有所欠缺。

3. 创业平台服务能力参差不齐

女性创业平台尤其是各“津帼众创空间”的服务能力参差不齐,运营状况差异较大。有的缺乏运营能力或能力不匹配;有的缺乏对接资源,易造成创客流失;有的过于注重外在包装,缺乏实质内容。这些问题都在一定程度上限制了“津帼众创空间”的服务水平,也制约了对女性创业引领作用的发挥。

三、我市女性创业平台优化建议

1. 营造良好的女性创业社会环境

随着我国“大众创业、万众创新”时代的到来,相关创业故事、创业意识启蒙的宣传逐渐增多,但传统的创业宣传主要以男性创业者为主,缺乏女性创业者事迹及经验的宣传。这主要是多年来受男性主导文化影响造成的,其实在创业实践中并不缺乏优秀女性创业者的身影,如湾仔码头的创始人臧健和、俏江南的创始人张兰,“80 后”“90 后”的女性创业者也有很多,如奥运冠军劳丽诗、“玻璃女孩”丁红玉、返乡大学生赵海伶等。因此,要增强舆论宣传,鼓励女性创业的事迹、塑造女性独立自主的形象,引导女性树立开放包容的互联网精神、大数据意识,强化共创共享、共融共赢的创业创新战略思维和合作理念。通过大众传播媒介管理,逐步减少甚至消除性别歧视,使全社会真正尊重并赞赏女性的创业行为,让社会了解女性创业的意义、优势和能力,为女性创业营造公平、良好的氛围和环境。

2. 建设女性创业互联网环境

网络创业活动中,创业者的性别不再受到过多的关注,并且还可以选择性别不被公开,因此性别歧视给创业者所带来的困扰在互联网创业中被淡化了。新兴的互联网创业为女性创业成功营造了更为公平和有力的社会及金融环境,有利于女性创业意识萌发、创业机会的识别及创业管理的开展。《互联网 + 她时代:女性创业者报告》指出,互联网创业匿名经营的特性对女性创业者有利,在性别不被人知晓的前提下,女性细心、耐心、关怀的性别特质往往更能获得成功。女性在互联网经济中具有独特优势,是推动新经济、新业态、新模式发展的一支重要力量,所以我市应出台女性互联网创业支持措施,重点建设女性创业互联网环境,使女性在更易获得成功的环境内发挥性别优势,最大限度地实现其创业梦想。另外互联网发展迅猛,对于新涌现的互联网技术,也应积极报道和组织学习,让女性更快地了解学习,跟上时代步伐。

3. 优化女性创业的政策环境

一是政府要进一步转变职能,积极发挥经济职能,增加公共产品和服务的供给,完善市场监管,为女性创业提供更加平等、公平的环境;二是将性别意识纳入就业和创业政策体系,促进社会性别主流化,制定针对女性创业的相关优惠政策和制度;三是用人单位和相关组织要为女性了解、运用、学习创业相关政策提供帮助和便利,为女性创业提供制度保障。

4. 构建良性的创业生态环境

我市的女性创业者、创业导师、"津帼众创空间"、投资机构等不同层面需成立创业联盟,搭建平台、整合资源、分享信息、对接合作,致力于构建良性的创业生态环境,搭建女性创业的交流分享平台。通过市场化机制、专业化服务和资本化途径,有效集成创业服务资源,提供全链条增值服务。强化女性创业辅导,培育企业家精神,发挥资本推动作用,提高女性创新创业效率。

(作者单位:天津社会科学院社会学研究所)

天津市社区工作者专业能力发展状况及问题研究

王小波

中国经过将近 40 年的改革开放与社会转型,经济社会有了巨大发展,同时也出现了大量社会问题,在城市突出表现为贫富分化、人口老龄化、失业、青少年犯罪、流动人口及离婚率攀升等问题,严重影响着城市经济社会的健康发展。这些问题集中存在于社区,为社区工作提出了更高要求。

今天的城市社区工作,已大大区别于以往传统的居委会工作,它承担的社会功能与职责大大增强,社区成为社会治理与社会整合的重要基础。复杂多样的社会问题集中体现于社区,各级政府希望社区能够承担起基层治理的职责,起到协调社会关系,解决、预防社会问题,促进社会公正的作用。由于社区工作涉及领域非常复杂,在社会救助、扶贫济困、社区建设、婚姻家庭、精神卫生、残障康复、教育辅导、就业援助、犯罪预防、禁毒戒毒、矫治帮扶、人口计生、应急处置、群众文化各个领域都需要社区进行配合,所谓"上面千条线,下面一根针"。要想在如此多的领域中,切实完成工作任务,对社区工作者提出了非常高的要求。但由于一些社区工作者不具备相应的专业知识与技能,因此面对工作任务往往无法胜任,或者疲于奔命,或是草草应付,其工作效果不能尽如人意,无法充分满足社区居民的需求。

社区工作正在从行政性、事务性向服务性、为民性转变,只有提高社区工作者专业性、职业化水平,使其具有更强的服务意识与服务技能,才能更好地为社区居民服务,增强社区凝聚力,实现社会整合。

一、天津市社区工作者人员素质与队伍建设状况

据人力资源社会保障部人事考试中心统计,自 2008 年举行全国社会工

作者职业水平考试以来,全国通过考试取得社会工作者职业水平证书的人员已达28.8万人,在天津大约有6000多人通过了水平考试。城市社区是社会工作者发挥作用的重要领域。目前,我市社区工作者中有一部分人取得了全国社工职业水平证书,其他人则获取了天津市民政局"社区社会工作员"证书。

截至2017年11月,登记注册的社区工作者共有16154人。数据显示:目前社区工作者仍以女性为主,女性有13722人,占总人数的84.9%;年龄实现了年轻化,45岁以下的有13751人,占总人数的85.1%;学历水平大大提高,具有本科学历以上的有7505人,占总体人数的46.45%;取得国家社工登记证书的有4180人,占25.9%;同时,社区工作者的专业素质尚有待提高,目前具有社会工作专业背景的有489人,仅占全体人员的3%。

近年来,我市对社会工作者队伍的建设与管理非常重视,2013年成立天津社会工作协会,其主要工作任务是推动我市社会工作职业化、专业化建设。包括业务培训、教材编撰、资格认证、项目评估、等级评审等。目前社区工作者的继续教育工作主要以网络课程方式进行,每一位注册登记的社区工作者要求每三年学习完成规定的网络课程,取得相应学分后进行注册登记,其所在社区根据注册等级发放岗位津贴。这在一定程度上督促了社工进行知识更新,提高专业技能。另外,各区民政部门也以多种形式进行社区社工人才的专业培训工作,如2016年南开区进行了"全科社工"选拔活动,从各街道选拔的200名社工进行社区基础知识、组织写作及岗位业务能力考试,再从200名社区工作者中选出100名"全科精英社工"作为全区社区工作者的领军人物,带动全区2200余名社区工作者整体素质的提高。河西区举办"社区工作者精品培训班",56名社区工作者骨干参加了为期5天的系统培训,提升社会调查研究技能和社会工作能力。这些工作一定程度上促进了社区工作者队伍的职业化、专业化水平。

另外,为全面提高我市社区治理能力和水平,加强城市基层社区治理,促进社区工作者队伍的职业化与专业化发展,2017年9月天津市委、市政府办公厅印发了《天津市社区工作者管理办法》,对社区工作者的基本职责、岗位人员配备、选任与招聘、职业发展体系、待遇保障、管理考核及激励机制等进行了明确详细的规定。文件体现出对社区工作者"在政治上给予成长空间,在经济上给增长空间",提高社区工作者的职业认同与社会承认,对促进我市社区社工人才的培养、评价、使用、激励等方面将发挥积极的作用。

二、天津市社区工作者专业能力问题及影响因素

社会工作作为一种专业活动,在工作理念与工作方式等方面都不同于传统的社区工作,需要社会工作者具备相应的专业素质,通过“助人自助”帮助个人、群体或社区挖掘自我潜能,增强社会功能。目前,在国家的各项重点工作中,如脱贫攻坚、保护留守儿童、推进社区养老、加强心理健康服务等,都强调社会工作专业力量参与,发挥社工专业人才的作用。但由于我国社会工作还处于“尝试走向专业化与职业化道路”的阶段,很多社区百姓及社工人员自身,对社工专业的性质并不了解,更谈不上以专业态度与专业能力来实现工作目标。如一位社会工作专业的学生,毕业后到社区工作,她对自己的专业非常认同,逢人便讲自己是一名社会工作者,但居民还是不清楚社会工作者到底是干什么的。她努力做出解释,但很多居民仍然把她当作普通的社区人员,有时会把她当作志愿者。许多社区工作者没有社会工作专业背景,缺乏专业认同感和使命感,缺乏对专业知识的系统掌握,专业能力十分薄弱,由于工作手段和方法落后,难以提供个性化、多样化、系统化服务,无法有效应对和解决新的、复杂的社区问题。

另外,目前我国政治、经济、社会、文化等多种体制和行政机制对于社区社会工作者开展专业服务仍存在着非常大的影响和制约作用。由于社区承担着社会管理控制与社会服务的双重职能,社区工作者交替扮演着服务者与协管员的双重角色,单一集中化的社会资源配置也影响着社会工作专业方法的运用,这些都会影响社区工作者专业能力的发展。

目前我市社区工作者专业能力不强,具体表现为以下方面:其一,缺乏对社会工作的专业认同,虽然随着社区工作重要性不断提高,有更多年轻人选择进入社区工作,但是很少有人树立远大的职业理想,仅仅作为谋生手段;其二,不能很好地与案主接触交流、服务能力较弱、介入效果不够理想、服务对象满意度不高;三是不会进行项目设计,无法识别和整合资源,缺乏团体工作带领经验,无法进行社区整合;四是社区缺乏专业化管理,社工站多围绕行政目标进行组织架构,从社区架构到人员分配不能适应社区社会工作的需要。五是心理素质不够稳定,一些社区工作者缺乏积极心态和良好的心理调适能力,经常出现畏难情绪、厌倦感、挫折感及无力感。

三、提高我市社区工作者专业能力

1. 加强社区服务,开展专业化社工服务

多年来在社区建设中,虽然理论上社区治理与社区服务同等重要,但现实中更偏重于社区治理而轻于社区服务,即使是服务,多半也是事务性的,如资格审核、盖章出证明等,社区为老服务大多也就是送午饭,缺乏深入解决社区人具体困难的意识与服务。近年来为减轻社区居委会行政负担,民政部、中央组织部以及天津市人民政府都下发文件开展社区减负工作,厘清社区居民委员会的职责任务,提高社区治理和服务的工作效能。在当前社会问题集中,社区承担重要社会整合功能的背景下,开展形式新颖、更具针对性、个性化的服务,切实为有困难的老百姓服务更符合社区发展的形势与需要,要改变对弱势困难群体避之犹恐不及的态度,采用专业服务方式,为案主争取社会资源,提供机会,提升其社会功能。通过社区服务达到社区治理的目的,才是最根本有效的社区建设。

2. 大力宣传、培养社区工作者的社工价值理念

社会工作者是现代社会催生的典型职业,是专门化的助人活动,其"助人自助"的核心理念表明社会工作以利益他人为价值追求。只有认同社工价值、具有"社工自觉"主体意识的社会工作者,才会更重视自己的专业声誉,愿意为提升专业能力而付出努力,这些人会利用培训、继续教育、社工实务、考察交流、学术会议及督导机会等,自觉反思和提升自身的专业能力。如果缺少了这种自觉意识,仅靠外力推动,社会工作者是无法提升专业能力的。当外界条件不利时,还有可能会放弃专业。因此,提升社区工作者的社工价值理念是提升专业能力的基础与核心。

3. 联合专业性社会组织进行项目化服务

近年来,为适应社区服务的市场需要,一些社区与专业社会组织合作完成政府购买服务的项目,随着社区项目化运作规模扩大、机会增多,一些社区工作者通过参与项目运作,在专业能力上得到很大提升。由于社会组织在专业经验上更成熟,能够从社区需求的角度出发策划服务项目,使项目更贴近社区的实际情况。在这个过程中,社区工作人员不仅仅是牵线搭桥,更应在参与、配合中获得学习与成长,使自身的专业能力获得提升。

4. 建立高校社工实训基地,站在理论高度指导社区工作

目前我市有多所高等院校设立了"社会工作专业",每年培养社会工作

专门人才,但是理论与实践之间仍有很大距离。一方面,社区工作需要专业指导,另方面,社工理论需要在实践中检验与修正。南开大学、天津理工大学等社会工作专业都在社区设立了实习基地,过去学生们来社区受欢迎是因为大学生的电脑操作技能非常强,他们进了社区就去帮忙做各种资料录入工作,但这和社工专业毫不搭界。大学生及其院系与社区建立联系应从更高的角度对社区做出影响,如提高社区的社工服务水平,提升社区工作者专业技能;还可以帮助社区进行专业化管理,如社工站组织架构、管理形式和机制改革等,只有这样才能真正将社工理论与社工实践结合起来。

5. 建立专业社工督导制度

在社会工作服务比较普及的国家和地区,社工督导是提高社工专业能力与服务质量的普遍模式,它可以帮助资历浅、经验少的社会工作者提高服务品质和服务绩效。社会工作者如果没有机会得到督导,就会在遇到困惑时感到孤独无助。社工督导不是在等级制行政管理框架下进行的监督与指导,而是由专业机构的资深社会工作者对被督导者进行专业化指导,以指导社工以专业理念与专业技巧帮助案主,避免对案主个人及社区团体的越权与偏差,对于提高社工的专业能力与专业化水平有着直接的效能。

(作者单位:天津社会科学院社会学研究所)

天津市脱钩行业协会商会发展现状分析

李培志

推动行业协会商会与行政机关脱钩是当前我国社会组织改革与实践领域的一项重要任务。2015 年 6 月,中共中央办公厅、国务院办公厅印发《行业协会商会与行政机关脱钩总体方案》,按照坚持社会化、市场化改革方向;坚持法制化、非营利原则;坚持服务发展、释放市场活力;坚持试点先行、分步稳妥推进,有关部门和各地方积极开展了行业协会商会脱钩工作,总体来看,脱钩工作主要是围绕"五分离、五规范"来展开,一是机构分离,规范综合监管关系;二是职能分离,规范行政委托和职责分工关系;三是资产财务分离,规范财产关系;四是人员管理分离,规范用人关系;五是党建、外事等事项分离,规范管理关系。从实践来看,改革开放以来,我国行业协会商会有了较快发展,在促进经济建设和社会发展中发挥了重要作用,但也应该看到,一定程度上,我国行业协会商会还存在行政化、缺乏活力等问题,而这已严重制约了我国行业协会商会规范有序运行与健康发展。为进一步深化行业协会商会改革,促进政府职能转变,加快推进政社分开,推动行业协会商会与行政机关脱钩便显得尤为迫切和重要。本文以天津为例,对行业协会商会与行政机关脱钩实践进行了观察,通过对天津市级行业协会商会脱钩情况的简要分析,提出了促进天津市脱钩行业协会商会规范健康发展的几点建议。

一、天津市行业协会商会与行政机关脱钩工作现状

天津市行业协会商会与行政机关脱钩工作共涉及业务主管单位 35 家,

全市需要开展脱钩工作的行业协会商会共有232家。[①] 截至2017年12月，天津市共开展了两批行业协会商会与行政机关脱钩工作，共涉及159家协会商会，其中第一批完成的有34家，涉及10个业务主管单位；第二批完成的有125家，涉及24个业务主管单位。按照计划安排，其他的已列入脱钩范围的行业协会商会将在第三批中完成脱钩工作，此项工作正在有序推进当中。

"行业协会商会作为政府与市场、社会之间的重要桥梁纽带，在政府宏观经济管理和企业微观经济运行中具有'传送带'和'上挂下联'的重要功能，在社会治理中发挥着特殊作用。"[②]天津市高度重视行业协会商会工作，创造条件大力支持行业协会商会发展，充分发挥其在天津市经济社会发展的独特优势。推动行业协会商会脱钩是行业协会商会规范发展、转型发展、创新发展的重要一环，针对行业协会商会脱钩工作的重要性和紧迫性，天津市各有关部门通过建章立制、强化落实，不断加强政策配套、分类推进，及时调研督察、评估总结，确保脱钩工作涉及的机构调整、党建工作、资产管理等各项改革任务稳妥开展。

一是加强组织领导，多部门联动开展脱钩工作。按照中央部署安排，天津市积极行动开展行业协会商会脱钩工作，建立了脱钩工作领导机制，成立了由25家单位组成的天津市行业协会商会与行政机关脱钩联合工作组。各部门责任明确、分工具体、密切配合，通过建立联合工作组成员单位联络员例会制度等措施，加强沟通交流，形成联动服务机制，打造工作合力，稳步推动脱钩工作有序进行。不断强化大局意识，提高理论认识，注重整体协作，破解共性难题，为脱钩行业协会商会规范发展奠定了良好社会基础。通过组织培训、专题会议、媒体宣传、督促检查等多种方式解读政策、指导工作，营造了大力支持行业协会商会脱钩改革的良好氛围。

二是加强制度建设，出台相关配套政策措施保障脱钩工作。在推动脱钩工作中，天津市坚持实事求是，以制度建设引领脱钩改革工作，制定印发了《天津市行业协会商会与行政机关脱钩工作方案》，注重制度设计、制度改进、制度衔接、制度管用，制定了一系列配套措施和实施细则，如《天津市行业协会商会负责人任职管理办法（试行）》《天津市行业协会商会与行政机关脱钩后外事管理工作实施细则（试行）》《天津市行业协会商会脱钩改革

① 韩雯：《市行业协会与行政机关脱钩》，《天津日报》2016年11月24日。

② 王勇：《扎实推进行业协会商会与行政机关脱钩改革》，《求是》2015年第21期。

有关行政办公用房管理办法(试行)》等政策。通过这些配套政策的实施,规范了脱钩工作相关程序,保障了脱钩工作有条不紊、有序推进。

三是加强脱钩评估,以评估促进脱钩工作顺利开展。天津市在推动脱钩工作中,注重通过开展评估来整体把握工作的规范性。通过遴选第三方评估机构,组成评估专家组,开展脱钩程序、脱钩政策文本等各方面评估,以保障脱钩工作规范运行。目前,天津市已完成的两批行业协会商会脱钩工作,均已进行了科学评估。通过开展脱钩评估,对脱钩工作所涉及的各个环节进行了客观分析,对脱钩工作的整体成效进行了评判。总的看,开展脱钩评估,有利于认真总结经验,有利于脱钩工作稳妥推进,有利于破解影响脱钩行业协会商会发展的共性难题。

四是加强党建引领,确保脱钩行业协会商会发展的政治方向。针对脱钩工作,印发了《天津市行业协会商会与行政机关脱钩后党建工作管理体制调整实施办法(试行)》,明确了所有涉及脱钩的行业协会商会党建工作分别由天津市委市级机关工委、市国资委党委、市工商联会员企业党委和市社会组织党委来管理,严格组织程序调整标准和过程,确保脱钩行业协会商会党组织关系移交、党员组织关系转移等各项工作有序衔接。大力提高工作实效性,通过多种形式,宣传宣讲有关脱钩政策和党的理论,扎实推进"两个覆盖"工作,发挥了党组织的政治核心作用,为行业协会商会脱钩工作顺利进行提供了坚强保证。规范脱钩行业协会商会组织生活,有针对性开展党建主题活动,深入开展党风廉政建设。通过开展培训等方式,不断加强对脱钩行业协会商会党建工作的具体指导,如天津市社会组织党委采取模块化+党建培训新形式举办了脱钩行业协会商会党建工作专题培训班①。

总体来看,天津市行业协会商会与行政机关脱钩工作各项任务稳妥推进,脱钩政策程序严谨,整体规范有序,在实践中取得了一定成绩。与此同时,我们也应看到,脱钩后行业协会商会的良性发展还需要多方面的有效支持,而且与加快形成政社分开、权责明确、依法自治的现代社会组织体制的要求相比,脱钩后部分行业协会商会也还面临着一些挑战与困难,如受行政化惯性和思维定式影响,有的脱钩行业协会商会面临着组织动员能力不足、组织定位不清晰、内部治理结构不完整等问题。

---

① 《市社会组织党委举办市脱钩行业协会商会党建工作专题培训班》,天津市社会组织管理局网站,http://shzz.tj.gov.cn/News/201709/201709120956429.htm

二、促进天津市脱钩行业协会商会规范健康发展的几点建议

1. 进一步完善扶持政策体系,营造有利于行业协会商会良性发展的社会环境

在实践中要规范行业协会商会发展,不断优化发展环境,加快推进行业协会商会法治化进程,健全符合天津市经济社会发展战略要求的新型行业协会商会管理体制和运行机制。更新思想观念,创新思维方式,以新型合作关系来看待脱钩后行业协会商会在经济社会发展中的作为,更加重视行业协会商会脱钩后的发展质量。因地制宜,分类施策,有序竞争,探索"一业多会"等不同形式的新型现代行业协会商会的发展之路。加快转变政府职能,推动"放管服"改革,释放更多适合行业协会商会改革发展的社会空间,研制更具操作性的支持政策。加大人才培养、培训等工作力度,充分利用税收、人才激励等方面优惠政策支持行业协会商会进行综合创新。以绩效为导向,加快健全政府购买社会组织服务的具体机制,让脱钩后行业协会商会能够有效承接政府购买服务。注重社会化监督,健全脱钩后行业协会商会综合监管体系,加强事中事后监管,确保"脱钩不脱管"。

2. 进一步健全内部治理机制,在做好服务中发挥行业协会商会作用

按照现代社会组织法人治理结构要求,以章程为中心,加强自身能力建设,健全组织机构,完善内部治理制度,建立更加符合现代社会组织发展要求的内部治理新机制。脱钩后行业协会商会要转变观念,加快转型,按照走中国特色社会组织之路的发展要求,主动改革、适应形势,使其在促进经济发展与社会进步中发挥应有的角色价值。以完善的治理结构,激发组织活力,促进良性运行,充分发扬民主,健全日常管理和重大活动的相关运行机制,提高组织动员能力,实行自我服务、自我管理。回归本位,找准定位,脱钩后行业协会商会只有在做好服务中才能真正成为所在行业的"权威",才能更好地服务企业、服务市场、服务社会。主动参与维护市场秩序,搭建合作交流平台,注重团结会员,维护会员权益,构建行业"共同体"。加强诚信建设,倡导行业规范。完善信息公开制度,履行社会责任。

3. 进一步加大品牌建设力度,扩大行业协会商会的社会影响力

通过开展脱钩工作,进一步挖掘行业协会商会组织潜能,增强行业协会商会的自主性,让行业协会商会真正成为时代所需要的依法设立、自主办会、服务为本、治理规范、行为自律的现代社会组织。为此,要不断加强品牌

建设,发挥品牌行业协会商会的示范和引领作用。利用各种平台宣传展示脱钩后的品牌行业协会商会,树立新时代行业协会商会新形象,以专业服务为导向,讲好脱钩品牌行业协会商会"故事",进一步提高其社会知名度和美誉度。以典型为引领,总结其在议事决策、信息公开等方面的成功做法,在条件允许情况下复制、推广其成熟的治理手段和方式。支持具备条件的品牌行业协会商会做大做强,鼓励脱钩后的品牌行业协会商会走出去,积极参与各类重大发展战略实践。

4. 进一步提升党建工作水平,发挥党组织在脱钩后行业协会商会中的战斗堡垒作用

加强党的领导是促进脱钩后行业协会商会规范健康发展的根本保证。坚持党的领导与行业协会商会依法自治相统一,把握正确政治方向,发挥党组织政治核心作用,破解党建和业务工作"两张皮"难题,把党组织活动与行业协会商会业务开展紧密结合起来。推动脱钩行业协会商会党建工作创新发展,激发党组织活力,提高"两个覆盖"质量。加强行业协会商会党务工作者队伍建设,通过多种有效方式选优配强党组织书记。建立常态化党务培训机制,研制符合行业协会商会特点的培训课程。夯实行业协会商会党建工作保障,完善党建经费、活动场所等保障机制。

(作者单位:天津社会科学院社会学研究所)

天津市已育二孩女性职业发展状况调查及政策支持研究

张银锋

在过去的 4 年里,我国相继实施了“单独二孩”和“全面两孩”政策。现如今,一部分女性已经顺利地生下了二孩。那么,相比于一孩,生育二孩给她们带来怎样的压力?对她们的工作和职业发展产生了哪些具体的影响?对于政府和社会而言,又该从哪些方面入手为她们提供一些有效的扶持和帮助呢?这些都是亟待我们研究和解决的问题。

一、调查方法和研究对象

为了解已经生育二孩女性的职业发展现状,本课题组于 2017 年 9 月在天津市范围内组织了一次社会调查。调查主要采用深度访谈和参与观察的方法,旨在通过面对面的交流和观察,收集到丰富、鲜活的第一手资料。

调查对象主要为:“单独二孩”政策实施之后(自 2014 年 1 月 1 日起),已经生育或正怀有第 2 个孩子的女性。本次调查访问了 25 位女性,她们的年龄分布在 28 ~43 岁之间,职业涵盖了公务员(3 人)、教师(2 人)、科研人员(3 人)、医生(3 人)、护士(1 人)、国企员工(2 人)、外企员工(1 人)、民企(私企)员工(2 人)、个体经营者(1 人)、自由职业者(2 人)、基层社工(1 人)、政府部门临时聘用人员(2 人),另外,还有 2 人待业在家。

二、调查的主要发现

在生育第一个孩子的时候,很多职业女性就已经面临巨大的竞争压力和挑战,一旦生育二孩,这种紧张的态势必然会进一步加剧。但对于身处体制内、外的女性而言,她们各自面临的情况又有所不同。

1. 日益加剧的职业暂时中断现象

调查发现,在所有的受访者中,居然有 8 位女性在生育第 1 个或 2 个孩子的某个时间段,暂时放弃了工作、一心一意地在家带孩子,即:“职业暂时性中断”。这部分人群以在体制外工作的女性为主,包括民企员工、外企员工、自由职业者、个体户,等等。中断不仅意味着暂时性的失业,而且会显著地影响到个人未来的职业发展。一方面,一部分人正处于职业的开创期或攀升期,暂时性的中断可能就意味着发展机遇的流失、经验积累的空缺;另一方面,很多人还会面临“重新开始”的倦怠期,因为在经历两次中断后,重新上手的难度会有所增加,故而容易导致工作信心不足,甚至是彻底失去兴趣。

例如受访者刘女士(36 岁,目前待业)便告诉笔者:“我曾在一家医药公司上班(民营性质)。生老大后,产假休了 4 个月,然后就回去上班了,当时工作压力还是挺大的,孩子主要靠婆婆帮忙带。老大一岁半的时候,婆婆要回老家照顾公公,于是我就辞职了,那时我的发展前景还是很好的,但为了照顾孩子,我还是放弃了。生老二对我的事业发展影响还是挺大的,此前我开了一家童装店,但为了生老二只好关掉了。”像她这种情形,其实在职业女性中还是比较普遍的,因为经历过第一次“中断”,就可能有第二次,甚至很多人索性就将这两次连接在一起。对于相当多的女性而言,一次中断,还能将原来的工作“捡起来”,但两次中断无疑会大大增加她们重返工作岗位的难度。

2. 老人照料:实现家庭与工作平衡的关键

生育二孩之后,大多数女性都面临一种在孩子和工作之间忙碌、奔波的状态。此时,该如何看待并处理家庭与工作之间的平衡关系呢?在调查中,笔者就此问题与受访者进行深入的交流。例如受访者杨女士(29 岁,公务员)表示:“我觉得,要想平衡家庭和工作,心态很重要,……就是什么都不牺牲的情况下,既能把家庭弄好,又把工作弄好,我觉得不太可能,所以就要有舍有得,你追求这个,牺牲另外一方面,你不后悔,那就没问题。”实际上,她所提及的“心态”,其中暗含的意思就是“要拿得起、放得下”,这虽然不是什么高深的处世哲学,但却也算是从生活总结出的“真知灼见”。在访问到的女性中,认同这一观点的人不在少数。或许,女权或女性主义者会对此番言论持质疑的态度,但这就是众多女性面对这一矛盾时的真实想法。

有的受访者也表示:处理这一关系的关键就在于“有老人帮忙照料”或

“搞好婆媳关系”。本次调查还发现,在所有的被访者中,因为没有老人帮忙带而请阿姨照料二孩的情况,仅仅只有一例。而且,许多家庭都有存在相类似的情形,即:双方的父母都可以提供照料上的帮助。总的说来,生育第二个孩子便意味着家庭照料负担可能要增加“N”多倍,而家庭与工作的平衡总是相对的,从来都不是绝对的,此时,老人的支持和付出几乎已经成为实现这种关系平衡的“支点”。

3. 生育二孩对女性事业发展的影响存在“体制内外有别”的特点

生育二孩对女性事业发展的直接影响是本研究关注的重点。在调查中,笔者向受访者询问了这样的问题:“生育二孩对您的工作或者事业的影响大吗?”结果发现,在体制内工作的女性大多给出了“有些影响”“影响不大”和“没有影响”等回答。比如华女士(38 岁,国企管理人员)便说:“影响不会太大。生完老二,我对单位的贡献小了,升职的可能性不大。我们单位以男同志为主,你就是再怎么努力,也拼不过他们。”大体上,这部分女性在生育二孩后似乎表现得较为从容,这主要得益于单位内部提供了较好的社会支持,比如:领导和同事能够保持比较友好的态度、福利待遇不受影响、工作节奏和强度可以由自己适度掌握、一系列的制度保障,等等。当然,大多数人在职务、职称的晋升等方面会受到一定影响,当然,由此所产生的结果和效应也是不容忽视的,这使得一部分女性理所当然地认为或承认“性别意义上的职业天花板是存在的”。

对于在体制外(尤其是民企、外企)工作的女性而言,情况却是迥然不同的。一旦经历职业中断,如果再想找到一份合适的工作,难度便会增加很多,一方面年龄不饶人,由此导致竞争力下降;另一方面多一个孩子,在某种程度上也会引发用人单位的忧虑。还有一个重要的问题,那就是重归工作岗位后,直接的经济收入和对家庭的经济贡献可能会大幅下降。

4. 生育二孩也为一部分女性提供了更多的奋斗动力

笔者还向受访者询问了一道颇具逆向逻辑色彩的题目,即:“生育二孩有无可能为您提供更多的奋斗动力?”结果发现,职业类别、工作性质不同的人,其答案也不尽相同。在体制内工作的人倾向于认为“没有”“基本没有”“顺其自然”或“有一些”。而在体制外工作的人则更多地表示“会有”。通过分析后,笔者以为,正是由于所处的位置不同,受访者对于“奋斗动力”的理解也是不同的,体制内工作的女性更多地会将之与晋升联系起来,故而有人会给出否定的回答;而体制外工作的女性想到的则是要为家庭经济做贡献,以便为孩子的发展创造更好的物质条件。

在某种意义上,生育二孩对女性事业发展所产生的影响及作用也有积极、正向的一面。尽管对于绝大多数女性,二孩是没法直接促进事业发展的,但至少在精神层面,孩子会促使相当一部分女性更加努力地工作。

5. 隐性的性别歧视广泛存在

调查发现,在女性参与就业的过程中,像媒体所报道的那种显在性的性别歧视很少见,但隐性的性别歧视依然广泛分布在就业市场的各个角落。这种歧视主要反映在就业的准入规则上,求职者作为相对弱势的群体,难免会在面试时遭受一些不公的待遇,这在很大程度上加深了女性生育的忧虑。通常,民营企业或私营企业是性别歧视发生的主要场域。客观上,新的生育政策的确加剧了女性求职者与用人单位的紧张关系。此外,传统观念的影响作用依然十分强大,即:人们在潜意识中,会自然而然地认为“女性天生就是弱势的,在很多方面都不如男性”。更为严重的是,相当多的女性自己都比较认同这种观念。

三、相关的政策性建议

针对调查所发现的问题,我们提出以下政策性建议:

第一,对于生育二孩的家庭给予适当的经济补贴。在育龄妇女生育意愿水平整体不高的情况,适度给予二孩家庭奖励性补贴有助于推动“全面两孩”政策的落实,有利于推动改变人们的生育观念。虽然“全面两孩”政策实施已近两年,但相应的经济社会配套政策尚未完善,生育补贴的推出可以在一定程度可以弥补政府角色的缺位。

第二,以精准扶持的方式,大力拓宽女性的就业渠道。那些经历过职业中断的女性,重新回归工作时会面临较多的困难。尤其是低学历、生活在乡镇地区的女性,由于缺乏专业技能,社会交往范围有限,更需获得相应的帮助、扶持。因此,政府部门应在拓宽女性就业渠道、加强劳动就业技能培训等方面加大投入力度,例如:积极推出互联网经济领域的就业培训,为一些“微商”和个体劳动者提供必要的政策支持,等等。

第三,积极推进1~3岁托幼服务试点工作。调查显示,大多数女性对于1~3岁托幼服务表示并不放心。但就目前而言,广大民众对这项公共服务的需求和期望却是比较强烈的,因为这可以大幅减轻女性的照料压力,有效地避免职业暂时性中断现象。因此,政府部门应适时地推进试点工作,首先积累一些实践经验,从而为日后的推广工作奠定良好的基础。

第四,努力推动实现生育保险的全覆盖。近年来,政府部门已经制定了生育保险和社会保险合并的政策,但在现实层面,这一政策的实施效果并不理想。根据调查,在一些集体经济相对薄弱的村镇,那些没有工作或在非正规企业上班的女性,其产检、生产的费用基本都无法报销。因此,政府部门应尽可能地帮助她们减轻经济负担,努力推进生育保险制度的全民性覆盖。

第五,以宣传、法制、经济等多重手段,努力消除就业市场中的性别歧视现象。一方面,加大宣传力度,促使全社会都能充分认识到女性在生育中的劳动付出,并给予她们更多的理解和支持;另一方面,妇联组织应积极与政府有关部门协调、联系,推动制定一些必要的行业规范,以此加强对用人单位和企业的监督力度。此外,政府部门还可以考虑从适度补贴和政策扶持等不同层面入手,逐步减轻、消解企业对于女性员工生育的担心和忧虑,比如:根据企业中女性员工的数量,适度减免一部分社会保障缴费,等等。

第六,积极营造生育友好型的社会氛围。在某种意义上,“全面两孩”政策为生育观念、生育文化环境的改变和更新创造了良好的机遇。目前,学术界已经提出了构建生育友好型社会的倡导,其中的核心目标就是要营造一个和谐、融洽、友好的社会文化氛围。我们相信,当一种尊重生育、理解女性的文化氛围或环境一旦构建起来,当前广大女性面临的就业歧视问题便可能迎刃而解。

(作者单位:天津社会科学院社会学研究所)

关于海河文化与天津城市地标建设的几点建议[①]

桂慕梅

全球化时代,具有鲜明个性的城市形象成为城市竞争力的重要方面。城市地标反映了城市形象的精华,受到高度关注。此外,城市被视为市民的精神家园,城市地标不只是他者观看的客体,更是汇聚了市民认同感的物质载体,带有城市文脉特征的城市地标受到青睐。近些年天津城市地标的建设虽有进展,但仍有不足。如何将天津城市文脉——海河文化,融入天津地标建设中,令城市地标为社会做出多重贡献,我们可从国内外已有的成功经验中获得启示,从规划、设计、认定、保护和传播等几个方面加以完善。

一、带有城市文脉特征的城市地标对城市社会的贡献

工业时代看重城市地标的高度、规模和奇特性,忽视了城市地标与所在环境的关系以及与城市发展历史和城市文化的联系。这导致城市文脉断裂,城市景观的独特性减退,城市面貌趋同,城市个性衰弱。失去独特性和文化意涵的城市地标不仅使城市丧失了识别度,更让城中居民产生迷失感,甚至致使归属感和认同感的缺乏。经过反思,人们认为城市地标应是那些具有重要历史、艺术和文化价值的,承载城市生活与集体记忆的多种类型的城市场所。城市地标要突出体现人地和谐关系,实现文化、记忆的传承。由此,更加强调城市地标与城市文脉的不可分割性。这里所说的城市文脉即为在特定条件下,人、自然环境、建成环境及相应的社会文化活动与时间之

---

① 本文为天津社会科学院重点研究课题《塑造有天津个性的国际城市形象研究》的阶段性成果,项目编号为14YYJ－10。

间的一种动态的、内在的本质联系,以及在此基础上高度概括形成的理念。

世界著名的城市地标很好地体现了自身与所在城市及城市文脉的紧密联系。带有城市文脉特征的城市地标对城市社会的贡献是多方面的。

纽约是美国人口最多、语言和族群最多元化的城市,在国际上具有广泛影响力。时代广场被视为最具纽约精神的城市地标。时代广场有"世界的十字路口"之名,这里广告耀眼,行人往来频密。始于 1907 年,一年一度的迎新年降球仪式吸引数十万人亲临时代广场,更有亿万人通过各大电视台的直播,在世界各地远程参与这一倒数跨年活动。时代广场集中体现了纽约多元、时尚、繁华和热闹的城市个性。欧洲最大的历史文化名城——伦敦,它的地标无疑是大本钟。大本钟建于 1858 年,坐落在泰晤士河畔,是世界上最大的哥特式建筑。1923 年英国广播公司(BBC)首次播出大本钟的钟声,该传统延续至今。大本钟展示了伦敦悠久的历史,优雅的风姿。我国首都北京荟萃了自元以来的中华文化。位于北京中轴线中心的故宫始建于 1406 年,为北京最具盛名的地标。作为世界文化遗产,故宫是目前世界保存最大最完整的古代皇宫建筑群,到此参观的人每天络绎不绝。故宫象征了北京连续的历史文脉,其整饬对称、华美壮丽的建筑风格彰显出东方古都的非凡气质。持续不断的文化游览活动加强了人们对北京古都文化的认识。

著名的城市地标不只外形独特,而且还反映出城市的发展程度,体现了城市文脉。丰富多彩的社会活动,令人们亲近城市地标。报纸、广播、电视、网络等各类媒体对城市地标的传播,使人们了解到城市地标。经久不息的活动及相应的传播令城市地标深入人心,使城市居民自然而然地产生了认同感,也增加了社会的凝聚力。

二、海河文化作为天津城市文脉的确立

认清城市文脉是完善城市地标建设的前提。塑造具有天津个性的城市地标离不开海河文化,天津的形成与发展始终与海河息息相关。

天津,地处华北平原,东邻渤海,北依燕山,公元前这里已有人聚居。206 年起,海河水系呈扇面分布的形态初步形成。海河穿过天津地域,横贯东流注入渤海。天津孕育了亲水的基因。1214 年金王朝在海河三岔河口设立"直沽寨"。1316 年元朝廷在直沽寨设海津镇。1404 年明朝廷在三岔河口西南处建卫城,卫城东距海河三百多米。清代,天津三卫并成一卫,

1725 年天津卫改为州，后升为府，而后县。建城后，卫城是天津的政治中心，而因商业和航运之故，经济中心仍在海河沿岸。此时天津“河海通津、南北交融”的海河文化品格已然成形。1860 年开埠后，各国租界自海河沿岸，由上游向下发展，海河成为贯穿天津城市中心的交通纽带。20 世纪上半叶，天津是近代中国第二大工商业城市、北方最大的商贸中心及华北政治军事中心。此时天津东西文化荟萃的文化特质业已完成。以北洋大学、南开大学为代表的高等教育，以《大公报》《益世报》等为代表的传播媒体，以相声曲艺、泥塑剪纸、妈祖信俗为代表的民间文化等集中体现了海河文化的精髓。

1949 年以后，以海河为中心轴线，天津发展为特大城市。改革开放之前的三十年，天津是新中国轻工业的重镇。改革开放之初天津便在全国首批对外开放城市之列。1984 年天津经济技术开发区建立，天津中心城区延伸至滨海新区，海河成为联系中心城区与滨海新区的纽带。1994 年，天津的工业战略东移，以开发区、天津港为核心打造滨海新区。2005 年滨海新区被纳入国家发展战略。2006 年，滨海新区成为国家综合配套改革试验区。同年 8 月，天津被定位为“国际港口城市、北方经济中心和生态城市”。2014 年，京津冀协同发展被正式纳入国家战略，天津被定位为“全国先进制造研发基地、北方国际航运核心区、金融创新运营示范区、改革开放先行区”。2015 年，天津国家自主创新示范区成立。同年 4 月，中国(天津)自由贸易试验区成立。作为中国四大直辖市之一的天津，辖区面积一万一千多平方公里，截至 2016 年末常住人口达到一千五百多万。2017 年天津在全球城市竞争力榜中排行第 23 位，在中国城市竞争力榜中排行第 7 位，在中国城市成长竞争力榜中排行第 2 位。现在的天津，经济雄厚，高校林立，科研机构密集，现代传播业发达，民间文化活跃，国际交往频繁。

在历史的积累中，中西合璧，古今交融的海河文化已演化成天津的城市文脉。

三、天津地标建设在体现海河文化方面的现状与局限

在大多数人眼中海河及沿线风景带、滨江道商业区、文化中心是天津最知名的城市地标。

作为海河文化的源头，海河及沿线风景带一直被认为最能体现海河文化的气质。历史上海河水患频繁，中华人民共和国成立之后，海河得到根

治。2002 年开始进行的综合治理工程又将海河建成了独具特色、国际一流的服务型经济带和景观带,使其不仅具有防洪、排涝、供水、航运等功能,更具备旅游、休闲和发展三产服务业的功能。全长 72 公里的带状公园贯穿海河两岸。海河上有金钢桥、狮子林桥、解放桥、海津大桥等 28 座大桥,其中,永乐桥上的天津之眼摩天轮是世界上唯一的桥上摩天轮。大沽桥 2006 年荣获世界著名桥梁大奖——尤金·菲戈奖。作为历史文物的金汤桥和解放桥不定期地向市民和游客展示性开启。海河上形成了“一桥一景”的景象。

现今滨江道商业区延续了近代天津的繁华。这里既保留了包括劝业场在内的多座近代西式建筑,又陆续新添若干现代化的高楼大厦。2009 年提升改造后,滨江道商业区沿街建筑恢复了历史风貌,改善后的街道照明设施令街区景观更富魅力。滨江道商业区汇集了百货商场、购物餐饮中心和休闲娱乐广场等场所,令人感受到天津的繁荣与活力。

天津文化中心目前是全国最大的文化休闲中心,体现了天津城市发展的现代化程度。文化中心总占地面积约 90 万平方米。中心内设有自然博物馆、图书馆、博物馆、美术馆、科技馆、大剧院、中华剧院、青少年活动中心、银河购物中心、生态岛等场所。文化中心从建筑到园林,由室内到室外,一个个场所通过中心湖这个艺术化的水体有机地结合起来,文化中心从整体上体现了动态的水景主题。这里成为文化展示、交流、休闲、消费的汇聚地。

海河及沿线风景带、滨江道商业区和文化中心是天津独有的景观,从地理人文、历史沿革、现代社会发展等方面展示了天津的风貌。这些城市地标在基础设施硬件建设上已比较完备,场所外观不同程度地体现了海河文化。但天津围绕城市地标开展的文化活动较少,相关的媒体传播还显不足,很多工作有待完善。

四、在天津地标建设中着重体现海河文化的建议

城市地标的建设是一项复杂的系统工程。借鉴著名城市地标的成功经验,建设具有海河文化内涵,充满天津个性的城市地标,提高天津城市形象的识别度,建设市民认同的宜居家园,天津还需在规划、设计、认定、保护和传播方面加强工作。

1. 总结海河文化及其内涵,在规划上强调延续城市文脉的重要性

城市及其形象建设早已进入有序的规划时代。在经历了城市文脉被割断,城市形象特色减退的迷失之后,在规划上要坚持城市建设与城市文脉延

续相融合进行的理念。首先应组织相关部门和学者系统整理海河文化的内容，提炼海河文化的构成要素，总结海河文化的精髓。其次，在制定城市建设规划时充分考虑突出海河文化，注重在新城建设，旧城改造，特别是城市地标的建设中，创造性地将海河文化融入实际的工作中。

2. 在城市地标外观设计上注重运用表现海河文化特征的符号要素，充分考虑市民对海河文化的认同感

注重将表现海河文化的元素加以总结和提炼，在设计城市地标时，通过改造、装饰等措施赋予城市地标文化内涵。例如，在滨江道商业区内建立若干家小型博物馆，用以展示天津近代金融、商业、贸易和工业的发展史。在历史建筑上张贴老照片介绍该建筑的历史形态和用途。

3. 制定天津城市地标的认定、保护及管理的法律法规

美国纽约早在 1965 年就出台了《城市地标保护法》，对城市地标的认定、保护和管理做出规定。而目前我国关于城市地标的法律法规还未见出台。为避免城市地标建设的随意性，天津可利用国家改革开放先行区先行先试的政策，尝试制定城市地标保护条例，设立专项保护基金，使城市地标的认定、保护和管理得以规范化。

4. 开展体现海河文化内涵的各类活动，并加强媒体传播

利用持续不断的文化活动使民众亲身体验天津的城市地标及相应的海河文化。例如，在海河及周边风景带创办一年一度的“天津海河国际文化旅游节”，活动内容可有赛龙舟、万人游海河、健步走河堤等多种形式。在文化中心创建一年一度的“天津文化中心文化乐活节”，也可不定期的在文化中心举办富有天津地域特色、符合市民需求的各类文体活动。与此同时，综合运用报纸、广播、电视、互联网等多媒体，加强对天津城市地标及海河文化的传播。

（作者单位：天津社会科学院社会学研究所）

天津市分级诊疗体制下新型医患关系现状调查研究

杨 政

近年来,天津市认真贯彻落实党中央、国务院关于构建和谐医患关系的部署要求,积极推进分级诊疗体制建设,不断完善医疗纠纷化解机制。当前天津市医疗秩序总体平稳,医患关系呈现向好发展态势,良性互动的新型医患关系正在逐步形成。

一、分级诊疗体制推动天津医患关系健康发展

分级诊疗制度是指按照疾病的轻、重、缓、急及治疗的难易程度,由不同级别和服务能力的医疗机构承担不同疾病的治疗,并根据病情变化及时进行双向转诊,从而建立科学有序的诊疗秩序,并确保患者得到适宜治疗。分级诊疗制度下的医疗资源配置更趋合理,不仅有利于化解医疗卫生领域内的结构性矛盾,而且有助于构建和谐有序的医患关系。2015 年,天津市确定滨海新区、静海区、宁河区和蓟州区为分级诊疗制度建设试点区。试点区以高血压和糖尿病等慢性疾病为突破口开展分级诊疗试点。2016 年,国家卫生计生委正式确定天津市为分级诊疗试点城市。随后,天津市在南开区、河东区和河北区继续围绕高血压和糖尿病开展分级诊疗试点。2017 年,随着试点区和试点病种的不断扩大,天津市开始全面推行“基层首诊、双向转诊、急慢分治、上下联动”的分级诊疗模式。分级诊疗体制的试点病种也由高血压和糖尿病逐步覆盖至部分肿瘤、骨科疾病、结核病、慢性阻塞性肺部疾病、呼吸系统疾病、冠心病和脑血管疾病等慢性疾病。全市各级各类医疗机构按照不同的功能定位,建立起分工协作的分级诊疗机制。目前,天津市的分级诊疗体制运行良好。全市 40% 的糖尿病和高血压病患者都在基层

就诊。

家庭医生签约服务是分级诊疗制度的重要内容。通过家庭医生签约服务,不仅使医疗卫生资源下沉,还可以在居民和家庭医生团队之间建立起稳定的服务关系。家庭医生签约服务除了可以有效应对老龄化和疾病谱变化外,还有助于形成良性互动的新型医患关系。2017 年开始,天津市在和平区、河北区和北辰区开展家庭医生签约服务试点工作。试点区居民和家庭医生团队签约后,即可享受基本医疗、基本公共卫生和个性化健康管理服务。社区医院为签约居民设立预约门诊,预约时段享受优先就诊。签约居民在就医、转诊、用药和医保等方面可享受优惠政策。城镇职工和居民在基层就医时,门诊报销提高 5%,最高支付标准提高 200 元。目前,全市家庭医生签约服务覆盖率达到 30% 以上,重点人群签约覆盖率达到 60% 以上。全市有近 120 万老年人签约家庭医生。预计到 2020 年,天津市将实现家庭医生签约服务全覆盖。此外,为推进分级诊疗体制的全面落实,天津市坚持以家庭医生签约服务为基础,以基层医院和大医院间搭建的医联体为载体,开始实施临床路径管理和预约诊疗服务。全市三级医院全面实施预约诊疗服务,预约诊疗率不低于 50%,复诊预约率不低于 80%,口腔、产前检查复诊预约率不低于 90%,住院患者分时段预约检查比例达到 100%。在基层医疗卫生机构与二级以上医院建立绿色转诊通道。为家庭医生预留一定比例的上级医院专家号、大型设备检查和床位资源。签约家庭医生的居民可优先享受转诊、检查、住院和药品供应等多项优惠政策。

根据对部分试点医院和试点人群进行的调查表明,分级诊疗制度不仅缓解了天津老百姓看病难、看病贵的问题,而且还改善并提高了天津患者的就医体验和对医疗服务的满意度。在家庭医生的实时答疑指导下,天津患者再也不用去大医院反复检查,就医效率明显提高;试点人群在社区医院开药不仅更为便捷,药品费用也显著下降。可见,分级诊疗制度对于天津医患关系的良性发展起到了积极的促进作用。

二、分级诊疗体制下天津医患关系转变的基本趋势

医患关系作为一种特殊的社会关系,其发展变化是由特定的经济和社会结构所决定的。因此,医疗体制对医患关系具有决定性影响。中国青年报社会调查中心对 467 名医务工作者进行的社会调查显示,71.1% 受访医生认为当下医患关系紧张。其中 61.0% 的受访者认为医患矛盾突出。在医

患关系紧张的情况下,医患之间的互动充满了冷漠与怀疑,医患纠纷和冲突频发。2017 年 6 月 29 日,天津市第三中心医院发生恶性伤医事件。该事件不仅引起了市委、市政府的高度关注,也一度成为全国媒体和舆论关注的焦点。随着天津经济社会的转型和分级诊疗体制的推进,天津市的医患关系发生了较大变化。在 2017 年上半年对天津市宁河区、蓟州区和南开区的卫生管理部门和医院的调研中,各方普遍反映医患纠纷和冲突明显减少。这一变化从根本上说是趋势性的,而分级诊疗体制改革是变化的主要原因。变化趋势性主要体现为医患之间由支配性医患关系向合作性医患关系转变。随之而来,医患之间的矛盾化解机制也由事后调解向事前预防转变。

长期以来,医疗机构和医疗从业人员在疾病诊疗过程中占据主导地位,从而形成了“主动—被动”和“指导－服从”的支配性医患关系。然而,这种医患互动模式正受到越来越多的挑战。随着人民群众知识素养的不断提高,人们逐渐认识到了医学科学对人体机能和疾病复杂性认知的有限性。与此同时,患者本身在疾病治疗和身心康复中的重要性被逐渐挖掘出来;随着网络社会的来临和人工智能技术的拓展,医疗信息的获取变得日益便捷和多元化。医疗行业原有的专业知识垄断和技术壁垒被慢慢打破。医患之间的信息分布不再严重失衡。近年来,慢性疾病和退行性疾病逐渐成为天津居民主要的致死疾病。对于大多数久病成医的患者来说,他们要求主动参与到诊疗过程中的愿望更为强烈。在此情况下,过往支配性的医患互动模式已经难以为继。只有建立一种全新的医患互动模式才能满足患者主动参与疾病诊疗过程的社会需求。新型医患互动模式赋予患者更多的自主权和选择权。这种以患者为本的新型医患关系正逐渐成为天津市医患关系发展的主要趋势。

随着医患关系的变化,天津市在医患矛盾化解机制上也进行了卓有成效的探索和创新。2009 年初,天津市政府颁布实施了《天津市医疗纠纷处置办法》。在全国率先成立了医疗纠纷人民调解委员会。天津市医疗纠纷人民调解委员会成立至今,对医患纠纷的调解成功率接近 90%,调解协议执行率则达到了 100%。成功调解了大量医患纠纷。2015 年 1 月,《天津市医疗纠纷处置条例》正式颁布施行,标志着天津市在医疗纠纷解决机制上迈入了制度化和法制化阶段。目前,全市二级以上公立医院全部参加医疗责任保险,实现了医疗责任保险全覆盖。天津市政府还将完善医疗纠纷处置机制连续两年列入市政府 20 项民心工程。尽管天津市在医疗纠纷调节机制上的探索取得了显著成效。然而要从源头上减少乃至杜绝医患纠纷还需要在构建新型医患关系上进行全新的制度创新。天津市近几年在积极推进分级诊疗体制的同时,还不断完善“平安医院”的制度化建设。争取为营造和谐有序的就医环境和良性互动的医患关系提供强有力的政策支持和制度化保障。

三、未来天津市构建新型医患关系的主要思路

分级诊疗体制和医患纠纷化解机制的持续完善将进一步促进新型医患关系发展。而新型医患关系的最终形成,还需要在效益和信任层面下功夫。

其一,推进经济效益和社会效益均衡。医患关系既是一种社会关系,也是一种经济关系。目前医患关系紧张的根本原因在于市场经济对医疗机构的过度渗透。市场交换原则要求医疗机构以价格为核心建立一套简单高效的经济交换体系。医疗组织体系与市场经济合流必然形成一套以疾病及其诊疗价格为核心的交易体系。患者花钱治病,医生则治病挣钱,各取所需,似乎天经地义。然而,将医患关系简化为经济交换关系不仅扭曲了医患关系的本质,而且其发展结果也十分危险。在现有的医疗费用分担体制下,医疗机构与患者在医疗费用方面的博弈势必将医患关系推向紧张状态。医疗从业人员追求收入和社会声望本无可厚非,但在缺乏内部自律和外部约束的情况下,将临床医生的收入与其诊疗行为直接挂钩是一项危险的举措。在盈利冲动下,临床医疗机构及其从业人员难免对各种疾病基于经济“价值”进行分类。甚至同一种疾病在不同人群中的“价值”都会因其收入不同而呈现社会分层上的差异。在缺乏外部约束和道德自律的情况下,临床医生倾向于优先选择为高收入人群治疗高“价值”的疾病。这不仅破坏了医疗卫生领域内的社会公平,而且也在一定程度上摧毁了医学职业的社会责任和道德担当。因此,医疗机构及其从业人员必须在经济效益和社会效益之间寻求新的均衡点。在合理追求经济效益的同时努力承担社会责任。

其二,提升职业道德与社会信任水平。医生良好的职业素养和患者的充分信任是医患之间良性互动过程的一体两面。医学职业对从业人员的专业素养和道德操守本来有着更为严苛的要求。然而,医疗机构及其从业人员的创收冲动却严重削弱了其职业操守。《史记·扁鹊仓公列传》中说“人之所病,病疾多;而医之所病,病道少”。基于社会角色的不同,医患之间对疾病的关注点本来就存在着潜在的冲突。患者巴不得自己不生病或者少生病,而医生则倾向于在患者体内发现更多的疾病征兆或者潜在的疾病风险。

在缺乏信任基础的情况下,医患双方对彼此的社会印象就会逐渐负面化。医生认为患者重财轻命、讳疾忌医;而患者则抱怨医生缘病求财,因财施救。这就使原本脆弱的医患关系更趋紧张。为了应对紧张的医患关系和潜在的医患冲突,医疗机构和临床医生一方面将大量时间和精力用于说服患者,另一方面则试图建立起一套完整的专业技术壁垒和临床诊疗策略来规避潜在的医患冲突和医疗风险。而对于患者来说,讨价还价式的求医问诊过程不仅被动,而且会严重削弱其享受医疗服务的获得感和满意度。这样的医患互动不仅增加了诊疗行为的经济成本,而且也扭曲了医患关系的社会本质;既严重背离了医学发展的道德初衷,又破坏了医患关系的信任基础。因此,医患之间的道德和信任重建是未来天津市构建新型医患关系所面临的最直接和最现实的问题。

(作者单位:天津社会科学院社会学研究所)

天津市社区便民服务体系建设现状及对策研究

张　品

随着市场经济的发展和城镇化进程的加快,社区在经济社会发展中的地位越来越重要。社区必须为居民的生存发展提供服务,便民服务就是其中重要的一项。因此,加快完善社区便民服务体系的建设成为满足社区居民多样化需求和促进社会和谐发展的紧迫任务。

一、社区便民服务是一个系统的体系

由于生活水平的提高,越来越多的人希望获得社区提供的全方位服务,从而将自己从繁重的家务劳动中解脱出来。物业管理、家政服务、养老托幼、食品配送、修理服务、再生资源回收等便民利民服务项目及超市、菜市场、早餐等服务网点逐步进入社区,方便了社区居民的生活。2000 年 11 月,中共中央办公厅和国务院办公厅转发民政部《关于在全国推进城市社区建设的意见》,明确将便民服务纳入社区服务中,并确立了社区服务的“四个面向”,即面向老年人、儿童、残疾人、社会贫困户、优抚对象的社会救助和福利服务;面向社区居民的便民、利民服务;面向社区单位的社会化服务;面向下岗职工的再就业服务和社会保障服务。可见,便民服务是社区服务的重要组成部分。2006 年,国务院发布的《关于加强和改进社区服务工作的意见》进一步指出,新形势下的社区服务是政府、居委会、民间组织、企事业单位和居民共同参与的过程。这一规定也清晰界定了社区便民服务工程的建设主体。可以看出,社区便民服务的供给不是一项单纯的工作,它是由政策法规、居民需求、服务项目、建设主体共同组成的一种社区服务体系。社区便民服务体系的建设,不仅受制于社区服务的整体发展,更离不开其组成要素的协同合作。

二、天津市社区便民服务体系的建设现状

天津市一直重视社区建设和社区服务工作,近些年来,社区便民服务体系建设取得了一定的成绩。

第一,社区便民服务体系建设被纳入社区发展规划中。2011 年 4 月 29 日,天津市人民政府颁布了《天津市人民政府关于进一步加强我市社区建设服务和管理的意见》,提出继续推进便民商业进社区、便利服务进家庭、菜市场建设进街道等“三进”工程。2012 年 12 月 21 日,天津市人民政府办公厅又印发了《天津市社区服务体系建设“十二五”规划》,进一步指出要“大力发展便民利民服务”,在规划中更是将便民服务作为一项独立的社区服务内容加以强调。

第二,天津市已经形成了政府推动和市场兴办相结合的社区便民服务供给机制。“十二五”期间,天津市积极推进社区菜店、家政服务网点、社区早餐服务网点建设,新建、提升、改造社区商业中心 240 个,新建标准化菜市场累计达到 360 个,扩大便民商业设施的覆盖范围,努力形成“十五分钟便民服务圈”。鼓励单位和个人创办经营性服务,重点发展社区居民购物、餐饮、维修、美容美发、洗衣、家庭服务、物流配送、快递派送和再生资源回收等服务,培育新型服务业态和服务品牌。积极推进社区单位后勤服务社会化,大力推行物业管理服务,建立社区管理和物业管理联动机制,提高物业服务质量。

第三,社区便民服务项目日趋丰富。近些年来,随着物质生活的丰富和居民需求的增长,天津市社区便民服务内容日趋增多和细化。在市场、超市、早餐等传统服务项目的基础上,快递代收、商品代购、营养配餐、心理咨询、健身中心、宠物托管、信息服务等也开始在城市社区兴起。

第四,社区便民服务不断升级。一是便民服务项目优化。以超市便民服务和快递代收的表现最为突出。自 2007 年便民服务进入超市至今,社区超市已有购电、代缴电话费、代缴交通罚款、便利支付终端拉卡拉、销售火车票等便民服务项目近十项;为了解决最后一公里的问题,很多快递公司都寻求与社区内的商户合作,将其作为末端网点,这在一定程度上缓解了收件人和快递员时间难协调的问题,据统计,目前天津市的快递末端网点已经超过了 1000 家。二是社区便民服务数字化。例如,为了延伸服务范围,一些农

贸市场推出网络菜市场,受到市民的欢迎;本市国家级科技惠民项目之一——红桥区咸阳北路街“民便康”现代社区发展中心开通了微信服务平台,居民只需在家中拿起手机轻轻一点,就能享受到生活用品采买、居家养老、心理咨询、科技展示、文化娱乐等服务。

三、天津市社区便民服务体系建设存在的问题

1. 社区便民服务供给呈现地域不均衡

社会经济条件较好的行政区便民服务项目比较多,而新的便民服务项目也最早在在这里开展。2016 年,和平区各社区普遍推出了“代购”服务,为社区内的高龄、独居、孤寡老人和残疾人等出行不便人群代买生活用品和食品,而其他区目前还没有这项公益服务。此外,作为天津 2014 年民心工程之一的“半边天家政服务进社区”项目,最初只在和平区、河东区、河西区和河北区的半边天家园中选择基础条件好、条件成熟的 4 个街道、社区试点,截至目前,全市只有 40 家联络点,覆盖面还不够广。和城区相比,农村社区便民服务服务项目和覆盖率都有待进一步提高。以老年人服务为例,目前天津市建立老年配餐中心和食堂近 400 个,但都分布于中心城区。

2. 社区便民服务市场有乱象

由于一些便民服务项目是最近几年才出现的新生事物,还缺乏规范,以至于出现了一些乱象。在快递代收方面,各个末端网点的服务水平参差不齐,亟待管理部门进行规范。部分代收点在代收快件时只是提供场地,快件缺乏有效的管理保护,个别商户还要额外收取“保管费”。由于目前没有流程和规范可参照,无论是快递公司、收件人还是末端网点本身的权益都难以得到保障。在信息服务方面,天津市的很多社区都在小区内安装了数字媒体广告,向小区居民提供城市新闻、生活信息、柴米油盐、日常用品、数码家电、家居建材等一系列信息服务。然而目前社区广告基本上都是由房地产开发商、物业管理机构引入,多数并未征求社区居民的意见,广告的收益也大多未公布,一些安装空调、开锁、通下水的小公司甚至在小区建筑、楼道里乱贴小广告,影响了社区环境。

3. 社区便民服务的供给“量”不足

虽然社区便民服务项目基本覆盖了居民的实际需求,但很多项目的供给量却远远不够。根据调研,目前天津市居民对社区便民服务需求最多的项目是:营养配餐、老人照料、家政服务、社区超市。现实情况是,营养配餐

在天津市刚刚起步,营养配餐员存在较大市场缺口。这一情况在家政服务方面更加严峻,天津市人力社保局发布的《2015 年度第一批职业市场需求程度及培训成本目录》将家政服务员列为“非常紧缺职业”,目前全市家政服务行业人员缺口已超 7 万人。数量的不足直接制约着社区便民服务质量的提升。

四、进一步促进天津市社区便民服务体系建设的建议

1. 推动社区便民服务体系的合作共建

造成社区便民服务区域发展不平衡、覆盖面较小、水平不高的主要原因是统筹协作工作薄弱、扶持政策力度不够,参与机制和制度环境不健全等。社区便民服务体系建设是一个系统工程,涉及方方面面,因此需要在政府的引导下,建立起区域、社区、社会组织、企业、个人等共同联动的共建机制。

2. 加大对社区便民服务体系建设的扶持

首先是资金保障。设立社区便民服务体系建设的专项资金,同时多渠道筹集资金,鼓励企事业单位、社会团体、个人以多种形式捐赠社区便民服务事业,并实施严格的财政管理与监督制度。考虑设立社区便民服务建设基金,具体做法是通过政府少量注资和吸收社会募捐资金建立社区便民服务建设基金,借助于科学的管理和运营机制,实现基金的积累。其次是完善支持政策。对于社区开办的公益性便民服务项目以及社会力量兴办的微利性商业服务,按照相关规定给予政策和资金扶持;对社区营利性商业服务要积极引导其向产业化、市场化发展。

3. 推进社区便民服务均等化发展

均等化不是平均化,要在充分调研不同区域居民需求的基础上,制定符合本区域实际的便民服务体系建设规划,为社区人口提供多层次、多样化的便民服务。推进社区便民服务项目的普及,加快普及居民急需的、需求量大的,覆盖面却有限的便民服务项目,对于其创办主体或企业给予政策、资金扶持或税收优惠。社区便民服务区域均衡发展需要借鉴复合行政的理念,由政府相关部门统筹、协调资源配置。促进社区便民服务体系建设区域间的合作交流,鼓励便民服务做得好的区域在全市推广经验,加强社区便民服务质量较高地区对于质量较低地区的帮扶作用。

4. 制定社区便民服务的政策法规

天津市政府和相关部门重视社区便民服务,制定了发展规划。然而社

区便民服务的健康发展需要更细致的规范,目前天津市还没有社区便民服务管理的相关规定。参照民政部1995年颁发的《全国社区服务示范城区标准》以及天津市社区便民服务的发展现状和实际问题,应联合政府、相关部门、便民服务的提供者,以及居民代表,共同制定"天津市社区便民服务标准",内容涉及社区便民服务的属性、目的、市场准入、政策扶持、发展的具体措施、管理运行、服务内容、行业标准、设施建设等方面。

5. 规范社区便民服务市场

社区便民服务和社区公共服务、福利服务不一样,它主要是由市场和社会提供,供给主体多元化,且具有一定的有偿性,因此需要加以规范。一是坚持标准化建设。完善社区便民服务标准,包括社区便民服务目录,社区便民专项服务准入条件,社区便民服务设施建设标准,社区便民服务人才职业化、专业化标准体系和评估制度,社区便民服务居民满意度测评等。二是做好社区便民服务的监督和检查工作。各级政府和民政局、发改委,要密切配合,协同工作,明确任务,落实责任,加强监督和检查,保证各项政策措施落实到位,重点解决好目前社区便民服务体系建设中存在的问题。充分发挥社会机制、市场机制和志愿机制在监督中的作用,建立政府、相关部门、社区管理部门、社会组织、居民多元参与的监督机制。

(作者单位:天津社会科学院社会学研究所)

天津市志愿服务激励保障机制的现状分析与对策研究

张雪筠

志愿服务是独立于政府和市场的第三部门。它能够弥补政府和市场的缺陷,发挥政府和市场所没有或难以充分发挥的作用,在服务弱势群体,缓解社会矛盾,促进社会和谐方面起着不可替代的作用,是衡量社会文明进步的重要标尺。天津是志愿服务的发祥地,自 1988 年由和平区新兴街朝阳里社区的 13 名党员自发开展志愿服务,现在天津到处可以看到志愿者的身影。但是与发达国家和地区比较,天津的志愿服务仍然存在着一些差距,进一步完善志愿服务的管理保障机制非常必要,这其中,完善的志愿者激励保障机制尤为重要。

虽然志愿者参与志愿服务的动机源于爱和奉献,但事实上,很少有某项事业单纯依靠满腔热血、拳拳爱心就能坚持下来并发扬光大。多数志愿者在进行志愿活动时并不求直接的等价回报,但却持有更高层次精神需求。比如爱与归属的需求、尊重的需求、自我实现的需求、社会认同的需求等。因此,志愿活动的发扬光大,必须有完善的激励机制才能“可持续发展”。

一、天津市志愿服务激励保障的机制的现状

志愿者激励机制是政府、社会或志愿者组织根据既定目标和人的行为规律,通过各种方式或手段激发志愿者的动力,使其迸发出积极性、主动性和创造性,并规范志愿者的行为,使其朝着所期望的目标前进的一套理性化制度安排和实践,是实现志愿服务事业可持续发展的重要保障。近年来来天津市采取了一系列的措施,通过外部激励机制的不断完善,促进志愿者内在的自我激励从而使志愿服务得以长期、健康的发展。

1. 天津市颁布了一系列志愿服务激励的政策法规

天津市是志愿服务的发祥地，也是最早颁布系统的志愿服务激励办法的城市。

2009 年天津市颁布了《天津市志愿服务组织和注册志愿者激励制度（试行）》。该制度规定，志愿者正式注册、领到紫红色的《中国志愿者证书》后，参加志愿服务三年累计达到 600 小时、800 小时、1000 小时；捐助资金在 6000 元、8000 元、10000 元；志愿服务组织或单位捐助资金在 6 万元、8 万元、10 万元以上的，分别授予优秀志愿者和先进志愿服务组织铜奖、银奖、金奖。被评为优秀志愿者的个人，将被建议机关、学校和企事业单位，在同等条件下给予优先考虑录取和聘用。同时，具备一定志愿服务工作经验和有专业技能的优秀志愿者，通过社会工作者职业水平考试合格，也将被建议优先聘用为职业社会工作者。一旦志愿者自身需要帮助，还可以从自己的"时间银行"里支取时间，由其他志愿者来为自己提供志愿服务。

2015 年天津市颁布了《关于推进志愿服务制度化的实施意见》。明确规定建立健全志愿服务激励机制。首先，建立志愿者嘉许制度，褒扬和嘉奖优秀志愿者，经国家和本市有关部门批准后，授予荣誉称号。按国家认定标准，志愿服务累计达到 100 小时、300 小时、600 小时、1000 小时和 1500 小时的志愿者，将依次认定为一至五星级志愿者。达到 3000 或 6000 小时的，认定为优秀五星级志愿者、五星级志愿者标兵。对有突出贡献的志愿者，由市文明办依实际情况直接给予相应时长的嘉许；对参与献血、捐献造血干细胞的，分别折合给予 200 小时、1000 小时时长的嘉许。其次，建立志愿服务回馈制度，志愿者凭借参加志愿服务的时长，可享受在公共设施、文化休闲等场所的优惠，逐步探索实施在就学、就业、就医等生活服务方面享受优惠或优待。鼓励有关单位在招生、招聘时，同等条件下优先录用、聘用有良好志愿服务记录的志愿者。志愿者中表现突出者，可优先推荐为"道德模范"等荣誉评选的候选人。

2017 年 12 月，天津市颁布了《天津市志愿服务条例》，该条例首次以法规的形式对志愿的开展做出了明确的规定。其中专门设立了第六章，对志愿服务的激励保障做出了规定。主要包括以下各方面的内容：一是建立志愿服务时间储蓄制度。《条例》第四十一条规定：有关部门应当制定措施，为有良好志愿服务记录的志愿者提供下列优待：①在其本人需要志愿服务时，优先予以安排；②城市公交，公共文化设施、体育场馆、旅游景点等场所，实行票价优惠；③医院、体检中心等机构，实行基础项目费用优惠。二是明确对优秀志愿者进行表彰。条例第三十条规定:对在志愿服务事业发展中做出突出成绩的志愿者、志愿服务组织,应当按照有关规定予以表彰、奖励。三是明确创造良好的社会环境,鼓励人们参与志愿服务。如条例第三十三条、第三十五条、第三十六条、第四十三条从日常生活、学校教育以及舆论宣传等方面对如何鼓励人们参与志愿服务做出了规定。

2. 天津市对志愿服务进行系统的表彰

为了鼓励志愿服务活动,近年来天津市开展了一系列的表彰活动,对各个领域以及年龄层次的志愿者进行激励表彰。比如,每年都要进行针对全市优秀志愿服务典型进行的表彰。以 2017 年为例,2017 年天津市表彰了优秀志愿服务群体两个,优秀志愿者 60 名,优秀志愿服务团队 30 个,通过对优秀志愿服务典型的表彰,发挥典型示范引领作用,推进全市志愿服务制度化。比如,对公共文化志愿者的表彰。2016 年天津市表彰了 44 个优秀公共文化志愿者分队,54 名天津市优秀公共文化志愿者。再比如,优秀青年志愿者的表彰活动。共青团天津市委员会、天津市青年志愿者协会每两年都会进行展“天津市优秀青年志愿者”的评选表彰活动。天津市这些表彰活动不但宣传了志愿活动,也提高了志愿者的积极性,激发了志愿者的服务动力,对志愿服务的开展是极大的助力。

二、天津市志愿服务激励机制存在的问题

虽然,近年来天津市颁布了一系列的政策法规不断完善志愿服务的激励机制,但是目前的志愿服务激励机制仍然存在着激励保障措施力度不足、缺乏细化的实施细则等问题。

1. 激励政策法规缺乏力度

目前,我市的大部分激励保障政策法规都是一种“软性”的措施,只停留在“鼓励”阶段,并没有有力度的推行与实施。比如,《关于推进志愿服务制度化的实施意见》中规定“鼓励有关单位在招生、招聘时,同等条件下优先录用、聘用有良好志愿服务记录的志愿者”。这样的规定完全是一种“建议”性质,“鼓励”也仅仅是一种“号召”,至于用人招生单位是否优先录用“具有良好志愿服务记录的志愿者”,对用人单位、招生单位并没有任何实质性的约束。因此,这样的规定也很难产生真正的激励效果。再比如,《天津市志愿服务条例》中规定,各级人民政府及其有关部门、街道办事处应当根据经济社会发展情况,制定促进志愿服务事业发展的政策和措施,培育志愿服务

组织的发展,为志愿服务提供指导和帮助。但是,对此项工作并没有明确的考核标标准与奖惩条件;没有明确“有关部门”是哪些部门,责权不清,政府在志愿服务的引导、保障与激励作用很难发挥。

2.激励政策缺乏实施的具体的配套措施

目前,我市相关的法律政策中制定了“时间银行”“志愿服务回馈”等激励回馈制度。但是,这些制度并没有明确的配套措施,因此,激励的作用很难发挥。比如目前的法律政策规定“志愿者凭借参加志愿服务的时长,可享受在公交、公共设施、文化休闲等场所的优惠”。但是,这个制度并没有相应的实施细则。志愿者的服务时长可以在哪些公共设施、文化休闲等场所有优惠,没有明确的规定;不同的时长可以享受到的优惠幅度是多少也没有明确的规定,不具有可操作性,也很难发挥激励作用。

3.缺乏志愿文化支撑,志愿者未能获得社会的支持与赞誉

良好的志愿文化、社会的普遍赞誉与认可是激励人们参与志愿活动非常重要的外部条件。但是长期生活在“全能政府”下的中国民众缺乏“主人意识”,对参与公益事业与志愿服务的积极性不高。秉承着农业社会中“差序格局”人际关系格局,多数人缺乏现代意义上的公民意识,即使是乐于助人也多限于邻里亲友之间,以社会责任为基础的志愿服务还缺乏相应的文化土壤。另一方面,天津市缺乏系统的有针对性的志愿服务的公益宣传,而且宣传手段也相对落后,人们对志愿服务的了解也不多。在这种情况下,志愿服务未能获得相应的美誉度,对志愿者的激励作用有限。

三、完善天津市志愿服务激励机制的建议

1.将现有的激励措施具体化,使之具有可操作性

首先,应当出台激励回馈制度的实施细则并落实到位。对不同时长的志愿者可以在哪些公共服务设施,可以享受何种优惠做出的明确规定。对志愿者就学、就业等方面的同等条件优先录取如何具体实现做出明确的规定。其次,明确各级政府及相关部门促进志愿服务发展的职责。将支持、引导志愿服务工作纳入各级政府及相关部门的考核指标中,促进他们采取积极措施保障激励志愿服务。

2.建立多层次、多形式的表彰制度,完善表彰激励

目前,我市的志愿者的激励表彰方式比较单一,主要是评选优秀志愿者并授予表彰。而且表彰主要集中在市一级,惠及面有限,并不能满足志愿者

多层次、多角度的激励需要。因此,需要通过建立多层次、多形式的表彰制度激励志愿者的志愿热情。首先,鼓励各级政府、有关部门积极开展定期的志愿者表彰活动,使更多的志愿者获得表彰的机会。其次,表彰的形式要多样化。不仅是颁发奖章,还可以组织优秀志愿者的巡讲活动、将优秀志愿者事迹的在媒体上进行宣传以及为志愿者提供培训等等,这样不仅可以传播志愿服务精神,同时也是对优秀志愿者服务者的表彰鼓励、激发志愿者的服务热情。

3. 加强宣传教育,为志愿服务创造良好的文化环境

首先,大力开展志愿服务教育。小、中、大学的思想品德教育中明确加入志愿服务教育内容,根据不同阶段学生的特点制定不同的志愿服务实践课程,从小培养人们的志愿服务意识。同时,积极开展各种社区、市民教育,提高人们对公民身份的认知,增强人们参与志愿服务的意识。其次,要加强志愿服务的宣传。不但要在电台、电视台以及报纸等传统媒体上设立专题对志愿服务进行系统的宣传、报道,也要充分重视新媒体的力量,通过开设微博、微信公众号等形式推送宣传志愿服务的信息报道,加强人们对志愿服务的认同感,将志愿行为演变为人们的自觉主动追求,使志愿者在志愿活动中获得更多的社会肯定与认同与自豪感。

(作者单位:天津社会科学院社会学研究所)

天津市推进环保突出问题治理的对策建议

课题组

2017年市委、市政府深入贯彻党中央、国务院决策部署,全力推进中央环保督察反馈意见整改落实和秋冬季大气污染防治攻坚行动,深入推进大气、水、土壤等重点污染问题专项治理,集中清理整治约1.9万余家“散乱污”企业,综合整治66家纳污坑塘,启动8个自然保护区生态修复工作,清理整治了一批违规违章建设项目,天津港提前完成散货物流中心搬迁、不再接收柴油货车运输的集港煤炭,北辰区“垃圾村”和高速铁路、公路沿线垃圾污染问题得到有效治理,全市生态环境质量得到改善,人民群众的获得感明显提升。

一、2017年天津市深化环境保护突出问题整改落实工作

2017年4月28日至5月28日,中央第一环境保护督察组对天津市开展了环境保护督察工作,并形成督察意见。督察指出,天津市环境保护工作虽然取得积极进展,但与中央要求、直辖市定位和人民群众期盼尚有明显差距:一是工作落实不够到位。天津市在环境保护方面存在开会传达多、研究部署少,口号多、落实少等问题,一些领导干部在工作中担当意识、责任意识欠缺,“好人主义”盛行。二是大气环境治理仍显薄弱。天津市2016年二氧化氮浓度大幅上升,2017年一季度PM2.5浓度同比上升27.5%,大气环境形势十分严峻。三是水环境问题较为突出。2016年,全市87个地表水监测断面中劣V类断面比例较2013年上升23%,地表水水质优良比例仅为15%。全市二级河道、干渠设有大量闸坝,人为造成大量“死水”,严重减少下游河流生态流量,汛期集中排放导致下游污染严重。四是一些突出环境问题长期没有解决。天津市“散乱污”企业众多,在城乡接合部地区高度集

聚。北辰区宜兴埠镇杂乱分布大量非法铸造、化工企业;静海区王口镇大部分炒货加工企业环保设施简陋;津南区小站镇阀门生产集聚区冲天炉众多;武清区王庆坨镇自行车产业集聚区有数十家小型电泳厂、氧化厂和烤漆厂,污染严重。①

为巩固拓展中央环保驻津督察成果,在 6 月初督察组离津之后,整改落实领导小组不撤、各项工作机制不变,整改核查标准不降,并印发了《关于深入推进环境保护突出问题整改落实工作的通知》,持续发挥协调联络组作用。同时,为深化环保突出问题整改落实,市委、市政府决定向 16 个区派驻现场督办检查组,确保环保突出问题整改到位、落实见效。截至 11 月 30 日,天津市推进环境保护突出问题整改落实办公室共转办群众信访举报件 4284 件,已办结 4249 件,办结率 99%。

1. 空气质量改善情况

截至 12 月 1 日,全市空气质量综合指数 6.45,同比上升 3.4%;秋冬季 $PM_{2.5}$浓度 58 微克/立方米,同比改善 30.1%;PM_{10}指数 94,同比下降3.1%;SO_2 指数 16;NO_2 指数 49。

2.“散乱污”企业治理情况

全市“散乱污”企业总数 18954 家,关停取缔类 9123 家,已 100% 落实“两断三清”;搬迁改造类 2906 家,完成进度 15.3%;原地改造类 6925 家,完成进度 8.1%。搬迁改造类和原地改造类“散乱污”企业整改进展缓慢,完成时限分别为 2018 年 12 月和 2017 年 12 月。通过产业结构调整,加强“散乱污”企业治理工作任重道远。

3. 散煤清洁化治理情况

截至 11 月底,全市 122.8 万户城乡散煤治理任务,已完成 51.6 万户,武清 22.7 万户“无煤区”建设任务全部完成。全市城市散煤治理共涉及 14.3 万户,已全部完成;农村散煤治理共涉及 108.5 万户,已完成 37.3 万户。宝坻、北辰、静海、宁河、蓟州等区农村散煤治理要加快进度,着力解决气源、管线铺设、设备安装等环节存在的突出问题。

4. 燃煤锅炉改燃并网或关停进度情况

全市燃煤锅炉改燃并网或关停 10938 项任务,其中供热、工业、商业锅炉任务分别为 2284 项、4630 项、4024 项,截至 10 月 31 日全部完成。

---

① “中央第一环境保护督察组向天津市反馈督察情况”,http://www.zhb.gov.cn/gkml/hbb/qt/201707/t20170729_418741.htm

5. 强化面源污染防控措施,重拳治理扬尘

市域内工地要做到“六个百分之百”,即施工工地100%围挡、物料堆放100%覆盖、出入车辆100%冲洗、施工现场地面100%硬化、拆迁工地100%湿法作业、渣土车辆100%密闭运输。2017年10月至2018年3月期间,除非特许批准,全市建成区内停止各类建设工程土石方作业、房屋拆迁(拆除)施工、水泥搅拌及浇筑等作业,停止道路工程、水利工程等土石方作业。

6. 以问责倒逼环保问题整改落实情况

中央环保督察组将发现的生态环境损害责任追究问题按规定移交天津市委、市政府处理。经核查,2017年,天津市场监管委、市容园林委、北辰区有关人员履行环境监管职责不到位、推动环境治理工作不力、发现和查处环境问题不及时,存在失职失责行为,依据《中国共产党纪律处分条例》《中国共产党问责条例》《行政机关公务员处分条例》等有关规定,对北辰区环保局党组书记刘宝林,北辰区环保局局长张振海,北辰区宜兴埠镇副镇长刘刚,市场监管委副主任何福,天津市市容园林委副巡视员王春霞,天津市双口生活垃圾卫生填埋场场长张宁等10名责任人予以问责。截至12月1日,各区涉及环保问题问责1478人,其中局级18人、处级659人、处级以下801人;各委局问责24人,其中局级9人、处级13人、处级以下2人。

二、当前天津市推进环境保护突出问题治理的主要做法

为落实《大气污染防治行动计划》和《京津冀及周边地区2017—2018年秋冬季大气污染综合治理攻坚行动方案》有关工作要求,并对照其目标任务清单,2017年10月至2018年3月,全市PM2.5平均浓度同比下降25%以上,下降至70微克/立方米。2018年天津市环境治理工作将采取针对性更强的措施,积极应对重污染天气,不断改善生态环境质量,全面提升生态文明建设和环境保护水平,加快建设生态宜居现代化天津。

1. 市、区党委政府加强领导,以上率下

市委、市政府成立整改落实领导小组,市委书记和市长亲自挂帅担任双组长,市领导同志对口联系16个区,深入现场督察检查,推动解决突出问题。各区各部门党政负责人要将生态文明建设和环境保护作为“一把手工程”,严格落实党政同责、一岗双责,突出问题导向,健全长效机制,狠抓责任落实,全面落实各项环保突出问题整改任务,形成全市齐抓共管的强大合力。

2. 各职能部门严管严惩、一盯到底

一是充分发挥各监管领域牵头作用,坚持"谁主管、谁负责,谁牵头、谁协调"原则,组织制定专项整改方案,明确整改要求,指导推动方案实施。二是充分履行执法监督职能,依法依规严查快处各类环境违法违规案件,及时通过全市执法监督平台进行公示,并依托市场主体联合监管平台实施联合惩戒。三是要密切与政法部门的联动,完善信息共享、案件移送、联合调查机制,对涉嫌环境犯罪的,实现行政处罚和刑事处罚无缝对接,保持对环境违法行为的高压态势和强大震慑。

3. 市整改落实办公室牵头捏总、协调推动

加强顶层设计,统筹环境保护突出问题整改落实工作,做好协调联络,承上启下,密切与各区、各有关部门、各督办检查组之间的联系,全面掌握整改进度,及时分析评估,为市委、市政府决策部署提供参考。

4. 督办检查组严查细核、一督到底

为了确保环保突出问题整改落实见底见效,驻区组不仅对整改件严格执行"四级联签",而且对散煤治理、"散乱污"企业治理、秸秆燃烧、扬尘污染等整改问题点位开展"明察暗访"和"回头看",坚决防止反弹回潮。通过加大问责力度,把压力传导到基层,以问责倒逼执行力提升,真正达到问责一个、警醒一片的目的。

三、建立和完善天津市环境保护工作长效机制的对策建议

调研发现,当前我市环境保护的某些管理模式不能适应形势需要,必须探索建立有利于保护环境的长效机制,建议以市委、市政府以两厅名义发出《关于进一步建立和完善我市环境保护工作长效机制的意见》,从环保工作机制、环保机构和队伍、环保监管能力三方面加强环境保护工作。

第一,在环保工作机制建设方面,进一步强化综合决策、工作协调、督查督办、考核奖惩等工作,建立和完善环境保护长效机制。一是进一步完善环境保护与经济发展综合决策机制。重大决策(政策)、重点项目必须经过充分的环境影响论证。二是进一步健全环境保护齐抓共管工作机制。建立和完善分级管理、上下联动的协作机制,加强对区县环保部门的业务领导;进一步理顺和完善环保部门统一监管、相关部门各司其职各负其责的工作机制。三是进一步加大环保工作考核和奖惩力度。将对党政一把手环保实绩考核结果纳入经济社会发展综合评价和领导班子、领导干部政绩考核的重

要内容。对完成环保目标任务不好、突出环境问题长期得不到解决的,因决策失误、监管不力或发生污染事件处置不力造成重大环境污染事故和严重不良社会影响的,实行“环保一票否决制”。四是实施区域、企业限批制度。对未按期完成污染物总量削减任务、主要控制断面不能满足环境功能区划要求、突出环境问题长期得不到解决、多次发生重特大环境污染事故、环境风险隐患突出、环评和“三同时”违法现象严重、限期治理任务未完成、长期治理不达标的企业、企业集团、工业园区、乡镇或区,实行建设项目环境影响评价限批制度。

第二,在环保机构和队伍建设方面,按照统筹城乡环境保护工作的新要求,从市、区和乡镇等层面考虑,进一步健全环保机构,加强环保干部队伍建设。一是进一步规范区、乡镇环保机构及其职能配置。加强对区、乡镇环境保护监督管理机构及其职能配置的统一指导,规范各区环境保护局、环境监测和环境监察机构的职能职责,配备与环保工作任务相适应的人员编制。二是进一步加强市级环保机构建设。包括加强环境保护督查、环境影响评价、环境规划机构以及市辐射环境监督管理站、市环境保护监测中心、市环境保护信息中心和环保举报受理机构的建设。三是进一步规范环保部门领导干部双重管理。进一步明确和落实区党委和市环保局党组干部双重管理工作的职责;选派政治觉悟高、业务能力强的干部充实区环保部门。

第三,在环保监管能力建设方面,多渠道筹集资金,推进市环境监测预警体系和环境监察执法体系建设,强化全市环境监测、科研、监察、信息等环保监管能力建设。一是要多渠道筹集资金,推进市环境监测预警体系和环境监察执法体系建设。二是进一步加大环保资金投入。要建立稳定的环保投入机制,进一步加大财政预算资金、基本建设统筹资金、科技三项经费、环保专项资金、排污费资金等对环境监测、监察、科研、信息化建设等的倾斜。三是进一步完善环保投入机制和环境经济政策。推进城市污水垃圾处理产业化发展,吸引社会资本参与环境基础设施建设和经营,在条件成熟的行业和地区开展排污权交易试点工作。四是进一步完善环境统计制度,使环境统计更好地为经济社会发展宏观决策服务。

(课题组成员:尚德来,张津辰,刘晓梅,蒙海涛,李青繁,南文俊,执笔人:刘晓梅,天津社会科学院法学研究所;蒙海涛,天津市环境监测中心)

滨海新区青年队伍组织化建设对策研究

——以对滨海新区青年发展状况调查为基础

刘志松

由共青团滨海新区委员会、天津社科院等部门联合开展了滨海新区青年发展状况调查活动。调查发现,青年群体组织化水平有待进一步提升,党群团组织的组织服务功能发挥与工作模式有待进一步完善,社会组织的发展相对缓慢。全面提升新区青年组织化水平,加强政治引领,培育青年社会组织发展,用正确的思想武装青年头脑,是当前新区青年工作的一项重要任务。

一、滨海新区青年组织化现状

本次调研活动采取问卷调查的形式,调查问卷按照合理性、一般性、逻辑性、明确性、非诱导性、便于整理和分析的原则进行设计,共设计 30 道问题,包括单选题、多选题和填空题等多种形式,主要变量涉及青年的基本信息情况、人生观、价值观、思想观、工作情况、生活现状、学习情况及所在共青团组织发展现状等,共形成了 96 个变量。本课题问卷以电子问卷和纸质问卷的方式发放到相关的青年群体作为调研对象,共计发放纸质问卷 200 份,回收有效问卷 176 份,另通过电子平台发放并回收电子问卷 365 份,共计回收有效问卷 541 份。

2016 年滨海新区青年人口达到 103.21 万,占新区人口总数的34.47%。其中,外来务工青年 42.27 万,占外来人口的 39.14%;从性别比例看,青年男女比例为 1.13 : 1;从年龄分布来看,14 岁到 20 岁青年占青年总数的 30.23%,21 岁到 28 岁占 27.9%,29 岁到 35 岁占 41.87%;婚姻状况方面,有配偶的占 55.85%,未婚的占 42.28%,离婚的占 1.77%,丧偶的占 0.1%;

教育程度方面,小学及以下占0.8%,初中占16.44%,高中/中专/职高/技校占32.75%,大专占25.58%,本科占22.83%,硕士及以上占1.6%;政治面貌方面,中共党员占13.8%,共青团员占31.42%,民主党派占1.3%;个人月收入方面,低于4000元/月的占49.56%,4001~6000元/月占28.76%,6001~8000元/月占10.18%,8000元/月以上的占11.5%。

从新区青年的组织化来看,青年参与各类组织的积极性较高,有73.6%的青年表示有参加组织活动的意愿,特别是参加志愿活动的意愿普遍较高。从参加党群团组织的意愿来看,有76.7%的青年表示愿意加入中国共产党,并且具有比较端正的入党动机,有50.6%的青年表现出很强的对共青团、工会、妇联等群团组织的参与意识。从社会参与和社会融入来看,有44.6%的青年表示对参政议政有一定的兴趣,有57.3%的青年愿意参与社会问题的解决并愿意担负主导者的角色,有75.5%的青年愿意为社会发展贡献自己的时间和精力而不计较个人利益的得失。调查还发现,83.7%的青年认为参与志愿活动是快乐的、有意义的、有实效的,有90.43%的青年认为应该援助弱势群体,普遍表现出对于爱心传递、文明的传播具有较高的热情。

从青年实际参加社会组织或参与社会活动情形来看,青年参与的组织包括两类,一类是党群团组织,一类是社会组织。调查结果表明,各级党群团组织对青年具有一定影响力和号召力,44.3%的青年感到党群团组织在自己学习、工作和生活中具有一定的影响力和感召力,但也有22.36%的青年没有明显的满意或不满意倾向。以共青团组织为例,在回答"你对自己是团员这一事实怎么看?"的问题时,67.8%的团员表示"作为团员,我比其他青年更先进,也肩负更多的责任",但是也有22.2%的团员表示"我并没有感到和其他青年有什么不同"。从总体上看,青年们对党群团组织在青年中的影响力和感召力持较为肯定的评价,这充分说明近年来党群团的工作得到了青年们较为广泛的认可,党群团组织为新区的经济社会发展做出了实实在在的贡献。但与此同时我们也不应忽视当前在组织青年方面党群团工作存在的问题与不足。青年也积极参加各类社团组织,主要有志愿者组织、业余爱好者协会、校友会、学生社团等,但新区社会组织发展较为缓慢,不能满足广大青年的参与热情与组织化需要。当被问及在遇到困难时,首先会求助于谁时,回答家人的占28.32%,单位领导的8.72%,同学和朋友的22.57%,同事的21.78%,不找任何人的8.41,其他1.77%,而回答求助于团组织的只有8.44%,也在一定程度上表明了这一点。

二、滨海新区青年组织化存在的问题与分析

党群团工作在组织青年、引领青年、服务青年的能力建设方面有待进一步提升。随着经济体制的深入发展，人们的思想观念、工作方式、生活方式正发生前所未有的变化，党群团工作与形势发展、工作需要和广大青年的期盼不相适应的问题日益突出，习近平总书记指出的群团工作“四化”等问题不同程度地存在。在对青年的组织领导方面，部分基层党群团组织对青年工作重要性认识不足，重视不够，有的对青年工作的基本知识与基本政策缺乏了解，少数基层党群团组织对新形势下如何做好青年工作缺乏研究，不能把握青年工作规律，对青年缺乏有效组织与引导，在工作中满足于以转发文件或组织会议来代替青年工作，工作流于形式，缺乏针对性与有效性。同时，基层群团工作有脱离群众倾向，群团工作存在机关化、行政化、贵族化、娱乐化的问题，群团组织坐机关多，深入基层少，与广大青年面对面少，对青年群体最关切、最期盼、最需要了解不够，接地气不够。群团组织在青年评先表优，确定代表、委员、会员等人选时追求“高大上”，服务触角更是难以延伸到普通青年，没有充分体现群团工作的群众性、代表性。

新区范围内青年社会组织数量发展缓慢，提供的服务种类比较单一，为青少年事务工作提供服务项目的更是少之又少，还不足以提供大量的服务供青年群体进行选择。相关部门对社会组织的发展趋势及规律认识不足，在理解社会组织的作用和地位问题上存在认识上的偏差，存在不重视、不放手、不信任，过问少、服务少、调查少、研究少的问题，没有把社会组织切实纳入经济社会发展的总体规划，没有把社会组织培育发展工作纳入重要工作，缺乏足够政策支持和发展环境。社会组织自身也还在处在建设发展当中，规模小、承受风险能力差、制度不健全，而且由于提供的待遇有限，不足以吸引高素质的专业人才，现有人员又缺乏培训渠道，使社会组织承接政府购买公共服务项目的能力不足，还需要大力的培育孵化。如何发展青年社会组织，提高社会组织对青年的影响力和向心力，更好地发挥社会组织服务青年、教育青年、引导青年的作用，是当前的一项重要课题。

当前，青年群体生活在一个开放的、多元化的环境下，形形色色的思潮影响着青年们。一些传统的教育观念一时难于打破，家庭和社会对青年人思想教育的依赖也一时难于扭转，在很大程度上成为影响青年人思想健康成长的不可忽视的重要因素。加之思想教育体系尚不完善，教育评价体系

的偏差,青年人的思想教育理论体系和实践体系尚不健全、不系统。尚未形成一套正确的人生观、世界观、价值观及法律法规、道德、科学教育等一系列完善完整的科学教育体系。造成青年缺乏组织归属和社会融入的多元渠道。

三、提升青年社会组织化的对策建议

党的十八大以来,针对青年群众工作,以习近平同志为核心的党中央从培养中国特色社会主义事业建设者和接班人的战略高度,从实现中华民族伟大复兴中国梦的宏大视野,从中国当前发展面对的新情况、新问题出发,深刻阐述了当代青年群众在实现中华民族伟大复兴中国梦道路上的光荣使命和重大责任,从整体上提出了许多关于青年成长与发展的新理论、新思想、新论断、新要求,体现出青年群众工作思维的系统性特质。为滨海新区下一步如何做好青年组织工作指明了方向。

积极推进新区群团组织改革,着力构建凝聚青年、服务大局、当好桥梁的工作格局,充分发挥党群团组织组织青年的作用。加强党群团组织自身建设,适应青年发展的新情况新特点,不断创新组织设置,更多更广地覆盖新兴领域青年和流动青年;尊重青年主体地位,调动广大青年参与的积极性和主动性,活跃基层党群团组织,完善青年社会参与的基本组织依托。充分发挥青联等青年社会组织在爱国主义、社会主义旗帜下广泛团结各族各界青年的功能,强化共青团在青联组织中的引领作用,推动青联组织带领各族各界青年在大团结大联合中实现共同发展。

提升基党群团组织的组织功能与服务功能,为青少年提供多样化、个性化、专业化的服务,给予青年"获得感"。探索"以青年为中心、让青年唱主角"的工作模式。大力推进滨海新区"青年之家"综合服务平台建设。把"青年之家"打造成青少年身边的共青团,让青年就近就便参与"青年之家"的活动,通过"青年之家"打通联系青年的"最后一公里"。以调研为前提,针对青年的不同需求设计服务项目,让不同领域的青年交流互动,增长知识和见识,回应青年希望得到理解、支持和爱的共同需求,成为青年的成长加油站、靠谱朋友圈和温暖心家园。

发展培育青年社会组织,加强对各行各业青年的凝聚和服务。更好联系、服务和引导青年社会组织,促进青年有序社会参与。支持各类青年社会组织立足自身优势,以合适方式参与政府购买服务。充分发挥政府相关职能部门在筹集和分配资源等方面的优势,为青年公益社会组织开展活动提供场地支持、业务指导等方面的帮助。加强培训,努力培养青年公益社会组织各类管理者和专门人才,建立人才数据库。发挥政府、基金会、公益组织和企业的合力,利用财政资金、福利彩票公益金、慈善公益金等筹集公益创投资金,促进青年社会组织发展。发展核心枢纽型青年公益社会组织,发挥其联系青年群体和政府的桥梁,能在行业内聚集优秀人才资源,形成广泛社会联系,形成较强的社会动员能力和项目组织实施能力,为其他青年公益社会组织提供帮助指导、提供与市场对接的机会,收集和反映青年诉求,协助党和政府从制度层面解决青年问题。充分重视核心枢纽型青年公益社会组织的龙头和引领作用,发挥其联系广大青年群体的桥梁和纽带作用。

根据新区各类青年群体的思想状况,把握各类青年群体思想意识的关键点、形成逻辑和引导思路,增强新区青年思想道德建设的针对性。针对中学学生群体,广泛开展“与人生对话”主题活动,引导他们从小确立人生奋斗的远大志向,培养爱国、爱党、爱社会主义的感情。针对驻区高校学生群体,广泛开展“与信仰对话”主题活动,引导他们认识马克思主义的真理性,坚定走中国特色社会主义道路的信念。针对企业青年群体,广泛开展岗位建功活动,引导他们正确看待个人、企业、社会、国家的关系,以积极、务实、理性的态度面对职业生涯中遇到的具体问题。针对进城务工青年群体,注重把解决思想问题与解决实际问题相结合,在排忧解难、传递关怀中引导他们心向党和政府、矢志拼搏奋斗。

把互联网作为开展青年思想教育的重要阵地,团结、带动和壮大网上积极力量,大力开展正面宣传,实施“青年好声音”系列网络文化行动,增强网络正能量,消解网络负能量。高度重视网络舆论导向,牢牢把握舆论的主动权,关注青年的困惑与诉求,疏导青年情绪,澄清误解和谣言,积极引导青年形成正确认知,提高辨识能力,学会理性分析问题。注重运用艺术、娱乐、时尚等元素,通过“两微一端”等新媒体方式,增强传播途径的适用性,努力使思想引导工作最广泛、最有效地覆盖广大青年。

(作者单位:天津社会科学院法学研究所)

天津市人民监督员制度实施现状分析与对策建议[①]

刘可道

为了加强对人民检察院查办职务犯罪案件工作的监督，提高执法水平和办案质量，确保依法公正履行检察职责，维护社会公平和正义，2003 年 10 月 22 日，最高人民检察院在天津等 10 个省、自治区、直辖市检察机关试行人民监督员制度。2003 年 11 月 11 日，天津市人民检察院人民监督员制度试点工作启动，首批聘任 10 名人民监督员。2008 年 11 月 6 日，天津市人民检察院聘任第二届人民监督员 7 名。[②] 2013 年 5 月 30 日，天津市人民检察院选任第三届人民监督员 120 名。

党的十八届三中全会提出“广泛实行人民监督员制度，拓宽人民群众有序参与司法渠道”。党的十八届四中全会提出“完善人民监督员制度，重点监督检察机关查办职务犯罪的立案、羁押、扣押冻结财物、起诉等环节的执法活动”。2015 年 2 月，中央全面深化改革领导小组审议通过《深化人民监督员制度改革方案》，对人民监督员选任管理方式改革作出部署，明确由司法行政机关负责选任管理人民监督员，从制度上解决以往被社会诟病为“检察机关自己选人监督自己”的问题。

一、天津市人民监督员选任改革顺利完成

深化人民监督员制度改革是贯彻中央决策部署、深入推进司法体制改

---

① 本文涉及的天津市人民监督员 2017 年度有关数据，来源于天津市司法局政策法规研究室（人民监督员选任管理办公室），在此致谢。

② 天津市地方志编修委员会办公室、天津市人民检察院编著：《天津市志·检察志》，天津社会科学院出版社 2017 年版，第 34、43 页。

革的一项重要任务,天津市委、市政府将其纳入全面深化改革整体规划。天津市人民监督员选任管理改革启动以来,在各级领导的高度重视、社会各界的大力支持和人民群众的热情参与下,依法扎实推进,取得圆满成效。

2017 年 3 月,天津市司法局会同天津市人民检察院圆满完成了全市人民监督员选任、宣誓和初任培训工作,120 名新任人民监督员宣誓上岗,标志着天津市人民监督员选任改革工作顺利完成。

1. 注重统筹规划,确保有序推进

天津市司法局与天津市人民检察院共同建立联席会议制度,保持良好沟通和密切合作,定期会商研究重大事项,联合开展调研考察,结合工作实际,制定《人民监督员选任管理方式改革实施方案》,对规范人民监督员选任管理、加强工作保障等做出明确规定。同时积极争取市编办和市财政局等有关部门支持,在天津市司法局政策法规研究室加挂人民监督员选任管理办公室牌子,明确工作机构和人员,将人民监督员业务经费和履职经费纳入财政预算,保障改革顺利推进。

2. 注重严格选任,确保依法进行

人民监督员选任程序,按照发布公告、接受报名、资格审查、组织考察、社会公示等工作环节进行,做到统一规范、公开透明。在组织考察环节,采取到所在单位、社区实地走访、听取基层组织意见等形式,对报名人员进行逐一考察,使各个工作环节符合选任规定。

3. 注重优化结构,确保队伍质量

天津市司法局与天津市人民检察院共同协商,根据案件数量、人口、地域、民族等因素合理确定选任名额,优化人民监督员队伍结构。新选任的 120 名人民监督员来自社会各界、各行各业,其中机关、团体、事业单位人员占 40%,企业和基层人员占 60%;人大代表、政协委员占 50%;中共党员占 61%,民主党派占 21%,群众占 18%;本科以上学历占 87%,博士研究生 7 人,硕士研究生 38 人;具有法律专业背景的占 29%;年龄最大的 66 岁、最小的 28 岁,人员比例和职业结构合理,是一支具有广泛性、代表性和扎实群众基础的高素质人民监督员队伍。

二、天津市人民监督员制度改革进展与成效

1. 人民监督员依法履职，收到良好法律效果和社会效果

2017年4月18至19日，天津市司法局随机抽取的12名人民监督员，参加天津市人民检察院第一、二分院对基层人民检察院提请的4起职务犯罪案件的监督评议，按照程序，对案件独立评议和表决。这是天津市人民监督员制度改革后人民监督员首批参与监督评议的案件。5月23日，天津市司法局随机抽选两名人民监督员，参与天津市人民检察院第二分院对一起故意伤害案件适用认罪认罚制度的公开审查活动。这是天津市作为全国试点首次适用认罪认罚从宽制度，也是天津人民监督员制度改革后首次经司法行政机关随机抽选人民监督员参加公开审查活动。

截至2017年12月底，全市人民监督员共监督评议检察机关直接受理立案侦查的案件43件；还参加案件公开审查1次，检察开放日活动2次，参加监督案件或检务活动的人民监督员达129人次，收到良好的监督成效，有效促进了检察机关文明规范公正执法，人民监督员队伍已经成为司法战线上维护公平正义的一支重要力量。

2. 强化选用衔接，积极推动人民监督员工作健康发展

为保障人民监督员依法履职，天津市司法局与天津市检察院密切配合，建立健全联席会议、信息通报、联合调研等长效工作机制，共同研究解决改革过程中遇到的新情况、新问题，促进人民监督员选任管理与使用紧密衔接，形成了推动人民监督员工作健康发展的强大合力。

一是建立健全工作制度。天津市司法局会同天津市人民检察院制定印发了《天津市人民监督员管理实施办法》，从管理、使用、培训、考核、保障等方面做出了明确具体规定，使选任管理各项工作实现规范化、法制化。同时，加强人民监督员工作经费保障，积极协调财政部门，将人民监督员选任管理及履职相关工作经费纳入财政预算，并制定了《人民监督员工作经费管理办法》，为人民监督员依法履职提供了有力保障。

二是完善随机抽选机制。天津市司法局会同天津市人民检察院制定了《关于商请抽选人民监督员的函》《关于抽选人民监督员参加监督评议案件的复函》《关于抽选人民监督员参加案件公开审查通知书》和《参加案件监督评议人民监督员情况表》等制式公文，做到人民监督员履职手续齐全、规范。对于需要监督评议的案件，天津市司法局坚持公平、公正、公开原则，及

时组织抽选人民监督员,并确保抽选的随机性,提高工作的透明度,保障人民监督员独立、公正开展监督。

三是建立健全工作台账。天津市司法局作为选任管理机关,从人民监督员参与第一件监督评议案件开始,就注重工作留痕,建立健全工作台账,如实记录各位人民监督员培训学习、履职表现等情况,作为对人民监督员考核的主要依据。通过台账化管理,促进管理工作规范化、科学化,为加强人民监督员管理和考核工作奠定良好基础。

四是加强日常服务管理。天津市司法局制发人民监督员工作证,建立人民监督员微信群和公众号,向人民监督员赠阅《法制日报》等报刊。并将开展监督工作所涉及的制度文件,以及人民监督员履行职能所需的法律法规文件汇编成册,印制了《人民监督员工作手册》。

3. 加大新闻舆论宣传,扩大社会影响力

为加大全市人民监督员选任管理方式改革宣传力度,天津市司法局会同检察机关通过报纸、网站、微信、微博等新闻媒体和互联网及时宣传人民监督员选任、履职工作,特别是对全市人民监督员工作会议暨颁证宣誓仪式、人民监督员首次监督评议职务犯罪案件、人民监督员首次参与检察机关案件公开审查活动等重要活动,均进行了报道,有力提升了人民监督员工作社会关注度和影响力。

三、进一步完善人民监督员制度实施的对策建议

人民监督员制度从试点到全面实施已经十多年了,期间既有成功的经验,也有面临的实际困难和问题,需要逐步加以完善。

1. 进一步加强全国层面人民监督员业务培训

在提高人民监督员履职能力方面,各地搞培训的同时,多搞一些全国层面的人民监督员培训,选调部分人民监督员和各省市人民监督员工作部门人员参加,扩大业务交流范围,促进共同提高,使其履职更加能够发挥应有的实际效果。另外,应当加强对人民监督员履职操守教育,避免个别人民监督员在不正当的场合滥用其职务标签,防止因为少数人的不当言行对人民监督员制度的威信造成损害。

2. 推进人民监督员制度立法建设

人民监督员制度,在最高人民检察院有关规定的制度框架基础上经过了多年的司法实践和理论研究,积累了丰富的经验,具备了立法可行性。从

法律位阶角度讲，实现人民监督员制度法律化可以提升人民监督员制度的层级。人民监督员制度的立法，可以先在人民检察院组织法中做出原则规定。根据实践发展的需要，由全国人大常委会制定人民监督员制度的专门法律。并且，目前监察体制改革试点工作已经全面展开，检察机关查处贪污贿赂、失职渎职等职能整合到监察委，人民监督员制度如何推进转型与调整监督范围，需要尽快明确。

3. 进一步完善人民监督员选任制度

完善人民监督员的选任工作，既要体现人民监督员来源的广泛性和人民性，也要体现人民监督员的监督能力与专业性，是二者关系良性互动的统一。强调专业性是为保障监督能力服务的。专业性不是指必须为法律专业，而是指人民监督员应该至少有一种专业性，而不论是什么专业。担任人民陪审员，要求一般应当具有大学专科以上文化程度。人民监督员可参照人民陪审员相关文化程度要求。

在人民监督员选任的人员范围上，执业律师不在禁止之列。执业律师的法律操作实务往往较强，但是专职律师，尤其是刑事辩护律师，在执业活动中可能会经常与检察机关打交道，容易形成某种微妙的人际关系。有鉴于此，对专职律师担任人民监督员的人数可控制在一定比例范围内。

4. 进一步扩大监督范围

在监督范围上，《最高人民检察院关于人民监督员监督工作的规定》明确了人民监督员可以实施监督的11种情形，但仅限于人民检察院办理直接受理立案侦查案件工作。人民监督员制度体现了司法民主化，人民监督员参与司法的方式，不应仅限于对检察机关自侦案件的监督，应该结合实践效果，进一步扩大人民监督员的监督范围与事项，应覆盖检察机关办理的各类案件和各项诉讼职权。

（作者单位：天津社会科学院社会治理与公共政策研究中心）

天津数字家庭和 OTT[①] 领域的法律问题研究

张智宇

数字家庭和 OTT 均以计算机技术和网络技术为基础,前者应用各种家电通过不同的互连方式进行通信及数据交换,实现家用电器之间的"互联互通",使人们足不出户就可以更加方便快捷地获取信息,后者通过互联网向用户提供各种应用服务,他们极大提高了生活的舒适性、娱乐性和便捷性。数字家庭和 OTT 领域是通过互联网进行消费、服务、娱乐等领域的总称。

一、天津数字家庭和 OTT 领域的发展状况和展望

1. 天津的数字家庭及 OTT 应用产业高速发展

自 2015 年《天津市软件产业发展三年行动计划(2015—2017)》出台,智慧天津和数字家庭建设成为天津城市软实力建设的重要组成部分,OTT 产业被纳入工业和信息化产业的总体布局,影视、游戏、动漫、文学等数字内容行业作为天津软件服务行业的重点发展方向之一。经过三年发展,以手机游戏、软件开发、系统集成、智慧信息、电子商务、可穿戴设备、北斗应用等产业方向的中北高科技产业园。以打造动漫影视、广告传媒为核心将国家动漫产业综合示范园陆续取得丰硕成果。尤其是坐落在中新天津生态城的国家动漫园积极培育扶持原创动漫和影视作品,截至 2017 年 11 月共注册企业 2800 多家,国内一些大型影视公司华谊兄弟、光线传媒、博纳影业、新力传媒、唐人影视等纷纷落户动漫园,促成国家动漫园实现社会和经济效益双丰收。

---

① OTT:Over The Top 的缩写。指通过互联网向用户提供各种应用服务。

2. 天津OTT动漫影视或游戏产业在国内已形成较高影响力

中新天津生态城的天津国家动漫产业园，是国家文化部和天津市政府合作建设的文化产业园区。该动漫园公共技术服务平台为国内不少互联网热播的动漫影视作品提供相应配套服务，并取得OTT动漫行业的高度认可。一批动漫影视作品如《老九门》《幻城》《青云志》《秦时明月》，动画电影《精灵王座》《天生我刺》等，都依托动漫园动漫园公共技术服务平台完成相应的动漫设计。2017年夏一部具有中国传统水墨画风格动画电影《大护法》在国内正式上映，赢得业内人士和众多影迷好评，权威机构评分最高达8.5分，位居国产动画电影前列。该作品是完全由注册在动漫园的天津好传文化传播有限公司联合光线传媒出品自主原创的作品。截至2017年11月，天津动漫园公共技术服务平台已为国内外400多部作品提供了相应服务，在业界形成了较高影响力。不仅如此，爱奇艺、乐视、酷六网等一批OTT播放平台也落户动漫园。以天象互动、中手游、中青龙图、英雄互娱等诸多游戏公司也充分依托动漫园公共技术服务平台，为国内互联网游戏、手机游戏市场发展贡献力量。

3. 天津数字家庭和OTT行业消费市场发展势头良好

截至2017年第三季度，天津互联网宽带接入（固网）用户达到325万户。相比2017年年初的283.9万户，实现增长12.6%，与去年同期相比增幅14.2%，继续保持高增长势头。截至2017年第三季度，天津移动电话用户达到1568.8万户，该数字高于2016年年末天津市常住人口数（1562.12万人）。根据2016年《天津市互联网发展状况报告》，天津地区网民达到999万人，网民普及率64.6%，比全国平均水平高11.4个百分点。天津地区互联网包括移动通信互联网用户覆盖保持了一个较高水平，这为本市互联网商业服务、数字家庭和OTT行业提供了一个发育成熟、配套完善的消费市场。越来越多的人习惯于出门用打车软件、吃饭用APP订餐、网上团购电影票、手机预约健身和教育培训课程等。网络消费正在从实物型向服务型、从生存型向发展型和享受型升级。

4. 天津的数字家庭与OTT行业基础设施也卓有成效

网络信息基础设施，是数字家庭和OTT行业的发展基础。建设作为智慧城市的基础配套设施，是天津快速推进移动网络基础设施建设工作，2017年上半年天津市移动、联通等通信运营商已完成地铁2号线4G+网络信号开通工作。目前天津地铁2号线、3号线、6号线、9号线沿线实现4G+网络信号全线贯通，地铁1号线通信网络升级改造工程也已4G网络覆盖。同时本市还启动了“i－Tianjin 无线城市 WiFi 建设项目”，无线 WiFi 接入点覆盖到所有重点场所、医院、商圈、景区等。更为突出的在天津滨海高新区，将“随身互联网”“THT 无线园区”覆盖海泰大厦、力神大厦、高新区软件园等十余处项目，部署千余个免费“THT”无线热点，覆盖了人员密集场所、主要行政服务场所、主干道沿路公交站点。在保证信息安全的情况下，为市民免密码、快捷登录无线互联网。2017 年 5 月，天津市政府和联通公司签署了战略合作协议，计划基础设施建设方面“十三五”期间联通在津投入约 200 亿元，构建新一代通信基础设施，为“智慧城市”建设提供优质网络保障。力争到 2020 年天津 4G 信号覆盖优良率将提升至 99%，届时天津将率先试用 5G 成熟技术，实现用户接入能力由 100M 向 1000M 的演进，光纤接入覆盖能力达到 720 万户，省级出口带宽将达 7.5T，并具备全国通信枢纽能力。

5. 天津区域内 OTT 业务已遍及社会民生各个领域

2017 年天津市与蚂蚁金服 6 月 28 日签署合作协议，共同推进“无现金城市”建设，居民可以通过支付宝缴付公交车购票款，这将进一步促进移动支付等互联网技术在城市公共交通行业的推广应用。目前在天津，无论商铺还是移动摊贩，无论买菜还是吃饭，居民日常生活消费以支付宝和微信作为典型支付方式已遍及全市各个区域。截至 2017 年 6 月，天津已上线 5 大类 44 项支付宝城市服务，其中天津电力、燃气、热力、自来水等均与支付宝建立了合作，至少 212.7 万名天津市民实现了足不出户、打开手机、动动手指将可以完成日常生活缴费。

二、天津市数字家庭和 OTT 领域内的法律问题

1. 数字家庭和 OTT 领域依托的网络安全仍面临威胁

截至 2017 年 11 月，天津市各基础电信企业通报的网络安全事件 177 起，其中，2017 年 5 月互联网安全事件 38 起，6 月 20 起，8 月 19 起，这三个月国内或本市均有重要国际会议期间，5 月第一届“一带一路”国际高峰合作论坛、6 月世界智能大会、8 月第十三届全国运动会。利用木马和僵尸程序控制主机和服务器、飞客蠕虫病毒感染主机、网页篡改和植入后门程序仍是主要形式。仅 2017 年 11 月，天津市发现被木马或僵尸程序控制主机 5646 个，控制服务器 33 个，蠕虫病毒感染主机 6165 个，网页篡改 91 个，植入后门程序 40 个。网络安全形势依旧严峻。

2. OTT 行业营销方式中广告骚扰和泛滥

OTT 行业最常用营销方式是“APP 广告”，从游戏中的插入广告，到 app 登录界面过渡广告，app 广告已经成为移动广告市场增长最大的推动力。但广告良莠不齐，垃圾广告、虚假广告甚至色情广告大量充斥其间，给 OTT 用户不断带来困扰和损失，最典型的是流量损失和阅读困扰。App 广告让用户无法选择也无法屏蔽，客户陷入不得不用，不得不买单的尴尬局面。

3. OTT 行业中出现以业务掩盖融资的灰色现象

2017 年最火爆的 OTT 业务当属共享单车，共享单车解决了地铁、公交最后一公里的快捷交通问题，疏导了城市交通拥堵现象。其以押金预缴使用的方式，演变成变相从用户个人套取资金的融资手段，给客户带来资金安全方面的风险。较为典型的小蓝单车、酷骑单车事件，近 10 亿元资金被挪用，几百万人押金得不到归还，在全国范围内造成极端不良影响。

三、应对天津数字家庭和 OTT 领域法律问题的建议

1. 加大行业监管力度，规范行业中的不适当行为

针对骚扰广告和以押金吸收融资等界于合法和轻微违法的“灰色现象”，行业监管部门的强化监管和及时响应，无疑是最为理想的解决方式。鉴于手机应用软件开发者众多，可以考虑重点加大对手机应用软件商店的监管，对滥用色情营销和色情信息的手机应用软件，可以采用相应的法律手段，依据《互联网信息服务管理办法》进行相应行政处罚。鉴于监管的合法性，应考虑推进手机 App 行业设计指导规范工作。关于押金吸收融资问题，2017 年 8 月在 10 部门推出的《关于鼓励和规范互联网租赁自行车发展的指导意见》，对用户押金、预付资金专用账户设立及专款专用、接受监管等内容提出了原则性要求，但账户开设在谁的名下、企业能不能随意调用资金、具体如何监管等问题，企业、银行和有关部门都没有明确的说法。因此，进一步完善共享经济的资金吸收使用中违规行为，无疑将有利于 OTT 服务用户的权利保障。

2. 引导移动支付企业的业务优势，建立对网络支付预付金的第三方托管机制

以手机 app 业务为基础的 OTT 业务，除非 OTT 业务企业自身具备第三方支付许可外，多数均通过支付宝或微信支付等公共移动支付工具完成，而具有获取支付许可证的企业诚信和资金代偿能力都能得到最大限度地保

证。鉴于此,应考虑在电子商务法中进行更加宏观的设计,对电子商务中的所有共享经济中存在的预付金、押金退还问题进行更完善、实用的制度设计,充分利用第三方支付企业的业务优势,建立起押金的第三方监管或持有制度,由中立第三方以基金会的形式保有押金并进行保值。用户需要退还押金,直接由第三方退还,当用户损坏单车,由第三方将相应赔偿金额给付企业。

3. 针对网络安全威胁,继续完善和巩固应急处置机制

应急处置机制则就是安全防护工作的最后一道防线。信息安全事件应急处置至少包括快速处置、暂时性修复、事后追溯三个部分。安全事件发生并被觉察到后,首先在快速处置阶段向主要受众切断信息源以消除影响,再使用预先准备好的默认内容进行业务恢复,最后进行溯源分析确定入侵源并实施对应的安全加固方案。在进行处理后,再按正常业务及内容下发流程覆盖被篡改的内容或者文件以恢复业务。但由于 OTT 业务具有受众广泛、影响扩散快的特点,对业务恢复的时间提出了更高的要求。应急处置机制和网络安全事件伴生和相对,网络安全事件变化和发展,客观要求应急处置机制不断地调整和完善。

(作者单位:天津社会科学院法学研究所)

天津市未成年人检察监督工作的完善

天津市滨海新区人民检察院与天津社会科学院
法学研究所课题组

未成年人检察监督与刑事诉讼监督、刑事执行监督、民事行政监督、控告申诉监督共同构成检察机关五大监督职能。2015 年 12 月,最高人民检察院成立未成年人检察工作办公室,旨在加强未成年人刑事检察工作,依法保护未成年人合法权益。目前,我市未成年人检察监督工作不断进步,但仍存在监督线索来源途径单一、监督措施缺乏强制性等问题,对此,建议通过完善检察监督立法、拓宽案件来源渠道、突出侦查监督重点、加强审判监督力度等渠道不断促进未成年人检察监督工作的推进,以期更好地维护未成年人的合法权益。

一、天津市未成年人检察监督工作之现状

未成年人检察监督指检察机关督促纠正未成年人刑事案件的立案、侦查、审判、裁判执行和关涉未成年人民事、行政活动等诉讼过程中违法行为,以保障诉讼程序正当合法的一项专门性的监督活动,其监督的出发点和落脚点在于未成年人的特殊司法保护。目前,我市检察机关未检工作采用的是“捕诉监防一体化”工作模式,兼有司法办案、检察监督和犯罪预防三项职能,相比于其他监督职能,具有如下特点:

1. 业务范围的综合性

未成年人检察工作是以特定对象为目标而划定业务范围的,这也势必决定了其业务范围的综合性。2016 年 8 月,天津市人民检察院成立未成年人检察工作办公室成立,其最重要职责即为负责全市未成年人检察工作的综合业务指导以及未成年人涉嫌犯罪案件、侵害未成年人人身权利犯罪案

件审查逮捕、审查起诉、出庭公诉以及涉及未成年人的刑事、民事、行政诉讼监督活动的个案指导。长远来看,未成年人检察监督不仅涵盖刑事检察业务中的立案监督、侦查活动监督、审判监督、刑事执行监督,还包括民事行政诉讼监督等,是一项多元化的检察监督工作。

2. 业务知识的专业性

未成年人检察监督采用不同于成年人的理念和标准,强调教育感化挽救而非单纯的罪责刑相适应。未成年人检察监督除了可以借鉴侦查、公诉部门的成熟监督经验外,更需要对涉及未成年人社会调查、法定代理人到场、法律援助及附条件不起诉等特殊未检工作以及涉及未成年人监护权、抚养权等民事行政案件的监督问题进行关注。

例如,我市 H 区检察院在办理某强奸案时,针对公安机关侦查人员在询问 14 岁女性被害人时无女性工作人员在场以及在询问 17 岁证人时未通知其法定代理人到场等问题,制发了《纠正违法通知书》,对上述事项进行纠正;又如 H 区检察院在办案过程中发现某企业存在未经许可雇佣未满十六周岁的童工现象,遂制发《检察建议》督促辖区内的劳动部门对违法用工企业进行处罚并适时开展企业劳动用工执法检查,有效地维护了未成年人的合法权益。

3. 维权效率的高要求

“迟来的正义非正义”在未成年人案件中体现得尤为明显,一次侦查阶段的刑讯逼供、一场无法定代理人到场的讯问足以对涉案未成年人造成极大伤害,因此,未成年人检察监督相较于成年人案件来说对效率的要求更高。例如,天津 H 区检察院针对法律援助律师不及时履行法律援助职责向其所在区司法局制发《检察建议》,要求其督促援助律师及时履行援助义务,有效地确保了未成年人及时获得法律援助的权利。未成年人检察监督效率的高要求意味着需要变事后监督为事前监督、事中监督,需要检察机关开拓思路,适时跟踪,构建全程、全方位的监督体系,坚决杜绝公权力在诉讼程序中对未成年人的不当侵害。

二、天津市未成年人检察监督工作难题之原因透析

检察机关未成年人检察监督职能一直是工作中的短板,其往往被办案职能所冲击,甚至有沦为副业的风险,具体表现和原因如下:

1. 监督理论体系尚不完善

我国的法律监督条文散见于《刑事诉讼法》《民事诉讼法》《行政诉讼法》以及各司法解释之中，不能形成完整的规范化监督理论体系。2017 年 3 月，最高检下发了《未成年人刑事检察工作指引(试行)》，细化了未检工作具体标准和操作程序，但该指引中尚未就未成年人刑事执行监督、民事行政监督进行规范。例如在未成年人法律援助方面，司法机关下达《提供法律援助通知书》后，法律援助机构指派的援助律师应当在多长时间内为未成年人提供法律帮助并未有明确的法律规定，简单的“应当及时提供法律援助”会造成未成年人诉讼权利的空白期，造成检察监督何时介入无法可依。

2. 监督线索来源途径单一

我市检察机关进行监督的案源一般来自于办案过程中主动发现、当事人举报控告以及其他机关的移送。但是，对于公安机关在办理案件中未记载入案卷的违法行为、以罚代刑双方和解的案件以及在民事行政案件中当事人并未申诉控告的案件等情形，检察机关是无能为力的。监督线索来源途径的不畅通制约了未成年人检察监督职能的有效发挥，使检察机关开展立案监督工作处于“有心无力”“无米下锅”的困境①。

3. 监督保障措施不到位，缺乏强制性

监督保障措施缺乏强制性所引发的监督不能会导致刑事检察监督的弹性化现状，使监督的实效性大受损害。②《人民检察院刑事诉讼规则》专章规定了“刑事诉讼法律监督”，但其中多属于“提出纠正意见”和“通知纠正”等弹性化司法。以未成年人检察监督中的侦查活动监督为例，检察机关一般以“检察建议”及“纠正违法通知书”的形式对相关违法行为进行监督及纠正，但这种形式对于侦查机关不具有必然的束缚力，其未在规定期间内回复甚至不予回复，检察机关也无任何措施进行制约，强制力的缺乏导致立案监督工作难以有效开展。③

4. 检察人员监督意识薄弱

我市未检办案人员在捕诉办案之外还承担着法律宣传、跟踪帮教的任

---

① 吴明来、林峰：《广东省检察机关立案监督案件专项评查报告》，载《侦查监督指南》2015 年第 4 辑，第 121 页。

② 朱立恒：《我国刑事检察监督制度改革初探——以刑事检察监督的弹性化为中心》，载《法学评论》2010 年第 1 期，第 93 页。

③ 汪杰：《量与质：基层检察机关开展立案监督工作的实践与思考》，载《侦查监督指南》2014 年第 3 辑，第 130 页。

务,往往重司法办案、轻诉讼监督,对法律监督职能重视力度不够,缺乏将法律监督贯穿于整个未成年人检察工作的意识。在审判监督方面,对侵害未成年人合法权益的判决应该重于普通刑事案件,以彰显法律对未成年人的特殊保护,但由于监督意识薄弱未提出有效抗诉现象大量存在,监督意识薄弱导致开展监督工作案件数量较少。

三、天津市未成年人检察监督之完善建议

1. 完善检察监督立法,赋予强制监督手段

在现今的法律框架内,可以通过出台专门的检察监督司法解释来完善刑事、民事、行政诉讼法中所欠缺的内容,赋予检察机关更大的权力来行使监督职能。如完善检察机关提前介入案件机制,实现对未检重点案件的全方位监督,同时明确公安机关对应当立案而不立案情形出具不予立案决定书的时限,畅通监督渠道;在侦查监督上,强化检察建议以及纠正违法的强制力,杜绝公安机关纠而不改,督而无效的现象;在审判监督上,确立对侵害未成年人案件的判决当抗则抗、从重处罚的原则,同时加大对未成年人自诉案件的全程监督力度。

2. 拓宽案件来源渠道,挖掘立案监督潜力

我市检察机关要变被动等线索为主动找案源,对于侵害未成年人合法权益案件的立案监督、追捕追诉以及民事行政诉讼等,要敢于监督、善于监督。具体而言:一是要加大对案件细节的把握程度,通过提讯、阅卷、询问证人等各个环节的严密审查,来确保侵犯未成年人合法权益的案件真正受到检察监督;二是建立司法机关刑事案件信息通报制度,完善检察机关派驻派出所制度,赋予其查阅公安机关关涉未成年人案件台账权限,扩大立案监督案件来源范围;三是要加大对检察机关立案监督职能的宣传,增加人民群众来检控告申诉的线索。四是要内部联动,打通检察机关内部与公诉、侦监、民行等部门的壁垒,建立涉未成年人线索的移送机制。

值得一提的是,2017 年 12 月签订的《京津冀检察机关未成年人检察工作协同发展协议书》规定建立三地未成年人刑事检察工作异地协助机制,确定协同发展的基本原则、合作方式,我市应积极贯彻协议宗旨,畅通未成年人检察工作异地合作的绿色通道。

3. 突出侦查监督重点,提升检察监督质量

未成年人侦查检察监督工作的重点要放在对涉罪未成年人刑事政策的

贯彻落实，以切实维护涉案未成年人合法权益。在实际办案中需重点关注以下几方面：一是强制措施是否适当，尽最大可能对未成年人适用非羁押必要性强制措施，尽量避免交叉感染现象；二是特殊诉讼程序是否落实，检察机关的未成年人检察监督的重点是法定代理人到场、法律援助制度、社会调查报告、犯罪记录封存等特殊诉讼制度的落实；三是对未成年人年龄证据的审查。我国农村地区的未成年人年龄可能存在生日阴历与阳历混淆、出生年份不准确等情况，这就需要督促公安机关在出现证据不一致的情形时不能唯户籍论，要落实出生证明等相关证据。

4. 加强审判监督力度，探索执行、民事行政监督

对于审判监督，要重点关注监督审判程序以及特殊制度如不公开审理、法定代理人到场等特殊制度的适用，保障未成年人得到公正的审理，同时注意对实体法律运用方面的判决与裁定的监督，监督法院是否严格落实"教育为主、惩罚为辅"的原则。在刑事执行活动中，以诉讼过程中的羁押必要性审查和看守所检察以及社区矫正监督中的违法行为为重点，以监督促矫正，畅通好未成年人回归社会的桥梁。民事行政监督目前在实践中还处于摸索阶段，要搭建与法院、律所、社区间的桥梁，收集未成年人监护权、抚养权等案由的案件，通过督促或支持起诉、检察建议等方式启动撤销监护权程序，加强对未成年人民事权益的司法保护。

5. 借力科技技术创新，构建未检监督防线

科技的飞速发展，促使检查监督工作实现行政执法、司法机关信息互联共享、有效衔接，这是"互联网＋""大数据"理念下对未成年人保护检察监督理念的新要求。例如我市和平区检察院未成年人刑事检察科在2010年于新浪网和北方网同时开通了天津市检察系统首家未检博客——"彩虹深处"，由未检科设专人管理维护，定期上传未检工作和法律知识，开展对未成年人犯罪预防和法制宣传教育，为未成年人提供一个网上法律之家，是一次有益尝试。

未成年人的健康成长关系亿万家庭的幸福安康，我市检察机关应善于汲取其他省市优秀经验，运用科技，树立互联网思维，将家庭、学校、社会和司法保护资源融为一体，形成合力，以法律监督职能督促社会各界主动履职，共同构建未成年人保护工作的防线。

（执笔人单位：李希龙，天津市滨海新区人民检察院；段威，天津社会科学院法学研究所）

天津市开展党的创新理论宣传科普工作及发展研究

毕宏音

党的十八大以来,习近平总书记发表了系列重要讲话,深刻回答了新形势下党和国家事业发展的一系列重大理论和现实问题,提出了一系列治国理政的新理念新思想新战略。2017 年 10 月 18 日,党的十九大召开,党中央高度重视学习贯彻党的十九大精神,市委把学习宣传贯彻党的十九大精神作为首要政治任务。为了做好相关宣传科普工作,一年来,天津市社会科学界联合会以党的创新理论宣传科普特别是十九大精神学习贯彻落实为核心任务,通过对标要求,落实"七进",广域覆盖,组织队伍,创新形式,扎实推进宣传宣讲工作,取得了实实在在的理论宣传普及效果。

一、开展党的创新理论宣传科普工作的主要特点

1. 高度重视理论宣传普及工作全覆盖与分众化的有机结合

为了让十九大精神走进基层、走进群众,社联十九大精神理论宣讲工作组根据"七进"要求,对全市的基层宣讲点位进行了梳理摸底和统筹规划,力争做到全覆盖无死角。目前,报告的足迹已延伸至社区、村镇、学校、部队、机关、养老院、门户网站、微信公众号等。同时,理论宣讲还针对不同职业、年龄、文化程度的受众特点,采取分众化的宣讲策略,力求做到一套演示文稿(PPT),几套宣讲提纲,随时宣讲,随时学习借鉴,随时调整补充,以达到分众化和精准化效果。

2. 高度重视理论推送与群众点选的有机结合

一年来,党的理论宣传普及工作始终强调提高政治站位,强化系统把握。特别是围绕十九报告的学习贯彻,力求宣讲紧紧围绕习近平新时代中

国特色社会主义思想这个主线，讲清楚党的十九大的鲜明主题，讲清楚习近平新时代中国特色社会主义思想的丰富内涵，讲清楚党的十八大以来党和国家事业发生的历史性变革，讲清楚中国特色社会主义进入新时代的重大意义，讲清楚我国社会主要矛盾变化的深远影响，讲清楚“两个一百年”奋斗目标，讲清楚坚定不移全面从严治党的重大部署，把干部群众的思想和行动统一到党的十九大精神上来。同时，宣讲小分队还服务群众需要，回应百姓关切，利用已成功运行3年，覆盖全市各区的“理论超市”进基层系列专项服务活动平台，在十九大精神宣讲中实现了上级“要求学什么”、基层“需要学什么”、老师“针对讲什么”的无缝对接，提高了基层理论学习的针对性和实效性。

3. 高度重视宣讲团队的梯队化与多领域的有机结合

党的十九大报告描绘了决胜全面建成小康社会、夺取新时代中国特色社会主义伟大胜利的宏伟蓝图，涉及经济、政治、文化、社会、生态文明、党建、外交等各领域。为此，市社联对标报告内容，注重宣讲队伍梯队化与宣讲内容多领域相结合，细化并遴选出与十九大精神宣讲相关联的500多个选题，根据选题，选派了20位在相关领域知名的专家学者担任首席专家，由他们带领100余名中青年学术骨干组成了理论宣传宣讲小分队，十九大以来活跃在我市16个区的工厂农村、机关学校、军营网站，已宣讲近二百场，受到了基层群众的拍手称赞。

4. 高度重视集体备课与对接需求的有机结合

为了更好地学习贯彻宣讲十九大精神，市社联进行了精心部署和系统实施。围绕十九大的召开，社联分别在会议前夕组织了宣讲动员会，期间组织宣讲人员进行收听收看、自学与集体备课。为了能够将十九大报告的贯彻落实与基层的理论需要相对接，在宣讲员集体备课过程中，同时邀请了各个区宣传部相关领导、基层宣传干事、宣讲员、媒体人、社区志愿者，从各个角度提出了基层的宣讲需求。集体备课让宣讲更加紧扣主题，供需对接则使得宣讲工作更加有的放矢。

5. 高度重视宣讲数量与宣讲质量的有机结合

搞好十九大宣讲，数量是基础，质量是保证。从数量上看，十九大精神基层宣讲团已进行了近二百场专题报告和研讨交流。包含了“报告解读”“新时代中国特色社会主义思想阐释”“党建”“社会治理”“依法治国”“思政育人”“经济建设”“新发展理念”“文化建设”“社会建设”“外交政策”等多项内容。计划年底到基层宣讲300场，到明年8月份实现全年理论宣讲

500 场。同时,宣讲团还严把质量关,以学习贯彻落实十九大精神为主线,以聚焦平衡、充分发展为主题,组织专家进行了区域性、行业性对策研究 150 项,调研基层单位 300 家。目前,已经收集整理了 50 余个调研单位,近 150 多个研究课题,500 余个宣讲题目,为进一步深入学习研究习近平新时代中国特色社会主义思想,迅速、有效、精准宣讲,为十九大精神和习近平新时代中国特色社会主义思想走进千家万户,让光辉思想成为津沽大地上的生动实践进行了比较充分的储备。

6. 高度重视利用传统载体与新型载体的有机结合

开展宣讲活动,高度重视了传统讲座方式,专家学者们下到基层点位,开展面对面、互动式的宣讲,这种形式让百姓有参与感、代入感,体验感,群众的热情很高。而发放普及读物也同样纳入宣讲大任务中。此次编印了 10 万余字的《学习党的十九大报告资料》《图解党的十九大报告》等科普口袋书,共 3 万册,印发达 7 万余册,群众普遍反映:通俗易懂,好记好学。为推动党的十九大精神走进基层、走进群众,社联高度又重视对融媒体传播手段的运用。包括紧紧依靠"津云"的全媒体传播优势,对基层宣讲进行立体化、全方位、无线网络全覆盖式的报道宣传;11 月下旬,还与天津广播电台新闻台联合举办"实践出真知"科普节目,推出十九大精神系列讲座,并同时在新闻台微博、微信公众号上推送;此外,除了利用报纸等传统媒体,还运用 H5 这一新媒体形式,与北方网、今晚报、中老年时报及中广新媒体研究院联合,开展了"学习党的十九大精神"万人知识竞答活动。

7. 高度重视宣讲的理论性与鲜活性的有机结合

进行基层理论宣讲,需要面对最普通的老百姓,板起面孔做学术报告,群众肯定听不懂也不爱听。同样,新媒体时代提高了信息的可获取性,如照本宣科,群众恐怕也不会买账。为此,社联对宣讲人员提出了"既有理论高度,又通俗易懂;既全面系统,又重点突出;既有宏观数据,又有具体实例"的要求,即宣讲者要具备学术积淀和理论功底。通过深厚的理论积累,系统的理论梳理,全面的理论思考,准确把握十九大精神的精髓,要在较短的时间内,引导大家学懂弄通习近平新时代中国特色社会主义思想的深刻内涵,以保证产生更广泛更强大的宣传力量。同时,宣讲也要接地气,力求用老百姓听得懂、记得牢、愿意听的语言,用真实案例,故事和寓言,数字和流行语,甚至用唠家常、做游戏的方式,进行鲜活的、生动的启发式交流。

8. 高度重视学懂弄通与运用做实的有机结合

习近平总书记指出,学习的目的全在于运用。学习只是起点,学习为了提高理论水平,更为了应用做实。为此,社联从三个方面拓展思路,一是围绕基层宣讲工作发放近1500份专题问卷调查,并在每次宣讲后填写群众意见建议反馈表,以考察宣讲效果,分析群众所需,二是将基层理论宣讲与学者智力帮扶、对策研究对接,让百姓真真正正获益。三是鼓励宣讲者撰写反映基层实践先进事迹和人物的《基层故事》,反映自身认识体会的《基层日记》,最终要使广大干部群众和宣讲人,都能有收获,鼓士气,增干劲,为实现"两个一百年"奋斗目标,为"五个现代化天津"建设增光添彩。

二、开展党的创新理论宣传科普工作的"短板"

党的创新理论宣讲特别是十九大精神宣讲虽取得了不少成绩,但通过对宣讲活动实践的总结和基层调研,也发现相关科普工作尚面临着一些问题和"短板"。

1. 普通群众的理论素质有待进一步提升

在宣讲和调查中发现,我市的干部群众虽然非常关注十九大,但很多人对新时代中国特色社会主义思想的了解和认识毕竟只是初步和浅层次的。同时,他们中的许多人,对与报告有关的法律法规理论、社会主义市场经济理论、现代科技知识理论等掌握程度也不高。

2. 最新的理论宣传手段和工具利用率不足

在宣讲和调查中发现,相当一部分百姓主要还是利用面对面、电视、报纸等渠道学习十九大精神,再看网络渠道的使用情况,尽管传统网站专栏、微信公众号等,相对比较成熟的网络应用使用比例较高,但微电影、微视频、APP(智能手机软件)等的使用率依然不足。

3. 普通群众之间差异大,导致信息渠道使用上的不平衡

在基层宣讲和调查中发现,有相当部分的被调查者没有上网经历,即使是已经上网的网民,也很少利用传统网站之外的其他网络传播渠道学习。这些问题主要集中在农村地区,在较低文化程度和下岗失业人员、老年人口等群体中间,表现尤为突出。

4. 少数党员对党的十九大精神的全面系统把握也有不足之处

在基层宣讲和问卷调查中还发现,有个别党员缺乏对十九大精神的系统把握和深刻领会,甚至不能够准确完整说出社会主义核心价值观、五大发展理念、四个全面等具体内容,对所涉及的知识也还存在一知半解的情况。

三、对进一步搞好党的创新理论宣传科普工作的对策建议

1. 不断整合我市的宣传力量,提高传播的持久力、影响的扩散力

宣传要有广度、有力度和有长度。让我市城乡居民真正做到读原著、学原文、悟原理,要做到广泛覆盖;需营造浓厚的理论学习氛围,同时,还需要长期发力,久久为功。即通过多媒体、跨学科的宣传力量,不断形成由上至下、以点带面,网上网下的全天候、广覆盖和机制化的传播宣讲网络。

2. 继续加强相关社科理论的系列化普及工作

做好相关社科理论的普及,第一,要提高政治站位,坚决与党中央保持一致。第二,要勇于担当作为,注重形成团结人民、鼓舞士气的实效。第三,要有深厚的学术积淀和理论功底,做到言之有物,言之有理。第四,要统筹兼顾,提供系列化理论宣讲服务。第五,要做到以情感人,成风化人。

3. 不断创新新媒体时代的理论传播手段

尝试将集体学习与自主学习,专家辅导与实地考察,课堂讲授与观看微视频、学习先进典型与集体研讨、做报告与讲故事,专题学习型动漫与知识竞答等方面的相互结合;充分利用“津云”的“播、视、报、网”的全媒体融合优势,引入“党建云平台”和“理论学习宣传 APP”等传播新形式。

4. 帮扶重点人群,精准满足需要

习近平总书记指出:“宣传思想工作是做人的工作,人在哪里重点就应该在哪里。”系统了解农民、老年人、下岗失业人员等群体的理论需求,倾听他们的建议呼声,量身订造适合于他们的“理论菜单”,通过“理论超市进基层”精准服务,努力让最基层百姓想听、能听、爱听、乐听。

5. 发挥党员的示范引领作用

要教育和引导每位党员带头认真学习和深刻领会十九大精神的丰富内涵和核心要义,用以武装头脑、指导实践、推动工作;进一步增强政治意识、大局意识、核心意识、看齐意识;在任何岗位、任何地方、任何时候,都牢记党员身份,发挥先锋模范作用。

(作者单位:天津社会科学院舆情研究所)

推进天津市文明城市创建工作的对策研究

叶国平

创建文明城市，建设美丽天津，是天津市委做出的一项重要决策部署，也是现代化天津建设的重要内容。自从2017年初市委提出全域创建文明城市的目标要求以来，全市各区各部门对文明创建工作更加积极主动，各项工作更加扎实深入，全民、全面、全域创建的新格局正在形成，市民文明素质和城市文明程度有了进一步的提升。

一、天津市文明城市创建工作的积极进展

近年来，文明城市（区）创建工作越来越受到各级党委政府的重视。2016年，天津市下发《天津市文明区县创建管理办法（试行）》和《天津市文明区县测评体系》，指导推动各区县文明创建，并在年底开展了文明区县测评工作。在2017年天津市宣传思想文化工作会议上，市委书记李鸿忠强调指出，要建立文明城市自评机制，推进全域创建文明城市工作。提出全域创建文明城市，这在全国直辖市中是第一次。一年来，在市委领导的强力支持推动下，市文明办积极协调督导，相关部门大力配合，各区真抓实干，文明城市创建工作取得积极的进展。

一是下发《天津市文明城市创建工作方案》。由市委办公厅、市政府办公厅联合下发的《工作方案》，把全域创建文明城市作为提升城市文明程度的重要载体，坚持以人为本与群众参与相结合、部门创建与区域创建相结合、统一标准与便于操作相结合、阶段目标与长效建设相结合，部署各方面力量在共创共建共享中打造崇德向善、文化厚重、和谐宜居的文明城市，推动形成全域创建、整体提升的新格局。

二是制定文明城市测评体系及操作手册。市文明办以《全国文明城市

测评体系》及其《操作手册》为基础,同时兼顾城区和市级职能部门在文明城市创建过程中承担的不同职责(各城区要承担文明城区测评体系中的所有职责,而市级职能部门只是根据其部门职责承担对应的责任),设计制定了一套《测评体系》,配套了对应城区和市委办局的两版《操作手册》,分别明确了城区和市委办局的责任分工、测评内容和测评方法。这一做法明确了城区和市委办局的创建职责,有利于充分发挥各城区和市委办局两个创建责任主体作用,推动文明城区创建和文明城市创建的有机融合,逐步形成全市全域文明城市创建的良性机制。

三是部署《天津市全域创建文明城市三年行动计划》(2018—2020 年)。针对天津文明城市创建中存在的突出问题和薄弱环节,提出了着力推进的八项重点工程,包括市民文明素质提升工程、城市面貌优化提升工程、城市交通秩序提升工程、城市社区功能提升工程、美丽乡村建设提升工程、窗口单位服务提升工程、社会安全环境提升工程和重点区域综合提升工程,旨在经过三年努力,实现市民文明素质、城市文明程度、城市文化品位和群众生活质量的整体提升,不断满足人民群众对美好生活的需要。

四是以评促建,强化督促指导。2017 年,市文明办加大了创建指导力度,组织力量对全市各区进行了中期专项测评和年底综合测评,同时对全国文明城区提名城区进行了三轮专项督查,及时向各区反馈测评督查中发现的问题,推动各区补足短板、整改落实、深化工作。

目前天津市各区对文明城市创建工作高度重视,投入力度不断加大,各项工作逐步深入,整体创建工作取得一定成效。各区文明城区创建的长效机制正在形成和逐步完善,在深化文明城区创建的思想道德内涵,大力培育践行社会主义核心价值观,传承社会公德、传统美德上有了较大进步。各区主要道路、繁华地段、重点单位,党的十九大精神、社会主义核心价值观、“讲文明树新风”等公益广告宣传展示明显增多,市容环境整治工作富有成效,主要道路、主要街道和公共场所的公共设施建设、公共秩序管理和市民文明素养有了提升,各区整体环境面貌都有不同程度的改观,市民群众的满意率、支持率和参与率也在稳步提高。问卷调查显示,天津市民对文明城市创建活动的支持率为 95.6%,对文明城市创建活动效果的满意率为 84.6%,对党的十九大精神和习近平新时代中国特色社会主义思想的知晓率为 88.1%,对宣传普及社会主义核心价值观效果的好评率为 87.1%,对社会治安环境的满意率为 85.8%,对社区生活便利程度的满意率为 84.8%,对本区党政机关依法行政、办事效率和服务态度的满意率为 84.5%,对各类窗口单位服务质量的满意率为82.4%。

二、存在的问题与不足

尽管文明城市创建工作成效明显,但与文明城市的标准相比,与市领导的要求和广大市民群众的期望相比,目前还存在不少的问题与差距。

1. 文明城市创建宣传氛围不够浓厚

主要表现:社会主义核心价值观社会面宣传氛围不够浓厚,针对社会主义核心价值观、讲文明树新风、市民公约、精神文明创建和诚信建设的宣传和展示工作还不到位,需要进一步加强。各类公益广告宣传形式单一、数量偏少、覆盖面不广,社会公德、职业道德、家庭美德、个人品德教育和道德模范、身边好人宣传学习活动有待进一步提高效果。市民群众对文明创建活动、法制宣传教育活动、邻里互助、环境保护、扶贫救困等公益活动的知晓度、满意率和参与率还不高。

2. 公共设施建设管理维护存在明显短板

主要表现:各区公共基础设施建设亟待加强,相关管理维护还差强人意。部分非主干道和背街小巷存在道路坑洼积水、破损不平现象,道路两侧违规占用、占道经营现象比较严重,部分公共服务场所对无障碍设施不够重视。各区人均活动场所和绿地面积普遍不足,一些公共服务场所软硬件建设和配套服务不尽人意,个别河道特别是城郊河道被污染问题依然严重。

3. 街道社区环境整治力度有待增强

主要表现:老旧街道社区环境面貌不同程度存在脏乱差、投入管理不足问题,不少老旧社区,从道路两侧便民设施建设到社区楼道楼门配套等,都存在严重的历史欠账,社区环境建设急需加强。各区绝大多数社区没有生活垃圾分类设施,多数老旧小区垃圾杂物未及时清理、乱堆乱放现象,小区楼道乱贴乱画、乱堆杂物现象都较为普遍,需要有针对性地整治。相当数量集贸市场和背街小巷乱扔垃圾严重,环境卫生较差。街头饭店室外露天烧烤、乱排油烟现象也较多。

4. 市民文明行为和素质要进一步提升

主要表现:主次干道、商业大街、公共广场、公交车站等公共场所,乱扔烟头杂物、随地吐痰、损坏花木等不文明行为还时有发生。早晚高峰时段,交通路口行人、非机动车、机动车闯红灯、乱过马路现象较为严重,急需整治。机动车违章驾驶、占道停放、向车外抛洒物品、不礼让行人等行为,以及行人随意横穿马路、跨越交通护栏,非机动车、行人上快速路等行为还较为普遍,对广大市民的文明素养教育和文明创建宣传发动还需要加强。部分窗口单位和服务行业还存在“生、冷、顶、硬、拖”等问题。很多网吧虽有未成年人禁入标识,但却默许未成年人上网,需要加强相应管理。

5. 文明城市创建体制机制需完善

文明城市创建的一些体制机制、政策措施还需要进一步完善。一些单位和部门对文明城市创建的地位、作用的重要性认识不足,工作摆位不高。各区创建文明城市队伍普遍比较薄弱,兼职人员多,专职人员少,与履职尽责相适应的能力素质还需要进一步提高,教育培训还需要加强。各区文明城市创建动态长效管理机制还没有建立,领导重视程度还有待提高,文明委机制体制发挥作用还显不足。

三、推进天津市文明城市创建的对策建议

1. 紧扣测评体系,狠抓业务培训

测评和督查中发现各区存在的很多问题,都与对测评体系研究不深不细,对操作手册的具体要求把握不准不透有很大关系。下一步应紧紧围绕测评体系及其操作手册,结合存在的问题,下功夫狠抓各区创建文明城市工作培训,逐条逐项弄通弄懂测评体系内容和要求,指导各区特别是全国文明城区提名城区牢牢树立测评体系就是工作指挥棒的观念,从一项一项的工作部署到工作推动到工作总结,严格按照测评体系的标准和要求,扎扎实实做好做细做出成效。

2. 坚持问题导向,狠抓工作短板

要针对各区存在的具有一定普遍性的问题,组织专门队伍,明确任务职责,逐项逐条狠抓整改,并注重举一反三。比如:针对老旧社区、背街小巷私搭乱盖、乱堆杂物、墙面污秽、路面破损等环境设施问题,各区要有计划地进行整治改造;针对沿街沿道商铺外溢占道经营问题,要进行全面集中清理;针对路边自发形成的摆摊设点市场,要坚决取缔;针对主次干道、交通路口车辆行人不能各行其道,行人、非机动车闯红灯、乱穿马路现象,要严格执法;针对公共场所乱扔杂物、乱贴小广告、随地吐痰等不文明行为,要进行积极劝导,等等。

3. 坚持民生导向,狠抓民生工程

要坚持以人民为中心的发展思想,把创建文明城市与解决好涉及人民

群众切身利益的民生问题紧密结合。各区要以解决人民群众反响强烈的交通、环境、居住、医疗、养老、教育、治安等民生问题为抓手,规划落实一批民生工程项目,同时做好宣传群众、组织群众、服务群众工作,改进服务态度,提高服务水平,通过一项一项看得见、摸得着的实际成果取信于民,让群众对创文工作有更加真切的获得感,以赢得群众的理解、支持和参与,不断提升市民群众对创文工作的满意程度。

4. 加强宣传引领,狠抓营造氛围

市民群众的积极配合、支持、参与是做好创建文明城市工作的基础。要以学习宣传贯彻党的十九大精神为契机,充分利用各类宣传阵地,充分发挥机关、学校、企业、社区、团体渠道作用,大力宣传文明城市创建工作,大力开展社会主义核心价值观和"讲文明树新风"公益宣传,让文明宣传像空气一样无处不在。同时,可以广泛组织机关干部、志愿者队伍上街道、进社区,深入开展创文宣传引导工作,对文明行为进行示范宣传,对不文明行为进行劝导制止,积极营造文明有礼的浓厚社会氛围。

5. 加强统筹协调,狠抓创建机制

文明城市创建是一项系统工程,永远在路上,必须建立健全一套长效常态的创建工作机制。各区要把创建工作纳入经济社会发展总体规划,完善组织领导体制,党政主要负责同志要带头履职尽责。各区文明委及其办公室要有健全的工作制度和具体的保障措施,要在人财物上加大投入。要充分发挥和统筹协调好交通、城建、公安、环卫、园林、教卫、国资、民政、发改委等职能部门的作用,完善相关制度措施,发动各职能部门积极支持配合参与文明城市创建工作,努力形成条块配合、分工合作、共创共建的高效创建工作机制。对于环境卫生、公共服务、公共秩序一类的突出问题,要明确主体责任,完善督查追责机制,依靠基层,依靠责任单位反复查,查反复,反复治,治反复,真正抓深抓细抓出成效。

(作者单位:天津社会科学院舆情研究所)

天津市"全民健康生活方式行动"实施成效分析及对策研究

林　竹

"全民健康生活方式行动"是由原卫生部于2007年倡导的以"和谐我生活,健康中国人"为主题,以传播健康知识,提高全民健康意识、倡导健康生活方式,促进健康行为形成,降低慢性疾病危险因素为内容的品牌项目。2008年,天津市启动实施"保健康快步走预防慢性疾病暨全民健康生活方式行动",经过第一阶段行动,大众健康生活方式知识水平和健康行为能力普遍提高。2017年6月,天津市卫生计生委、市教委、市场监管委、市体育局、市总工会、市妇联和共青团市委联合举办了天津市全民健康生活方式行动第二阶段(2017-2025年)启动仪式暨"普及健康生活"微信公众号发布会。全民健康生活方式行动第二阶段重点开展"三减三健"(减盐、减油、减糖,健康口腔、健康体重、健康骨骼)、"适量运动""控烟限酒""心理健康"等专项行动。分析第一阶段行动实施效果,发现问题,对于实现全民健康生活方式行动第二阶段目标任务具有重要意义。

一、"全民健康生活方式行动"的实施成效

"全民健康生活方式行动"实施以来,得到天津市委、市政府的高度重视和大力支持。近年来,各区、各部门开展了形式多样内容丰富的全民健康教育与促进活动,组织各种健康生活方式主题干预活动,并联合主流媒体进行宣传报道;创建健康社区、健康单位、健康学校、健康食堂、健康餐厅以及健康主题公园、健康知识一条街等多种健康支持氛围;建立慢性病综合防控示范区,健全重大慢性病系统管理服务模式,居民大众健康生活方式知识水平和健康行为能力普遍提高。"十二五"期间,本市居民期望寿命连年超过81

岁，达到发达国家水平；人群水果摄入达标率从23.2%增到29.4%；每人每天平均锻炼时间从24分钟增加到46.4分钟；成人吸烟率由27.2%下降至22.1%，二手烟暴露率由64.8%下降为24.7%，保护了约400万市民免受二手烟危害；本市户籍居民急性心梗死亡率从2013年的110/10万大幅下降为2016年的77/10万，降幅达30%。2010、2012年天津市分别获得了全国全民健康生活方式行动银奖和一等奖。

第一阶段行动结束时，天津市疾控中心在全市各区进行了专项评估调查，结果显示，健康生活方式宣传干预较多的优秀区关于健康生活方式相关的大部分知识知晓率高于普通区，尤其是“知道每人每天应摄入食盐6g以下”的知晓率为88%、“知道每人每天摄入的油脂应不超过25~30g”知晓率为86.8%、“知道成人每天身体活动水平为6000步”的知晓率为64.8%。这些指标值要高于国家开展行动城市组测评平均水平。在健康行为普及方面优势也相对明显，优秀区居民大部分不健康生活方式的存在情况，包括食物品种较单一、口味较咸、常吃油腻食品、蔬菜水果摄入不够、锻炼不够、吸烟喝酒等，要低于普通区，并且优秀区居民膳食结构合理、能采取各种控制体重措施、控油限盐措施的人群比例均高于普通区，说明我市全民健康生活方式行动的有序开展提高了居民健康知识水平，人群健康生活方式行为也逐渐改善，尤其是优秀区，各项工作完成的深度和广度都要好于普通区，几年的宣传干预工作取得了较好的成效。

同时，调查也反映出一些问题：我市居民对全民健康生活方式行动知晓率仍较低，优秀区为51.4%。普通区仅为11.3%。而在全国行动工作评比中获得第1名的上海市进行的调查中发现，该市18~69岁人群中，有超过2/3的人听说过“全民健康生活方式行动”。我市普通区居民“知道每人每天应摄入食盐6g以下”的为20.8%、“知道每人每天摄入的油脂应不超过25~30g”仅为9.5%、“知道成人每天身体活动水平为6000步”的知晓率为14.2%。可见各区居民对全民健康生活方式知晓的不平衡状态。调查发现，居民对成人正常BMI（体质指数）范围以及不同性别健康腰围知晓率普遍较低，优秀区仅为15.6%和20.6%，普通区更是低到2.6%和5.7%，明显低于国家开展行动城市组平均水平（36.0%、30.8%）。BMI（Body Mass Index，身体质量指数）是目前国际上通用的评定超重和肥胖状况的指标，而腰围则可用来定义中心性肥胖，常提示内脏脂肪堆积。调查中还发现，尽管“行动”入户向居民发放盐勺等健康小工具，但BMI标尺、腰围尺、盐勺、控油壶的使用率普遍较低，健康支持工具大多通过健康宣教等活动分发，因此使用受活动组织方等因素影响较大,另外,工具本身的实用性、便利性以及环保性等问题也影响居民的接受程度。

二、"全民健康生活方式行动"实施中存在的问题

1. 执行部门单一,工作机制不完善

目前"行动"主要由卫生计生行政部门牵头,由于多部门合作、技术部门支持,全社会参与的工作机制尚未成立,使得项目开展在需要外部门合作时显得力不从心,对群众具有健康生活方式指导意义的健康支持性环境设施有待完善。比如健康社区的开展需要街道办、居委会、体育局等协助;路灯广告、健康步道、健康公园的建设需要住建部门、公用事业局、体育局等协助;公益广告、媒体宣传等等需要教育部门、广电部门等协助。这些都需要其他部门共同努力配合才能够完成。

2. 缺乏经费支持,工作开展不够深入

"行动"专项工作经费仅依靠卫生计生系统中的疾病控制机构每年工作经费及通过少量中央补助财政经费维持项目运转。项目涉及的健康支持环境建设,如健康自助站、健康步道、健康知识一条街、健康讲座、健康宣教、健康设施等,大规模普及的健康支持性工具,如控油壶、限盐勺、BMI 尺等、健康示范创建,如健康单位、健康社区、健康食堂等,电视台、电台、新闻出版物等媒体宣传、户外广告设置等均无专项资金进行创建和维护,多数情况下在当年创建结束之后,之后没有经费维持,或呈一次性现象。

3. 宣传力度不足,覆盖面不够

在推进"行动"项目的过程中,借助于电视、报纸、广播等媒介推广还远远不够,经费和人力的局限使得部分"行动"相关的宣传活动只能穿插于活动启动日、全民健康活动日、非慢性病宣传日等活动节点开展,行动宣传工作很难做到常态化、制度化和多样化。而且针对"行动"项目的宣传资料匮乏,开办讲座和活动的内容、形式都非常局限,大大制约了健康生活方式有关知识的进一步推广和普及,导致群众覆盖面极其有限,居民健康生活方式的知识知晓率普遍偏低,所获取健康生活方式相关知识也只停留在相对较浅的层面。

三、“全民健康生活方式行动”的发展建议

1. 搭建全社会参与的项目框架

逐步建立政府主导、多部门合作、专业机构支持、全社会参与的工作机制。“行动”是一项政府工程，一项政府公共事业，要加大政府对实施健康生活方式行动的政策支持。政府牵头成立“行动”工作领导小组，卫生计生、体育、教育、文化、公共管理等多部门以及各街道办事处积极参与进来，建立区、街道、社区三级联动的长效推进机制，从政府的层面督促落实相关部门的职责，统筹协调解决实施过程中存在的问题和困难。充分利用创建卫生城市和慢性病综合防控示范区等工作平台，逐步将全民健康生活方式行动重点工作内容纳入卫生城市创建考评指标体系中，扩大行动范围，拓展行动内涵，积极出台健康教育和健康促进政策，为行动开展提供有力的政策保障。

2. 建立健全经费保障机制，确保项目可持续发展性

加强中央补助地方“健康生活方式行动”项目资金管理，提高资金使用效率。市、区级地方财政设立该项目财政专项经费，并不断加大对“行动”的投入力度，确保持续有效的该项目筹资机制形成和筹资渠道畅通。同时充分利用社会资源开展“行动”，积极推进健康服务业发展，实现该项目可持续发展。

3. 运用多种形式扩大宣传力度

要运用媒体的手段，努力营造促进健康生活方式的社会舆论环境。一方面，应用传统媒体进行传播，充分利用受众面广的电视、广播、报纸、期刊，并确定主流媒体，全面跟踪和长期跟进，形成鼓励全民健康生活方式的社会氛围。可以在报纸上开展健康思想知识问题竞答，结合实物奖品的形式提高居民主动参与程度；或者结合当地媒体，制作健康生活方式养生课堂，向居民教授使用的健康生活方式；另一方面，合理应用新媒体进行健康生活方式探究，应用网络微课堂，视频短片，微博话题互动等多种形式促进健康生活理念的综合应用，提高健康生活理念的传播，促进居民生活方式的转变。2017 年 7 月“天津普及健康生活”微信公众号平台发布，将为建设健康天津、保障广大群众身心健康提供信息支持起到很好的作用。

4. 丰富充实健康生活方式行动内容

一是应用健康生活概念广阔的知识领域，对居民开展健康知识讲座，增

强居民健康生活意识;二是将健康生活方式行动变成生活的一部分,健康生活方式行动人员可以组织居民健身、跑步、竞走、广场舞多种锻炼形式都是实现健康生活活动日常化;三是要切实依靠基层医疗卫生服务机构,通过培养社区健康生活方式指导员等方式,在社区开展健康生活方式宣传教育,充分调动群众参与积极性。四是设计开发更实用的健康支持工具,如控油壶,限盐勺等,扩大发放范围,下放到健康社区、学校、单位、餐厅、食堂内摆放可供自由领取,利用发放宣传海报、折页的渠道,逐步普及这些支持工具,帮助居民在生活中实践健康生活方式。五是为了拓展健康生活宣传范围,可以在当地开展"健康生活志愿者招募活动",一方面加大行动服务队伍,同时也促进当地健康生活理念在大众中的传播。

全民健康生活方式行动是一项长期的、系统的社会工程,也是一个不断完善的过程。只有经过多方共同努力,才能不断提升全民健康生活方式素养,提高全民生活质量。

(作者单位:天津社会科学院舆情研究所)

天津市软环境现状与对策研究

李　莹

2017 年,天津市进一步优化政策环境、政务环境、法治环境、产业环境、营商环境,投资发展软环境持续优化。

一、软环境建设现状

1. 政策环境

建立天津市创业投资发展协调推进机制,加强统筹协调。加强天津市创业投资引导基金运作,引导更多社会资本投资中小科技型企业。依托国家自主创新示范区、自由贸易试验区等平台载体,开放项目、企业等资源,引导创业投资企业投资于各类国家和市级科技计划,形成科技成果转化。加快创业孵化基地、众创空间等建设。

完善人才引进、激励、保障机制,全力打造聚才引才新高地。深入推进人才发展体制机制改革,推进“千人计划”、新型企业家培养工程、“131”创新型人才培养工程等吸引创业投资人才。每万人口人才量 1716 人,全国平均水平为 896 人;每万人发明专利拥有量 12.2 件,全国平均为 8.9 件。2017 年 4 人入选中国科学院和工程院院士。在全国率先实施引进人才“绿卡”制度,率先在全国实施外国专家证和外国人就业证的“两证”整合,国家外专局评价为天津经验、天津模式,并在全国全面推广。天津连续 7 年入选外籍人才眼中的魅力城市。根据《2017 年中国区域国际人才竞争力报告》,我市人才质量竞争力指数为 2.1,在全国排名第 7 位。

2. 政务环境

全面提升行政审批和服务、“互联网 + 政务服务”和投资贸易便利化水平,推动“放管服”改革。市级审批事项进一步减少为 9 项,完成固定资产投资项目合理用能审批事项等 9 个市级审批事项流程地方标准的起草编制。市区两级全面推行单一窗口、综合受理、部门协同等机制。加强公共服务平台建设,实行清单管理,加快建设审批“网上大厅”。推进全市统一的公共资源交易电子平台建设。深化商事制度改革,进一步优化登记流程,升级数据共享机制,全面实施企业“五证合一、一照一码”,个体工商户“两证整合”。充分运用跨部门联合惩戒和“双随机、一公开”等监管方式方法,加强事中事后监管。

天津市行政许可中心成为“放管服”改革成果的集中展示平台。市级行政许可事项由 1133 项减少到 255 项,在全国 31 个省市区中最少。首创审批操作规程地方标准。经过多年改革,行政许可事项申请材料总量由 8325 件减少到 3945 件,减少 52.6%,平均承诺办结时限由 21.5 天减少到 6.6 天。坚持互联网理念、技术、手段、思维、应用五措并举,建立全覆盖的网络体系。目前,100% 的行政审批事项实现网上申报,31% 的行政审批事项实现网上办理。

3. 法治环境

法治天津建设领导小组印发《2017 年法治天津建设重点工作》,确定了 72 个单位 143 项法治天津建设重点工作。把国家工作人员“学法用法”作为常态化工作来抓,五年来,共组织局处级领导干部学法用法考核 93000 多人次,国家工作人员法治讲座 86 万人次,法治培训 200 万人次,促进国家工作人员通过深入学法更好地带头遵法守法,依法用好手中权力。坚持以公开促公正、树公信,主动请人民监督,构建开放、动态、透明、便民的阳光司法体制。从 2017 年开始人民监督员不再由检察院选任,进一步提高了人民监督员制度的公信力和权威性。用标准化的尺度,对立案、审判、执行全过程进行检验,全市法院生效案件服判息诉率达 99.1%,让人民群众切实感受到法治的公平正义。

规范部门权力运行、规范中介服务和收费、规范行政执法监督、严格依法保护产权、严格涉企司法审判,率先形成依法行政制度体系。建立健全创业投资企业及其人员信用记录。深入落实《天津市专利促进与保护条例》,加强对创新创业早期知识产权保护。健全知识产权侵权查处机制,依法惩治侵犯知识产权的违法犯罪行为。

4. 产业环境

降低税费负担。严格执行小微企业享受减半征收所得税优惠政策。扩大小微企业享受减半征收所得税优惠政策范围。简化增值税税率结构,由四档税率简并至三档。实施技术先进型服务企业所得税优惠政策,符合条件的企业减按15%的税率征收企业所得税。落实供热企业税收优惠政策。免征公共汽电车和固定装置非运输车车辆购置税。落实降杠杆财税支持政策。清理规范一批行政事业性收费。

降低企业人工成本,降低失业保险费率、资金成本。市财政出资200亿元人民币设立天津市海河产业引导基金。降低用电成本、快递企业经营成本、制度性交易成本,清理规范涉企保证金。降低创新创业成本,落实对科技型中小企业研发费用税前加计扣除政策,落实科技企业孵化器税收优惠政策,减缴专利收费。降低生产经营成本和管理费用,落实企业进口贴息政策。

5. 营商环境

全面放宽市场准入和放开竞争性领域、提升招商引资水平、优化基础设施条件,积极构建高度开放的新型投融资体制和环境。大力发展先进制造业,培育产业龙头企业,开展“互联网+”产业集群行动。大力发展现代服务业,培育壮大金融、科技服务等重点产业。优化投资结构,提高民间投资、实体经济投资的比重。深入推进大众创业、万众创新,充分发挥市场配置资源的决定性作用。优化投资营商环境,实施新一轮民营经济发展行动计划。鼓励民营企业积极参与国企改革,放开竞争性行业领域。推进万户民企转型升级和百户民企集团发展壮大行动,引导实现“专精特新高”发展。大力发展科技型和高新技术企业,培育发展一批科技领军企业。

实施分类帮扶,推动盈利企业做优做强做大。搭建市、区两级政企互通服务信息化平台,实施“政策包+政策服务”清单模式,精准定位、精准帮扶。“政策包”及时在市级政企互通服务信息化平台上挂网公告,并与市行政审批服务网实时交互,实现资源共享、即时更新。

二、进一步优化软环境的对策建议

当前,一些部门在开放观念和服务意识上,与南方先进地区相比仍有较大差距。如,有些部门只是被动地学习其他省市的先进经验,而不能主动突破一些不适应形势发展的条条框框,不能率先创新,影响到了企业的投资信心和积极性;对一些困扰企业发展的难点问题,有些部门缺乏主动研究,协调解决不力;一些工作人员缺乏服务意识,业务素质不高,不能急企业之所急,办事效率低,对办事企业“一次性告知”服务不到位。天津工业偏重、业态偏旧,新动能创新不足,民营经济发展不快,开放度不高等,都制约着天津的发展。同时,楼宇、金融、众创、科技等优势地位不突出,优势不优也是短板。要争创全国软环境发展最优地区,还需要进一步改进相关工作。

1. 以解放思想推动改革创新

将解放思想作为推进改革开放创新的切入点,敢于领先,以新应新,抢占先机,主动应变,以理念的接续更新,推动持续发展。破除一切束缚改革开放创新的思想观念,破立并举、破中有立。坚持理念先行,以新发展理念为引领,念好市场、开放、绿色、创新、人民"五所大学"。破除等靠要、"不找市场找市长"的传统思维,树立市场为帅、需求为王的理念,以市场定取舍、论输赢。破除官尊商微、官大商小的官本位意识,树立"产业第一、企业家老大"的理念,营造有利于创新创业的重商文化。破除一亩三分地的封闭观念,树立海纳百川的开放理念。破除自我设限、畏首畏尾的思维,树立艰苦奋斗、真抓实干的务实理念。营造解放思想的文化氛围,充分发挥文化对于人的潜移默化作用。建立解放思想的制度体制机制,促进观念更新、理念创新。

2. 着力提升城市形象

坚持世界眼光、国际标准、高点定位、天津特色,精心规划设计城市,强化规划引领作用,做到一张蓝图绘到底。努力打造智慧城市,深化细化城市管理,着力塑造城市之"品"、留住城市之"根"、追求城市之"新"。在全社会形成崇德向善、见贤思齐的浓厚氛围,引导人们做爱国守法、崇德守信、文明和善的天津人,做热情厚道、开明包容、大气豁达的天津人,做务实敬业、勤勉吃苦、坚韧自强的天津人。特别是做敢为人先、崇尚一流、追求卓越的天津人,这是天津文化建设中需要加强完善的精神品质,也是改革开放创新的内生动力。深挖天津特有城市基因,借助技术力量,将更多天津特色通过互联网等进行传播,全方位展现天津城市特质,激发城市鲜活生命力,为加快实现天津的腾飞发展营造良好氛围。

3. 加快体制机制创新

天津竞争之根本在于体制机制,要依靠体制机制推动改革开放创新迸发活力。要以新发展理念为指引,让市场机制在资源配置中起决定性作用,提升用市场经济的理念观念思维解决问题的能力,推进"放管服"改革,促进政府职能转变。全面推进国有企业混合所有制改革,支持央企深度融入地方经济发展。实施新一轮民营经济发展行动计划,鼓励民营企业参与国有企业改革。统筹推进金融财税等领域改革,实行国税地税联合办税。聚焦先行先试，着力落实各项改革试点试验。更有针对性加大对中小微企业创新的支持。进一步加强知识产权保护，允许高校和科研院所采取灵活多样的形式引进高层次或紧缺人才，拓宽外籍人才工作居留转换渠道，简化办理手续和流程。

4. 进一步提升对内对外开放水平

真开放、敢开放、先开放、全开放，以海为重点，把海的优势发挥好，把向海开放的特色打出来。积极融入"一带一路"建设，提升开放型经济和城市国际化水平。推动产品、品牌、技术、产能走出去。提高经贸合作区建设水平，积极培育新型外贸业态。扩大国际友好城市交往，打造多式联运跨境交通走廊。融入到京津冀协同发展和中国大开放的大格局，推进全方位对内开放。做好向东开放文章，加强与环渤海、东部沿海地区合作。放大向西开放效应，积极参与西部大开发。借重向南开放资源，加强与长江经济带、珠江三角洲的战略互动。发挥向北开放优势，助推东北老工业基地振兴。

5. 完善科技创新人才激励机制

积极出台有关人才奖励的政策，增强政策的可操作性。建立包含各类创新人才的综合奖项及全市统一的人才表彰奖励制度，并针对专项人才设立专项奖项，完善高技能人才待遇分配机制。完善财政投入机制，在人才投入管理方面，制定统一的规划政策，更好地均衡人才投入，形成完整的财政体系。引导企事业单位加大对人才的投入，设立专项资金。完善人才引进政策和选拔机制，逐步取消将学历作为准入门槛。建立健全高端人才保障机制，把海外人才和高技能人才纳入天津市人才队伍建设整体规划，在户籍、家属及子女安置、知识产权、再培训、科研等方面增加保障政策，解除他们的"后顾之忧"。加强知识产权保护，从市、区县、企事业单位三个层面建立健全知识产权人才保护制度，形成完整的知识产权人才保护体系。充分运用财政、金融、能源和环境保护等政策，鼓励、引导和支持市场主体通过知识产权的方式进行创新。

（作者单位：天津社会科学院舆情研究所）

天津“两微一端”政务新媒体的作用和影响力分析

张丽红

“两微一端”政务新媒体已成为移动互联时代政务服务的标配,天津政务新媒体的发展势头很好,在政务服务中的作用和影响力正日益增强。从发展看,天津市“两微一端”政务新媒体还要在运营、表现形式、服务内容等方面继续下功夫。

一、“两微一端”政务新媒体已成为移动互联时代政务服务的标配

2013 年,国务院办公厅发布《关于进一步加强政府信息公开回应社会关切提升政府公信力的意见》,其中指出:“着力建设基于新媒体的政务信息发布和与公众互动交流新渠道。各地区各部门应积极探索利用政务微博、微信等新媒体,及时发布各类权威政务信息,尤其是涉及公众重大关切的公共事件和政策法规方面的信息,并充分利用新媒体的互动功能,以及时、便捷的方式与公众进行互动交流。”同年 10 月,中国政府网发布消息:“中国政府网官方微博和官方微信,在新华微博、腾讯微博和微信开通,是国务院政府信息公开的又一重要平台。国务院重要政务信息将第一时间通过微博微信等新媒体形式,向社会公众公开。”

2014 年 8 月,国家互联网信息办公室制定《即时通信工具公众信息服务发展管理暂行规定》,又一次鼓励各级党政机关、企事业单位和各人民团体开设公众账号,服务经济社会发展,满足公众需求。根据腾讯官方发布的数据显示,截至 2016 年 1 月 18 日,政务微信公众号已逾 10 万,政务“双微”实现了突飞猛进的发展。政务微信和政务微博已一跃成为政务新媒体最重

要的平台之一,是政民互动、民意表达和信息传播的重要载体,其传播速度和影响范围远远超过了传统媒体。为更好推进“互联网+政务服务”、提升政府公信,2016年8月,国务院办公厅印发《关于在政务公开工作中进一步做好政务舆情回应的通知》,“各地区各部门要适应传播对象化、分众化趋势,进一步提高政务微博、微信和客户端的开通率。”紧接着,国务院办公厅印发的《2017年政务公开要点》再次强调:“要用好管好政务新媒体,明确开办主体责任,健全内容发布审核机制,强化互动和服务功能,切实解决更新慢、‘雷人雷语’、无序发声、敷衍了事等问题。”

随着微信、微博等新媒体社交平台的崛起,彻底打破了新闻平台作为新闻内容分发主体的状态,甚至让传统的新闻客户端在内容行业的地位岌岌可危。面对如此严峻的形势,包括移动新闻客户端市场在内,不少新闻媒体平台都面对着如此困境,正积极寻求突破,内容由综合开始向垂直领域深挖,同时开始探索短视频等新兴了内容形式。现如今,随着移动互联网的发展,移动阅读已经成为用户获取资讯的最主要手段,不管是传统类的媒体,PC端的门户网站,还是聚合类,都纷纷入局移动新闻客户端。

伴随着互联网的发展和顶层设计的健全规范,“两微一端”政务新媒体发展迅猛。2017年7月,@人民日报联合微博@政务风云榜发布的最新报告显示:截至2017年6月30日,经过新浪平台认证的政务微博账号达到171411个,其中政务机构微博132012个,公务人员微博39399个。而人民网舆情数据中心发布的《2017年城市政务新媒体指数报告》也证实,2017年包括微博、微信和移动客户端在内的全国政务新媒体蓬勃发展,账号数量、粉丝人数、服务领域都在不断增长与扩大,“两微一端”已成为各级机关和部门政务服务的“标配”。

二、天津“两微一端”政务新媒体的作用和影响力

虽然天津政务新媒体在发展过程中也存在全国政务新媒体发展中出现的一些共性问题,如,市直机关、市辖区与基层单位政务新媒体发展不均衡的情况;一些官方微博、微信“有平台无运营”,沦为“僵尸”,久久没有更新;一味“卖萌”,迎合网民却又不得好感;有些政务新媒体依旧有“官僚”架子,不及时回应群众诉求等。但是,天津政务新媒体在整体上发展势头很好,在政务服务中的作用和影响力正日益增强。

1. 天津“两微一端”政务新媒体的作用

随着互联网的迅猛发展,政务与新媒体的关系日益密不可分。天津的政务新媒体发展非常快,2016 年 8 月,全市新媒体账号为 81 家市直机关单位、16 个市辖区、167 家基层单位,到 2017 年 2 月,短短半年多的时间,已发展为 93 家市直机关单位、16 个行政区、353 家基层单位。天津市各级政务机构搭乘“互联网 + 政务”的时代快车,转变社会管理理念,在新媒体舆论场中权威发声,促进了天津舆论生态的健康发展。

天津政务新媒体一直在两大方面下功夫:一是信息,二是服务。如“平安天津”平台集图、文、声、屏多种形式,对公安警务工作进行立体、多维、全面报道。自开通以来,与群众互动活跃,获得广泛关注。天津公安机关每天通过“平安天津”及时迅捷地推送各项便民服务举措、安全提示防范技巧、警方工作动态、各类案件侦破情况以及基层民警的感人故事,人们即使足不出户也能通过手机迅速、便捷的获取各类警务信息,深入透彻地了解天津公安工作。天津市政府官微@天津发布作为政府外宣账号,充分发挥了宣传窗口作用,在 2016 年 6 月发布“新版 4K 超高清城市形象宣传片”,以多媒体发布的形式向公众展示天津形象,极具感染力。在微信平台上,天津政务新媒体也有不俗的表现。2016 年 11 月 14 日,天津市北辰区发生一起女童劫持案。经公安民警竭诚努力,当场成功解救。作为天津市委政法委官方微信,“天津政法”力担司法官微舆论引导责任,在微信平台发布了原创视频《〔首次披露〕六小时惊魂！11·14 天津北辰女童劫持案件处置始末全纪实》,阅读点赞数突破 10 万,充分满足了公众信息获取需求。

2017 年 11 月 18 日,北方网发布了“今晚调查”围绕政务微博展开的调查情况,显示过半数(51.47%)市民认为天津政务微博发布消息及时或比较及时;44.71% 的市民曾经通过政务微博反映问题、提出建议或进行投诉和监督,并得到了满意或比较满意的回馈。由此可见,天津政务微博较为活跃,市民认可度较高,并在和群众的沟通互动中发挥了积极作用。

2. 天津“两微一端”政务新媒体的影响力

2017 年,尽管天津政务新媒体总体的影响力还不强,还需要下功夫追赶发展比较好、影响力比较大的省市,但总体来说,天津各级政府部门在政务微博、微信平台的影响力跃上了一个新的台阶。交警、公安、外宣、公共服务、消防等领域不断涌现出明星微博账号、微信账号和新闻客户端,有的入围全国政务指数十强、百强榜单,在全国舆论场中已能一显身手。

例如,“平安天津”自开通以来,接连获得“全国十佳快速响应微博”“天津市直机关政务新媒体综合影响力排行榜”全市第一名、“最具影响力公安头条号”“2015 全国优秀政务新媒体民生飞跃奖”“政务微信优秀公众账号”“全国十佳创新应用微博”等成绩和荣誉称号。又例如,天津滨海新区官方微博“滨海发布”,在 2017 年 7 月天津市政府新闻办发布的 2016 年度政务微博绩效考评结果中再次蝉联第一,实现“四连冠”。近年来,滨海新区不断创新服务模式和运营手法,借力“微平台”,释放“政”能量。新区政务新媒体以“滨海发布”政务微博为龙头,配合微信、客户端,建立政务矩阵,目前已有 60 多家政府和公共服务单位成员入住,搭建政府和群众之间“连心桥”,成为移动互联网时代了解滨海新区的首选平台。另外,“滨海发布”利用移动视频直播全面展示滨海新区开发开放辉煌成就,也因此获得了京津冀政务新媒体影响力奖和最佳政务直播奖,这标志着滨海新区政务新媒体率先进入“移动直播 + 政务服务时代”。再例如,在 2017 全国政务 V 影响力评比中,“天津交警”获评“十佳政务矩阵奖”“天津 8890”获评“十佳政务服务案例奖”“滨海发布”获评“十佳快速响应案例奖”“平安天津”“网上户籍咨询台”获评“十佳服务力话题奖”。由于在政务微博矩阵中的突出表现,“滨海发布”“天津交警”还成为全国“政务微博矩阵升级计划”的首批合作机构。

三、对天津“两微一端”政务新媒体的发展建议

2017 年 1 月,天津市委办公厅、市政府办公厅印发《关于全面推进政务公开工作的实施意见》,要求以新闻媒体为载体,推行“互联网 + 政务”,扩大公众参与,促进政府有效施政,对发挥政务新媒体的作用和影响力提出了更高的要求。

1. 打通信息屏障,倡导集群化运营

要充分发挥“政务新媒体 + ”功能效应,必须立足“微观到底”与“宏观到顶”的全功能政务应用路径拓展,即建立本地化、垂直化信息资源库,健全信息共享联动机制。政务新媒体的集群化运营主要有三种方式:一是将一个城市多个职能部门的行政资源进行整合,如“天津发布”微博发布厅;二是将一个省份同一行业的行政资源进行整合,如 2017 年 12 月 6 日上线的天津网信系统政务微信矩阵、政务头条号矩阵,就在做如此的尝试;三是将全国同一行业纳入一体实现集群化运营,如中国铁路微博发布厅。无论采用上述哪种方式,都为政府的政务公开、各部门间的政务联动提供了更加便捷

的服务与沟通平台。

2. 找准定位,形成自身特色

忽视个性化和原创性、找不到合适的定位是当前很多政务新媒体存在的普遍性问题。受众是谁？发布什么？不少基层政务新媒体不以本部门工作实际需要为出发点,而是盲目跟风,照抄照搬。天津政务新媒体要想实现高质量的发展,必须根据各自职能,充分了解公众对本部门、本领域的信息需求,明确定位,发出个性化声音。在“原创”与“转发”方面应该注意合理安排,因为凡是影响力较大的政务微博,其原创比例基本都在90%以上。高比例的原创内容在一定程度上反映了地方政府对政务微博的“精心”运营,给公众带来政府时刻与民众同在的积极心理感受,让公众体会到政府工作的勤政务实。当然,也可以借鉴优秀的政务新媒体的经验,在借鉴中形成自身特色。

3. 多接地气,强化服务意识

政务新媒体已从过去的快速发展期进入相对平稳发展期,也应进一步从相对粗放式发展转向细化服务、深耕服务。面对日新月异的网络世界,加强对新媒体知识的学习和运用,主动融入网络新语境,提高网络语言使用频率,用群众喜闻乐见的语言和形式发布信息,增强亲和力。如“成都地铁”微博集齐了“给妈妈拎包小暖男、为老婆系凉鞋老暖男、替孕妇送药路人暖男、扶轮椅游戏暖男”等刷屏暖照,接足了地气。对网友的评价及提出的问题积极予以回应、反馈,用通俗易懂的语言解释、回答,充分保障群众知情权、参与权、表达权和监督权。注重回应社情民意,及时发布权威信息。

（作者单位:天津社会科学院舆情研究所）

天津市传统媒体融合现状和对策研究

董向慧

新媒体环境下,传统媒体的媒体融合一直是新闻舆论工作的重中之重。2014 年 8 月,中央全面深化改革领导小组第四次会议审议通过了《关于推动传统媒体和新兴媒体融合发展的指导意见》。近几年,本市报业集团、电视台、电台、网站等传统媒体积极推动与新兴媒体的融合发展,构建多元化传播体系,打造新型主流媒体,取得显著成绩。从未来发展趋势来看,本市媒体融合在打造核心产品、生产优势内容、建立与市场规则相适应用人机制、精准传播等方面仍会有较大发展。

一、本市媒体融合现状

(一)"津云""中央厨房"

中央厨房式运营是近年来传统媒体集团进行媒体融合的"标配",尤其是国家级媒体如人民日报等。2017 年 3 月 31 日,"津云""中央厨房"正式启动运行。作为本市媒体融合的重点工程,"津云""中央厨房"遵循"需求导向、创新驱动、互通共享、融合发展"的建设思路,在中共天津市委的部署下,依托北方网新媒体集团技术优势,融合中央驻津媒体、《天津日报》、《今晚报》、天津广播电视台、北方网等主流媒体的优质资源,打造了适合全媒体融合的新闻生产机制和指挥调控体系,实现了天津市"播、视、报、网"的全媒体融合。

"津云""中央厨房"位于天津数字广播大厦,建筑面积 1000 平方米,划分为核心指挥区、采编联动区、技术支持区、用户互动区、直播报道区、自由互动区等六个区域,具备强大的多媒体生产能力。同时,"津云""中央厨房”还在海外传播、本市政务机构入驻等方面取得进展。2017 年,“津云·云上海外”启动,法国侨报、德国热线、布拉格时报、阿根廷华人资讯网、欧洲华文电视台欧洲新闻网、欧洲华语广播、加拿大维多利亚传媒集团、英国侨报、美南报业电视传媒集团、中东网络电视台等 10 家海外华文媒体入驻。从未来发展方向来看,津云将打造以云、网、端三个层面为基础架构的“新闻+政务+管理+服务”宣传服务管理大数据平台,推进“播、视、报、网”深度融合,实现媒体聚合、新闻宣传、数据中心和舆情分析等平台功能聚合。

(二)天津日报报业集团

自 2014 年开始,天津日报报业集团确立了“新闻立业、服务拓土,精耕本地资源、小切口大突破,发挥党报优势、延伸媒体产业”的发展思路。经过三年发展建设,已形成以全媒体集成采编融合平台为基础架构;以《天津日报》及所属《每日新报》《城市快报》等报刊、“新闻 117”与各报刊“两微一端”和天津网等为全媒体传播渠道;以“昊天津”系列垂直领域微信矩阵群为特色分众传播;以天津日报历史数据库、“天津市手机党报”等红色网络、天津日报新媒体学院、“天津市移动图书馆”公益网络、美丽天津乡村旅游网络项目、“天津文化遗产一点通”等新媒体产品集群为产业延伸的媒体融合局面。

1. 全媒体集成采编融合平台

2014 年,天津日报报业集团启动建设全媒体集成采编融合平台。这一平台包括全媒体数字化新闻平台、舆情监测系统、全流程出版安全管理系统、全媒体资源数据库、客户数据仓库、本地化客户服务平台和全媒体运营平台七个子项目。2015 年,全媒体数字化新闻平台和全媒体资源数据库基本建设完成并投入运营。2017 年,天津日报报业集团向社会发布了包含七个子项目的全媒体集成采编融合平台,天津日报报业集团中央厨房主体架构初步成形。

2.“两微一端”与新媒体产品

目前,天津日报系列报刊官方微博、微信粉丝数量已超 200 万,其中《每日新报》微信公众号粉丝数量超 30 万,已成为华北地区最具影响力的微信平台之一。《城市快报》作为天津唯一一家地铁报,其微信、微博在地铁人群和中青年白领中具有广泛影响。“昊天津”系列垂直领域微信公众号:昊体育、昊摄影、昊吃货、昊乐游、昊美术、昊幸福、昊乐活、昊财富等 8 个公号形成矩阵传播。

“新闻117”客户端、公众号是天津日报报业集团重点打造的移动端新媒体产品，以“将党报权威性专业性优势向新媒体延伸”为宗旨。2017年，“新闻117客户端”2.0版本发布，全市16个城区区域频道正式入驻客户端；新闻117网络直播工作室正式成立，网友可以通过直播功能实时收看最新消息，参与互动。

2017年，天津日报报业集团采编人员的媒体融合能力、意识有显著提升，综合运用视频、可视化等技术手段进行新闻制作：天津日报官方微博、官方微信、新闻117客户端等多点开花，其中，“一心向党十九大学习解锁新知识”互动H5刷爆网友朋友圈，在短短4天访问量突破百万；在短视频方面，“新闻117”“两微一端”2017年发布的原创视频总点击量超过500万，阅读量达“10万+”，原创新闻超过40条。

（三）今晚报社（今晚传媒集团）

今晚报社（今晚传媒集团）在2014年成立了媒体融合领导小组、媒体融合中心，制定了精品媒体发展三年规划。到2017年，今晚报社（今晚传媒集团）已形成了“五报”（《今晚报》《中老年时报》《渤海早报》《中国技术市场报》《今晚经济周报》）“三刊”（《今日天津》《家庭》《育儿》）“双网”（今晚网、今晚海外网）“双微”（今晚报官方微博、官方微信）“双端”（问津客户端、今晚海外网客户端）的新型主流传媒集团格局。同时，2017年，今晚报社（今晚传媒集团）所属今晚网络公司推出今晚网络融媒体“中央厨房”云平台，面向全国推介，已取得一定成效；直播产品“今直播”启动，在100场直播中获得2000万观看流量，为传媒媒体记者深入融合开辟了渠道。

1. 今晚网络融媒体“中央厨房”云平台

今晚网络融媒体中央厨房云平台由今晚网络公司打造，融合大数据、云计算等技术，于4月中下旬正式面向全国开放试用。平台融合了热点汇聚、选题策划、全媒体采编、移动采编和多渠道发布、传播分析及评价等多个环节和系统，实现与报社各现有系统无缝衔接，达到深度融合。

2. “两微一端”与新媒体产品

2017年末，今晚报社（今晚传媒集团）系列报刊官方微博、微信粉丝数量已超1000万，《今晚报》官方微博粉丝数达936万，已成为在全国具有影响力的媒体官微。2016至2017年，今晚报社体育部开通微信公众号“今体育”、副刊部开通微信公众号“津味”，摄影新闻部开通微信公众号“今境界”，都成为具有鲜明地方文化特色、彰显主流媒体情怀的新媒体产品。

今晚报社(今晚传媒集团)瞄准直播领域,打造直播产品“今直播”。今直播在问津 App 上线,开辟独立直播频道,并与北京时间 App 达成技术合作 SDK 协议。直播频道实现“实时视频直播”“后台主持人”“网友互动”“图文介绍”“直播回放”等功能,陆续与《人民日报》App、凤凰新闻 App 等签订内容合作协议。“今直播”在 100 场直播中获得 2000 万观看流量,占领移动互联网舆论阵地,为传媒媒体记者深入融合开辟了渠道。2017 年 5 月 18 日,今晚传媒集团推出“党代会基层代表的一天”连续直播报道,当日收获 60 余万观众浏览量。平面媒体记者与新媒体专业视频记者深度融合,成为天津市党代会新闻的亮点。

2017 年,今晚报社(今晚传媒集团)充分发挥海外传播优势,借助于 50 个海外版,与天津市非物质文化遗产保护协会、荣程集团主办“中国·时代记忆‘非遗’英国行活动”,向国外推介天津“非遗”成果,得到海内外包括英国《泰晤士报》等百余家媒体报道,达到了讲好中国故事、传播中国声音、传递文化自信的效果。

二、对本市媒体融合的对策建议

2017 年本市传统媒体的媒体融合取得显著效果,主要表现为:“津云”“中央厨房”正式启动运行,打造了适合全媒体融合的新闻生产机制和指挥调控体系,实现了天津市“播、视、报、网”的全媒体融合;媒体融合更加深入,从技术上、传播媒介的融合进入到人的融合,传统媒体采编队伍的媒体融合意识、多媒体运用手段、新媒体产品生产能力有了全面提升;在十九大、市十一次党代会、全运会、世界智能大会等重大主题报道,本市传统媒体的媒体融合能力效果充分体现,“一次采集、多次生成、多元传播”理念得到实现。同时,本市媒体融合仍存在着几个亟待解决、突破的问题。首先,2017 年底,本市四份报纸《渤海早报》《假日 100 天》《采风报》《球迷》均宣布 2018 年起休刊,这反映出传统媒体尤其是报纸萎缩的态势,如何通过媒体融合扭转这一态势仍有待观察。其次,本市传统媒体融合以传播力、影响力为导向,其发展离不开财政资金的大力支持,媒体融合盈利模式并不十分清晰,传统媒体融合如何在盈利模式方面“自我造血”,实现经济上自给自足,这是未来发展的重要目标。再次,本市媒体融合在平台、渠道方面有了较大突破,但与兄弟省市传统媒体相比,尚缺乏核心互联网产品,媒体融合的“单点突破”能力有待提升。最后,传统媒体融合须要大量人才,尤其是互联网、大数据人才，在传统媒体人才流失的大形势下，如何建立留住和引进人才的机制亟须有新的规划。

2018年，媒体融合将向深度融合、跨界融合方向发展，传统媒体来自新媒体、移动互联网的竞争压力依然巨大，推进媒体融合既是巩固传统媒体主流话语权的必然要求，也是拓展生存空间的内在动力。就此，对本市的媒体融合有如下对策建议：

1. 打造核心产品做好“内容+”

未来，衡量媒体融合成效的核心指标将是核心产品，即能否打造为用户信任、使用、依赖的互联网尤其是移动互联网产品。传统媒体要走出唯点击率、浏览量的“读者思维”，转向重用户体验、用户忠诚度、用户口碑的互联网产品思维，以优质的互联网产品聚拢用户、留住用户。推进媒体融合，除了打造核心产品，还应发挥传统媒体已有优势，处理好“互联网+”与“内容+”的关系。媒体融合的发展过程是辩证的，在传播力、传播渠道得到极大提升的基础上，渠道将成为基础设施，优质内容成为稀缺资源，媒体融合将迎来“互联网+”与“内容+”相得益彰的新格局。如何生产具有引导力、影响力的优质内容，这将是未来媒体融合发展的“回归”与重点。

2. 建立与市场规则适应的用人机制

媒体的核心资本是人才，媒体融合的关键也在人才。由于现有行业、机制等因素，全国范围内的传统媒体出现了人才流失严重问题。同时，由于转型发展需要，传统媒体迫切需要大数据、人工智能、IT等领域的人才。无论是留住人才还是引进人才，都迫切需要进行顶层设计，在体制、机制等方面为人才的个人发展、职业发展创造良好条件。在用人机制方面，中央媒体已经迈出了可喜的一步。而对于地方媒体而言，如何在与互联网、新媒体、IT等行业的人才竞争中发挥独特优势，建立与市场规则相适应的用人机制，保障媒体融合的持续发展，这将是未来决定媒体融合成效的关键。

3. 覆盖不同人群实现精准传播

读者和用户在哪里，舆论的阵地就在哪里，媒体融合的定位就在哪里。当下，互联网生态、传播格局变化迅速，围绕不同社会阶层、群体、兴趣，互联网呈现明显的圈层化、分众化特点，譬如90后、00后“二次元”新生代网民崛起，知乎、果壳、悟空问答等知识性社群成为新的舆论场。面对传播格局巨变、传播对象分众化，传统媒体在媒体融合过程中，如何将引导力、传播力、影响力精准化，针对不同群体受众进行内容生产，将是未来媒体融合的重点方向。目前，不少传统媒体在媒体融合过程中已对受众精准定位，如人民网与上海报业集团合作的新媒体项目“唔哩”就是一款面向 90 后的个性化推荐移动资讯阅读客户端。随着媒体融合进程的推进,针对不同群体、不同兴趣、不同舆论场“定制”媒体产品将会是传统媒体的“必修课”,这也是实现精准传播、巩固主流话语权、主流舆论场的必然趋势。

(作者单位:天津社会科学院舆情研究所)

天津市中小学安全教育现状及改进

汪　莉　方　芳

中小学安全教育是中小学校园安全管理和学校安全风险防控体系的重要内容和组成部分,关系到广大中小学生安全防范意识和自我救护能力的提升,是预防安全事故的发生和切实保障中小学生人身安全的重要措施。为了了解天津市中小学安全教育的开展情况,2016 年 11 月我们面向全市中小学生进行了问卷调查。调查问卷共发放 2750 份,收回有效问卷 2701 份,问卷有效率 98.2%。调查对象覆盖天津市市内六区、环城四区、滨海新区和远郊四区共计 15 个区,被调查者包括小学、初中和高中等不同学段的中小学生。

一、天津市中小学安全教育的基本情况

1. 中小学安全教育内容相对丰富

问卷调查结果显示,学校安全教育的内容主要可以分为社会安全、公共卫生、意外伤害、网络、信息安全、自然灾害以及影响学生安全的其他事故或事件等六个方面的内容。具体来说,96.9% 的学生认为学校已开展社会安全教育,包括预防违法犯罪教育、禁毒教育、交通安全和消防安全教育;93.8% 的学生认为学校已开展了公共安全教育,内容包括食品卫生安全、传染病预防教育、禁烟教育等;90.3% 的学生认为学校已开展意外伤害教育,内容包括用电安全教育、溺水预防教育、煤气中毒预防教育、高空坠落预防教育等;84.7% 的学生认为学校已开展网络信息安全教育,内容包括如何正确上网、如何保护自己的个人信息安全等;83.0% 的学生认为学校已开展自然灾害安全教育,如台风、地震、洪水、雷电、泥石流等自然灾害中的自我保护和救助教育。在影响学生安全的其他事件教育方面,86.6% 的学生认为

学校专门针对楼梯拥挤踩踏以及如何正确安全上下楼梯进行了安全教育,另有2%的学生认为学校安全教育还涉及了法制安全教育、学生心理健康教育、性教育等内容。

2. 中小学安全教育形式相对多样

问卷调查结果显示,中小学安全教育的形式依次包括利用班团会、升旗仪式等宣传,教师课上讲课,组织应急演练,利用墙报、板报宣传教育,聘请校外专业人员专题讲座,组织参观消防队、公安局等实践基地等,所占比例依次是86.8%、86.2%、85.8%、85.1%、79.5%、47.2%。此外,另有0.2%的学生认为学校安全教育的形式还包括校园广播宣传、网络教育、与法治教育有机结合等途径。

应急安全演练作为中小学安全教育的主要形式之一,以其教育形式的生动性和直观性、教育内容的明确性和教育主体的直接参与执行性,大大提高了学校安全教育的实效。调查结果显示,95.7%的中小学校能做到至少每学期开展一次应急安全演练。其中,13.1%的学校每半个月开展一次安全应急演练,43.0%的学校每月开展一次应急安全演练,39.6%的学校每学期开展一次应急安全演练。说明大部分中小学校开展应急安全演练或紧急疏散演练的情况能够符合《中小学幼儿园安全管理办法》和《中小学幼儿园应急疏散演练指南》的规定和要求,但仍存在少数中小学校未能依法依规开展安全演练教育的情况。

实践调研中发现,天津市部分区县已探索尝试建立校际共享安全教育体验场馆,内设交通安全体验馆、消防体验馆等,通过声、光、电等现代科技模拟交通事故现场和火灾现场,并配备缓降逃生、全息投影逃生等功能区,以实景展现、培训模拟、游戏互动、知识问答等多种体验环节,让中小学生身临其境地学习安全知识,提高安全责任意识。

3. 中小学安全教育的时间相对分散

问卷调查结果显示,中小学安全教育的时间主要集中在开学初、学期中、放假前、开展集体活动或者体育活动时、班会课和发生特殊安全事件或事故时,所占比例分别是81.8%、73.8%、85.1%、75.7%和11.0%。

中小学安全教育的时间与当前法律法规中关于学校安全教育的规定息息相关。一方面,《中小学幼儿园安全管理办法》第39条明确规定,“学校应当在开学初、放假前,有针对性地对学生集中开展安全教育”。该办法第29条、第30条还规定,学校组织学生参加集体活动和体育活动前,应当有针对性地对学生进行安全教育。另一方面,教育部每年度均会在学校开学初、放假前以部门规范性文件等形式发布关于做好学校安全工作的相关通知，历来将安全教育、安全检查和安全管理列为各级各类学校开学初和放假前的重点工作进行安排部署。因此，开学初和放假前通常是是中小学校开展安全教育的主要时间。同时，自1996年国家教育委员会等七部委将每年3月份最后一周的星期一确定为“安全教育日”以来，每年春季开学初期各中小学校均开展系列安全教育。

二、天津市中小学安全教育的效果与评价

首先，有关中小学安全教育的效果与评价的调查结果显示，学生对于当前天津市中小学安全教育的效果和评价总体趋于良好。其中，87.9%的学生认为学校安全教育的内容很好，89.5%的学生认为学校安全教育的形式很好，87.3%的学生认为学校安全教育效果很好，详见表1。

表1　学生对学校安全教育内容、形式和效果的评价情况

题目	学生对学校安全教育内容的评价		学生对学校安全教育形式的评价		学生对学校开展安全教育效果的评价	
选项	频数	百分比	频数	百分比	频数	百分比
A. 很好	2374	87.9%	2417	89.5%	2358	87.3%
B. 还行	312	11.6%	255	9.4%	302	11.2%
C. 不太好	11	0.4%	21	0.8%	31	1.1%
D. 不好	4	0.1%	8	0.3%	10	0.4%
合计	2701	100%	2701	100%	2701	100%

其次，根据《中小学公共安全教育指导纲要》的规定，中小学公共安全教育的主要内容包括预防和应对社会安全、公共卫生、意外伤害、网络、信息安全、自然灾害以及影响学生安全的其他事故或事件六个模块，中小学的不同学段、各个模块的教育内容设置有所不同。学校安全教育主要通过课堂教学、班会、团会、校会、升旗仪式、专题讲座、墙报、板报、参观和安全演练等形式开展。结合中小学安全教育内容、形式的调查结果，其与《中小学公共安全教育指导纲要》规定的中小学公共安全教育的内容和形式要求基本一致，说明天津市中小学校依法依规开展安全教育的情况总体良好。

总体来说，当前天津市中小学安全教育的内容和形式基本符合国家法律法规的要求，但实践中仍然存在可以进一步改进和提升的空间。

第一，中小学安全教育的内容有待进一步丰富和完善。例如，根据《国

家安全法》和《中小学德育工作指南》的规定,可以进一步强化国家安全教育的内容,让学生树立正确的国家观念;根据《教育部关于加强中小学网络道德教育抵制网络不良信息的通知》等相关文件的规定,强化网络安全教育;根据教育部、公安部、中国共产主义青年团、中华全国妇女联合会联合发布的《关于做好预防少年儿童遭受性侵工作的意见》之规定,积极探索多种途径开展性知识教育和预防性侵犯教育。

第二,中小学安全教育的形式和途径有待丰富和形成体系。当前,天津市中小学安全教育主要呈现为课堂教育为主,多种教育形式相结合的教育模式。一方面,中小学校可以充分使用《天津市中小学公共安全教育读本》,积极发挥课堂安全教育主渠道的作用;另一方面,尽可能多地应通过班会、团会、校徽,升旗仪式和国旗下讲话,组织应急演练,墙报、板报安全知识展示,聘请校外专业人员专题讲座,组织参观消防队、公安局等实践基地、校园广播宣传、网络教育如观看安全教育影片等多种形式,向中小学生普及安全教育知识,使学生掌握基本的安全自救自护技能,并养成良好的安全行为习惯。

第三,个别中小学安全教育标准有待提升。结合调查数据可以发现,实践中仍存在一部分中小学校未开设或未开足安全教育课程、安全教育内容单一或不完全符合《中小学公共安全教育指导纲要》的规定要求,安全教育形式单一或者开展安全演练数量不符合《中小学幼儿园安全管理办法》和《中小学幼儿园应急疏散演练指南》的要求等情形,中小学校安全教育在常态化、系统化、规范化、制度化方面仍有待加强。另外,中小学安全教育考核体系和师资专业程度方面也与新形势下对学校安全教育工作的需求存在一定差距。

三、天津市中小学安全教育的改进与提升

1. 健全中小学安全教育的组织体系与工作机制

中小学安全教育应当突出"教育为先、预防为主、法治为基、综合施策"的思路和原则。一方面,理顺组织体系,做好区域中小学安全教育机制的顶层设计,通过学校安全教育工作相关主管行政部门的有机配合与合力推动,构建起教育行政部门主导,公安、消防、民政、质检、禁毒等部门应当有机配合的组织工作机制,推动区域中小学安全教育实现制度化、常态化;另一方面,探索制定和出台区域性中小学安全教育专门性指导文件,明确区域中小

学安全教育的组织体系、课程设置要求、师资保障措施、督查与考核标准等内容。通过对全国各省市中小学安全教育政策法规的调研和检索，上海市、重庆市、陕西省、山东省的青岛市和东营市等地区均出台过中小学安全教育专门性指导文件，规范性制度文件将提高学生安全意识和自我防护能力作为安全教育的重要内容，着力提高学校安全教育的针对性与实效性，为推动区域中小学安全教育提供了法治基础和实践指导。

2. 优化中小学安全教育课程设置与教学资源

首先，强化课堂教学作为中小学生安全教育的主渠道功能，鼓励中小学校结合自身办学实际和学校特色，积极开发校本安全教育资源，保障安全教育校本课程的师资、教材和课时要求。根据《关于加强中小学幼儿园安全风险防控体系建设的意见》的要求，探索将安全教育与法治教育有机融合，在法治教育中要适当增加反欺凌、反暴力、反恐怖行为、防范针对未成年人的犯罪行为等内容。同时，进一步强化和丰富国家安全教育、性安全教育、心理健康教育、网络安全教育的比重与内容，把国家安全意识、尊重生命、保障权利和基本安全常识从小根植在学生心中。

其次，中小学校应当把安全教育纳入日常教育教学活动之中，贯穿于学校日常教育各个环节。结合各种教育日、纪念日及开学后、放假前等重点时段，开展有针对性的安全教育。如：与民政部门配合做好“5.12”防灾减灾教育日活动，与禁毒办配合做好“6.26”国际禁毒教育日活动，与公安消防部门配合做好“11.9”消防教育日活动，与公安交管部门配合做好“12.2”交通安全教育日活动，与质监部门配合做好特种设备安全宣传教育活动，与交通部门配合做好水上交通安全知识进校园活动，与地震部门配合做好“平安中国”防灾系列宣导活动，与公安司法部门配合，加强法治教育，努力杜绝打架斗殴事件。

再次，鼓励各种社会组织为中小学开展安全教育提供支持，丰富中小学安全教育共享场所（如区域安全教育体验中心和学校安全教育体验教室）的数量和种类，将学校安全教育的受众由学生扩展至全体教师、学生家长、社区居民，提高学校安全教育的辐射范围和教育实效。

3. 构建“教师＋家长”安全教育培训体系

首先，重视教师在学校安全教育中的重要作用，将中小学安全教育教师队伍建设纳入学校师资队伍建设规划，积极构建专职教师、兼职教师和社会专家相结合的安全教育师资队伍。一方面，教育行政部门要将安全知识作为校长、教师培训的必要内容，加大培训力度并组织必要的考核。另一方面,中小学校应结合自身办学实际探索建立“双岗双职”复合型师安全教育师资队伍,同时设置科学系统的教师校内安全教育培训体系,在校外或校内聘任专门的安全教育培训人员,对校内教师以及学生家长进行安全教育培训。

其次,积极探索家校联合工作机制,切实提高家长的安全素养。家长的安全意识、安全知识和安全技能等安全素养的提升,会直接影响和提高中小学生的基本安全素养,是对学校安全教育的有效补充。中小学校可以充分发挥家长委员会在构建家校安全教育共同体方面的积极作用,通过多种途径引导和吸收家长参与到学校安全教育工作中。同时,学校要不断强化针对学生家长的安全教育和法律法规知识的宣传,定期对学生家长发放安全教育知识手册,对家长进行安全技能培训,通过多元化的家校合作和家校互助形式提高家长的安全素养。

4.建立系统化的中小学安全教育考核评价与监督机制

首先,建立健全中小学生安全教育考核评价机制。一是把教职工参加安全教育课程落实情况纳入学校班主任和任课教师考核。分管安全的校长实时了解学校班主任及其他科任教师开课情况、课后测评情况、技能训练情况、活动参加情况等安全教育数据,并以此作为对教师安全教育工作考核的凭据。二是制定校内学生安全教育理论与实践考核评价标准,定期评估本校学生安全教育工作的科学性、合理性、针对性和实效性,注重利用信息手段对学生安全教育数据进行统计和分析,进而及时改进安全教育形式与内容,并可以探索对有关学生进行分类指导。

其次,建立健全中小学安全教育检查督导制度。一方面,教育行政部门应当定期开展中小学安全教育监督检查,将学校安全教育课程的开设情况、专职安全教师执教能力、师生安全知识水平作为对学校安全检查的重要内容,并列入对学校的年终综合考评。另一方面,将中小学校和教育行政部门开展安全教育工作的情况纳入教育督导事项,加强对中小学校安全教育工作的监督检查。

(作者单位:天津市教育科学研究院)

2030 年天津高等教育现代化的目标和实现路径

张 妍 杨春芳 王志辉 王慧霞

高等教育现代化,作为教育现代化的重要组成部分,已明确成为支撑、推动和引领国家现代化发展的重要基础和引擎。① 习近平总书记在全国高校思想政治工作会议上指出:“高等教育发展水平是一个国家发展水平和发展潜力的重要标志。……我们对高等教育的需要比以往任何时候都更加迫,对科学知识和卓越人才的渴求比以往任何时候都更加强烈。”明确我市面向 2030 年高等教育现代化的愿景目标和实现路径,对我市高等教育现代化的发展具有重要的指导意义和现实参考意义。

一、天津高等教育现代化 2030 年愿景目标

高等教育现代化的核心理念是促进人的全面发展和社会的可持续发展,通过多样化和差异化的发展方式,以创新发展和合作开放为发展动力,实现提高质量与促进公平的根本任务。

到 2030 年,努力实现高等教育的系统转型与功能再造,建立教育理念、制度、内容、方式方法、技术手段的创新机制,全面提升人才培养质量、增强科技创新能力,完善中国特色的高等教育现代化治理体系,形成多类型、多层次的高等教育国际协作网络,提升在高等教育领域的国际话语权和影响力,提升在经济建设、政治建设、文化建设、社会建设和生态文明建设中的服务能力。

---

① 史静寰等. 走向 2030:中国高等教育现代化建设之路[J]. 中国高教研究,2017(5):1 – 14.

到 2030 年,我市高等教育毛入学率将接近 80%①,达到高收入国家发展水平,高等教育理念和质量观发生转变,实现更高水平内涵发展,更加适合高等教育普及化的需求。高校核心竞争力、学生创新创业能力显著增强,高水平大学、一流学科和特色学科建设取得显著成效,学术高地、创新平台和教育智库建设取得明显进展,高校成为科技、文化与知识创新的主要策源地,支撑社会经济发展、服务津京冀区域发展和协同创新能力进一步提高,为城市发展提供高素质高质量人才支撑。

二、天津高等教育现代化的实现路径

1. 形成学习者为中心的人才培养模式

树立“以学(学生、学习)为中心”的人才培养理念,强调以人为本、重视学生的个性发展和全面发展,形成“以学为中心”的教育教学模式。运用网络化、数字化、大数据等现代信息技术,采用线上线下相结合的教育形式,推进个性化学习的实现。创新教育技术和教学方法,匹配“以学为中心”的现代教育理念,促进学生的终身学习和可持续性发展。

优化课程结构,构建促进通识素养培养与专业知识技能传授相融合、满足未来社会及市场对人的知识、能力和素养多元要求的课程体系。建立“以学为中心”、注重学习过程和结果、强调学习者的“学习增值”、以诊断和改进为评价导向的教育质量评价体系,促进学生的学习与发展。

加强高校软环境和内涵建设,高校制定引导性、支持性政策,为学生提供更广阔的成长空间、更丰富的学习内容和更多样的学习方式,建设师生教学共同体,促进学生间的互助学习与合作,营造激励学生自主学习、合作学习、创新性学习的教育环境。

2. 促进创新创业教育融入高等教育全过程

加强体系建设,推动创新创业教育融入学科专业与课程建设及高等教育全过程,提升高校创新创业教育改革的实施成效。明确创新创业教育理

---

① 李硕豪《2013—2030 年我国高等教育规模发展研究》[开放教育研究,2013(6)]一文中,对高等教育学龄人口进行了预测,推测 2013—2030 年高等教育毛入学率年均增长 1.22%。创新型国家高等教育毛入学率普遍在 70% 以上,韩国、芬兰等过已达 90% 以上。根据世界银行数据库统计,高收入国家 2013 年高等教育毛入学率平均为 73.49%,美国 2014 年为 86.66%,新西兰为80.88%,澳大利亚 2013 年达到 86.55%。充分考虑高等教育普遍受弹性学制影响,2030 年高等教育毛入学率接近 80%。

念,引导高校的教育观念转型和内容方法革新,培养学生的创新创业意识、精神与能力。

形成多样化的创新创业教育模式。建立多样化的创新创业教育组织形式,实施多种类型的创新创业教育项目,加快创新创业教育课程群建设,深化课程结构和教学内容方式改革,以提高学生综合素质与能力为核心,构建综合性的课程结构与教学内容体系,促进创新创业教育与专业教育的融合。

加强创新创业基地建设,拓展创新创业实训项目,强化创新创业实习实践。开展创新创业教育师资培训,培养高水平专业化的创新创业教育师资队伍。加大政府、高校、企业、社会组织间的协作,在融资、专业化服务、创业环境等方面为创新创业教育提供支持。

加快推进高校创新创业教育模式和标准的构建,建立创新创业教育评估机制,对我市高校创新创业教育项目进行评估监测,推广最佳实践经验,保障和提升创新创业教育质量。

3. 提升高校科技创新能力,服务国家战略和地方发展需求

持续推进世界一流大学和一流学科建设。以特色一流为目标,以服务创新为导向,以学科建设为基础,以绩效评价为杠杆,以一流管理为抓手①,支持南开大学、天津大学建设世界一流大学,引导和支持具备一定实力的不同类型、不同层次的高校和学科瞄准世界一流、国内领先,集聚优质资源,加快进入国际国内一流行列。

建设一批高水平创新基地。支持和鼓励高校建成国家级(或部级)重点实验室、国家工程(技术)研究中心、国家工程实验室等国家级或省部级科研基地,承接国家及我市重大科研项目。持续推进天津市“高等学校创新能力提升计划”,在高端装备、新一代信息技术、新能源汽车、航空航天、节能环保、金融服务等我市产业发展重点领域,培育一批国家级、市级、校级协同创新中心。支持高校建设一批技术创新中心、示范性产业技术创新联盟,力争在产业技术基础、前沿技术、关键共性技术研究等方面实现突破,使我市成为建设创新型国家战略的重要支撑力量。

健全有利于激发创新活力的科研体制。完善科研经费投入制度,探索实行充分体现人才创新价值和特点的经费使用管理办法,进一步发挥科研项目资金的引导激励作用。创新高校科研组织形式,鼓励联合攻关,培育跨学科、跨领域的科研创新团队,通过健全教师在岗兼职及离岗创业制度、设

① 熊丙奇.“双一流”需要一流管理[J].中国高等教育,2016(07):1.

置特定创新科研岗位等多种形式加强高校科研队伍建设。建立业务水平高、服务能力强的高校科技创新成果转化中心运行机制,构建高校科技成果转化专业服务链,建设关键共性技术研发平台,建立知识产权运营、科技成果转化的专门队伍,形成科技成果转化和知识产权保护、应用的有效机制,全面促进科技成果转化。建立高校科研分类评价机制,完善同行专家遴选机制和专家库,构建以创新质量和区域科技创新贡献度为核心导向的科研评价机制和激励机制。

4. 创新人才管理制度,建设高水平专业化教师队伍

建设规模稳步发展、结构更加优化、能力更加提升的教师队伍,完善高校人事管理制度。将拔尖创新人才队伍建设作为重要人才战略任务,大力引进两院院士、长江学者等各类拔尖创新人才,完善天津市特聘教授制度,集聚和造就一批高水平学科领军人才,加快中青年骨干教师培养,培养一批熟知学术前沿、具有国际视野的中青年学术带头人,建设一批勇于创新的教学科研创新团队。

大力提升高校教师实践教学水平、科研创新和社会服务能力。秉承"以人为本"的理念,构建"学习型"创新团队。建设"专业化、制度化、常态化"的教师发展体系。加强"教师发展中心"建设,创新教师培训模式,完善教师发展机制,通过教师培训、教学评价与改进、职业生涯规划等方式引领教师专业化发展。

完善高校教师分类管理与分类评价制度,按照专业化、职业化标准,深化教职人员聘用、考核、评价、激励机制改革,强化岗位服务质量和工作水平在考核评价中的应用。实施教师激励型绩效工资分配机制,建立和完善重能力、重实绩、重贡献和有利于优秀人才脱颖而出的收入分配机制,形成更加科学且更具竞争力的薪酬体系。

5. 促进信息技术与教育教学深度融合

强化信息化基础设施建设,加快发展以互联网协议第 6 版(IPv6)为代表的下一代互联网①,建成数字化、智能化、网络化的校园信息网络。建成天津市域高等教育大数据中心,形成政府、教育机构、企业数据共享机制。加强信息化专业队伍建设,实施专业人员培养计划,强化信息化人才智力支撑,提高信息化建设、管理与运维水平。建立高等教育信息化专项经费与教学、科研、管理活动中信息化经费的统筹协调机制,提高信息化投资效益。

---

① 天津市发展改革委,《关于积极推进"互联网+"行动的实施意见》。

扩大数字化学习资源供给，构建优质数字教育资源共建共享机制。建设支持完整学习流程的在线智能教材，鼓励教师开发各类针对不同需求的数字化特色课程。运用虚拟现实、智能人机交互、人工智能等现代技术，整合线上线下资源，通过建设教育超市、智能学习空间、网络公开课、学习体验中心等多种方式为社会提供专业化培训、个性化学习服务、学习成果评价和认证服务。

促进信息技术与教学融合，推动教育组织形式和学习方式的创新与变革。以学习者为中心构建满足学习者网络化、数字化、个性化、终身化学习需求的新型课程结构和教学组织管理体系，促进师生共同提高信息素养和数字化思维能力。以信息化推动科研大平台建设，实现科研领域的资源聚合与共享，促进科研协同创新。

以信息化推动教育治理和决策方式的深化改革，探索基于大数据的新型教育管理与决策模式。推进基于大数据技术的教育治理改革，探索教育大数据采集和交换机制，实现教育基础数据的伴随式收集①，逐步实现业务应用与数据管理分离。加强教育信息化数据与技术标准建设，实现教育资源和信息化管理有效互联，消除“信息孤岛”。鼓励各级各类学校建立支持学校发展和管理决策的数据系统，促进管理的精准化和决策的科学化，利用大数据分析技术进行网络教育舆情分析和教育政策跟踪评估。

6. 深入推进高等教育国际开放与合作

促进国际教育交流与合作，培养具有全球视野的优秀人才，支持中外大学校际间的师生互派、学分互认、学位互授联授，促进教师和学生的国际交流。加强出国留学的政策引导，完善留学归国人员的支持政策。办好中外合作学校和中外合作办学项目，提高合作项目的教育质量。

加强跨国间的科研交流与合作，提升我市高等教育的国际竞争力和影响力。推动我市高等教育科研人员与国外专家学者的交流互动，通过长期访学、短期研修、科研合作、国际会议等形式加强与国外大学和研究机构的学术交流。积极引进海外高端人才和学术团队来津从事科研工作。

更广泛地传播中华优秀文化。进一步扩大来津外国留学生规模，优化来津留学人员结构，加强国际汉语教育，提高外国留学生教育质量。进一步提高孔子学院的办学质量。鼓励并支持我市高水平大学及有办学特色的大学在海外办学。

---

① 天津市工信委，《天津市智慧城市建设“十三五”规划》。

开展教育国际援助,积极参与全球教育治理。鼓励高校设立教育国际发展专业或学院,培养精通教育专业知识、熟知国际组织运作的教育国际发展专门人才。建立青年海外志愿者服务机制,鼓励我市高校毕业生参加海外志愿者服务活动。开展"一带一路"专门人才培养和师资培训等援助工作,通过多种形式与沿线国家开展深度教育合作。积极参与双边或多边的、区域性、全球性教育合作,积极参与国际组织教育政策、规则、标准的研究和制定。

(作者单位:天津市教育科学研究院)

生物识别技术在滨海新区政务服务领域应用探讨

王　利

党的十九大报告要求“全面增强执政本领”，要“善于结合实际创造性推动工作，善于运用互联网技术和信息化手段开展工作。”自2016年4月国务院办公厅发布《推进“互联网+政务服务”开展信息惠民试点实施方案》（国办发〔2016〕23号）一年以来，各省市都在积极探索“互联网+政务服务”的具体模式，并在加强部门协同、促进信息共享、优化服务流程等领域开展了许多积极有益探索，积累了丰富的改革经验，在一定程度上提升了各地政务服务效率和水平。尽管如此，目前绝大多数政务服务事项仍然无法做到线上全流程办理①。实际办事过程中市民都或多或少被要求到现场证明“我是我”，不仅给市民带来不便，也制约了政府服务效率的进一步提高。造成这一现象的主要原因就在于目前事项办理流程中普遍存在的“实人”“实证”信息核验要求。近年来中央和各地都在积极探索通过互联网实现远程身份和证件核验的具体办法。其中电子证照库的设计为证件的远程核验提供了一种解决思路；而生物识别技术的快速发展和应用将有可能解决身份信息远程核验问题，从而真正实现“数据多跑路，百姓少跑腿”，带来政务服务模式的全新变化。

---

① 以浙江省杭州市为例，浙江省电子政务发展水平国内领先。浙江省将办理过程只需要到现场1次的服务事项定义为4星级服务事项，网上全程办理的服务事项定义为5星级事项。截至2016年底，杭州市4星级及以上政务服务事项比例不到全部事项的30%，提升4星级和5星级服务事项的比例每年都是杭州市电子政务工作的一个重要方向。

一、生物识别技术发展迅速,应用条件日趋成熟

指纹、静脉、虹膜、人脸等人体固有的生理特征,以及笔迹、声音、步态等行为特征统称为人的生物特征。生物识别技术就是综合运用计算机、声、光、传感器、统计学等相关技术,对人的生物特征进行提取、编码、存储、比对,从而完成身份信息核验的技术。与传统的密码、证件、印章、钥匙等身份核验方法相比,生物识别技术集不易伪造、不易被盗的安全性和随身"携带"、随时随地可用的方便性于一体。2015 年以来,随着电子商务发展,移动支付需求增加,以及智能移动终端的快速普及,生物识别技术和相关产业发展迅速,应用领域不断扩大。综合考虑技术成熟度、使用者习惯等方面因素,目前普遍认为识别速度快、准确率高、非接触式、能让采样者在自然条件下完成身份信息采集的人脸识别技术未来具有较好的应用前景。

1. 技术水平不断提升,应用门槛不断降低

以人脸识别技术为例,根据 2015 年 3 月份阿里巴巴公司在德国汉诺威 IT 博览会上公布的技术信息,当时人脸识别技术的识别准确率已达到 99.5% 以上,接近肉眼识别水平。如采用多重因子验证,误识率还能进一步下降。识别速度也已达到实用化水平,目前人脸识别技术可在 5 秒钟以内完成采样、编码、比对全过程。与此同时,技术应用上也不再局限于专业设备,目前的智能手机上集成的拍摄功能、指纹解锁功能甚至虹膜识别功能①,使得每个人通过移动终端随时随地对人脸、指纹、虹膜等生物特征进行采集和上传成为可能。

2. 市场渗透率不断提高,应用领域不断扩大

从 2015 年开始,银行、证券公司、支付宝等机构大量采用脸部识别技术,用于远程客户的开户办理、转账和付款等。如招商银行手机端超过 50 万元的转账,就采用了脸部识别技术。2016 年 11 月,为缓解春运期间车站进站压力,提高旅客进站效率,北京西站在北广场进站通道启用了人脸识别系统,持二代身份证和磁卡车票的旅客可以在通道"刷脸"进站。根据后来的技术统计,系统在高峰期间平均 5 秒钟即可完成一次旅客身份核验,相比

---

① 虹膜的纹理信息量远大于指纹的信息量,理论上准确性更高,指纹的误识率为十万分之一,虹膜技术的误识率为千万分之一。2016 年 8 月上市的韩国三星手机公司的旗舰产品 Galaxy Note7 集成了虹膜识别技术,不过由于电池爆炸事故频发,一定程度上影响了市场对于移动端虹膜识别技术发展现状的认识。

人工检票,通过人脸识别检票准确率更高,速度更快。

3. 金融领域应用有规可依,政策环境趋于完善

为进一步改进银行账户管理方法,提高监管水平,应对新型网络银行和部分银行将生物特征识别技术引入银行账户开立环节的业务需求,2015 年 12 月央行发布了《关于改进个人银行账户服务加强账户管理的通知》,规定个人银行账户实现分类管理机制。开户申请人可通过柜面、远程视频柜员机和智能柜员机等自助机具、网上银行和手机银行等电子渠道开立Ⅰ类银行账户、Ⅱ类银行账户或Ⅲ类银行账户。自此在金融领域,生物特征识别技术正式成为核验身份的辅助手段,有力推动了人脸识别等技术的应用和推广。

二、政务服务领域存在远程身份信息核验需求,互联网 + 生物识别技术应用初露端倪

当前市民对政务服务需求日趋多元化、个性化,身处异地(尤其是在国外)、行动不便的人群,对身份信息远程核验需求尤为迫切。针对这种情况,2016 年以来,公安部和多地积极推进相关改革探索,通过生物识别技术与互联网技术的结合,将以往固定地点、固定时间的集中实地认证转化为随时随地互联网服务,远程身份信息核验取得了初步的进展。

1. 公安部“电子身份证”投入使用,个人生物特征数据库开始运行

为解决网上证明“我是我”问题,公安部研究推广“可信身份认证体系”,通过密码认证,脸部、指纹等生物特征验证等方式,实现互联网上的“实名 + 实人 + 实证”的真实身份核验。2016 年网络可信身份认证平台正式投入使用,广西南宁市公安局于 2016 年 11 月开通全国首张“电子身份证”。信息采集方式十分便捷,市民通过 App 进行简单的信息输入及人脸图像采集即可生成。有了“电子身份证”后办理酒店入住,场馆检票、机场身份核验、证券开户等操作可直接“刷脸”完成。武汉市也开展了“电子身份证”试点的相关工作。

2. 养老保险资格认证方式变革,互联网远程身份信息核验创新迈出第一步

为防止养老金被冒领,养老金领取资格的认定有一套严格程序,退休人员每年必须在固定的时间和地点进行资格认证,未通过认证的将暂停发放养老金。恰恰是在养老金领取人群中行动不便、异地生活(跟随子女生活)

的比例相对较高,对身份核验方式的改进需求也更为迫切。为了解决这一问题,大连、阜阳两地分别于 2016 年底启动了养老保险资格的远程核验服务,一次采集、存储人脸、指静脉等生物特征数据后,异地居住或行动不便的老人就可足不出户由亲属帮助完成认证。此举不仅方便了老人,还有效杜绝了冒领养老金行为。

“电子身份证”应用标志着个人生物特征信息数据库的建设和应用已能够实用化;养老保险资格认证方式改革是互联网 + 生物识别技术在政务服务领域的一次成功应用,为下一步在其他有远程身份信息核验要求的服务事项中推广应用相关技术创造了条件。

三、滨海新区在政务服务领域具备开展互联网 + 生物识别的客观需求和创新基础

1. 新区不少政务服务事项存在远程身份信息核验的现实需求

结合电子市民中心(一期)对区民政、人社、教体委、卫计委四单位服务事项的梳理结果,目前有现场办事要求的服务事项包括:民政系统的抚恤金、最低生活保障、临时求助申请等事项;人社系统的求职、失业登记,基本医疗保险登记,养老保险待遇审核等事项;卫计委系统的婚育证明;教体委系统的教师资格认定,入学、休学、转学等事项,2015 年累计办件量在 8 万次以上。这些事项都至少有一次到现场签字确认的办件要求,办事主体又是对远程身份核验需求比例较高的一类人群。因此,新区在政务服务领域推行远程身份信息核验改革有较大的现实需求。

2. 推行远程信息核验试点具有较好的改革基础

新区相对于其他地区在推进远程信息核验改革方面有一定优势。首先,新区在审批服务中已经采用了指纹、指静脉、人脸识别相关技术,为下一步与互联网的融合奠定了基础;其次,电子市民中心一期建设基本完成,作为国内首个纯逻辑意义的线上政务服务办事系统,为进一步探索相关领域改革提供了载体和平台;第三,生物识别技术呈现与互联网、物联网无缝对接的发展趋势,国内互联网企业是人脸识别技术发展和应用的重要推动力量,近年来新区逐步成为互联网公司布局大型研发与数据中心的重要节点,相关企业的集中入驻将为新区开展相关技术合作创造条件。

四、滨海新区依托电子市民中心平台运用人脸识别等技术丰富市民身份核验方式的建议

1. 探索建立新区政务服务事项分级管理制度

在一期服务事项梳理工作基础上,进一步以服务对象群体、来现场办事次数等信息为依据,细化服务事项分类,探索建立新区政务服务事项分级管理制度。优先针对远程身份核验需求较大,现场核验次数较多的服务事项,开展互联网远程身份信息核验的改革试点工作,提高办事效率,为市民办事带来更大的便利。

2. 积极争取公安部相关改革试点

公安部门既是政务服务领域推进人脸识别技术研发、标准制定的组织者,同时又是推广相关改革工作不可替代的参与者。目前公安部正在积极开展“网上身份证”等互联网+生物识别技术改革工作,一方面验证技术是否成熟,另一方面研究与现行治安管理办法(如要求面签)相冲突时的解决路径。建议新区在电子市民中心二期建设中加强与公安部沟通,发挥先行先试改革优势,开展相关技术的试点应用。

3. 与国内互联网企业开展应用合作

在社交网络不断发展、移动支付需求不断扩大的带动下,腾讯、阿里巴巴等互联网企业目前正积极研究互联网远程身份核验相关技术,同时他们还积极与各地政府合作,通过各地腾讯政务云、阿里政务云建设,促进其技术的应用推广。新区现有的“互联网+政务服务”基础足以吸引相关公司开展合作,达到双赢的合作效果。

4. 进一步加强对“互联网+政务服务”领域的储备性研究

在政务服务中实现远程“实人”信息核验意义重大,是“互联网+政务服务”领域改革的重要创新点。目前,新区电子市民中心项目一期基本完成,向“互联网+政务服务”改革迈出了坚实的一步,也为进一步深化相关改革工作创造了平台。鉴于当前生物识别技术发展和应用创新日新月异,建议新区加强对相关领域跟踪研究,力争在具体应用上实现创新突破,率先为国家探索可复制、可移植的成功经验。

(作者单位:天津滨海综合发展研究院)

抓住窗口期　促进人口与社会协调发展

刘　杨

进入 21 世纪以来,人口发展的内在动力和外部条件发生了明显变化。主要表现在:老年人口规模扩大,增速加快,中老年人口比重提高,青年劳动年龄人口比重降低;人口生育观念发生转变,少生优生成为生育观念的主流,家庭规模趋向小型化,养老抚幼功能趋于弱化;育龄妇女群体、生育旺盛期妇女比重双下降。由此,带来社会抚养任务特别是户籍人口和农村地区抚养任务增大、劳动力更替比逐渐下降的人口发展现象。本文从进一步适应人口和经济社会发展新形势,结合党的十九大提出的推动京津冀协同发展、加强人口发展战略研究等相关要求,深入分析当前天津市人口发展现状,从抓住京津冀协同发展的大机遇、探索在迈向国际大都市进程中提升以人才资本为引领以及促进人口长期均衡发展的角度,提出抓住"一基地三区"建设窗口期调整劳动力资源结构、抓住全面二孩政策窗口期调整人口结构、抓住京津冀协同发展窗口期提升人口承载力和公共服务水平的建议。

一、人口年龄结构特点

1. 老年人口规模扩大,增速加快

2016 年,我市 65 岁及以上老年人口总量达到 156.09 万人,占常住人口比重 9.99%。与 2010 年相比,老年人口总量增加 45.39 万人,年均增加 7.57万人,年均增速达 5.89%,高于同期常住人口年均增速 2.77 个百分点。同时,高于 2000 年至 2010 年老年人口平均增速 3.07 个百分点。

2. 少年人口规模增加,增速显著低于老年人口

2016 年,我市出生人口总量为 11.46 万人,主要以一孩为主,二孩对于调整人口年龄结构的拉动作用还不显著,出生人口总量与 2015 年比有所增

加，与2010年相比增加1.12万人。

同时，我市0～14岁人口总量154.96万人，占9.92%。与2010年相比，总量增加27.33万人，年均增加4.61万人，年均增速3.33%，高于同期常住人口0.21个百分点，但显著低于同期老年人口5.89%的增速。2016年老少比为100.73%，显示老年人口数量已经超过少年人口数量。与2010年相比，老少比提高了13.79个百分点，近7年来老年人口的快速增加和少年人口的缓慢增长，促使了人口老化向更深程度发展。

3.青年人口劳动年龄人口比重降低，中老年人口比重提高

2016年，我市15～64岁劳动年龄人口中，15～34岁人口总量554.73万人，占比44.34%，比2010年下降了1.63个百分点；35～54岁人口总量496.93万人，占比39.72%，下降了0.11个百分点；55～64岁人口总量199.41万人，占比15.94%，增加了1.74个百分点。显示出劳动年龄人口中，中老年人口比重提高。

4.育龄妇女群体、生育旺盛期妇女比重双下降

2016年，我市15～49岁育龄妇女总量为408.64万人，占常住人口比重为26.16%。与2010年相比总量增加了43.28万人，但比重却下降了1.96个百分点。育龄妇女总量年均增速为1.88%，低于常住人口年均增速1.23个百分点。其中，20～30岁生育旺盛期妇女总量为161.55万人，占常住人口比重为10.34%。与2010年相比总量增加了16.94万人，比重下降了0.79个百分点。生育旺盛期妇女总量年均增速为1.86%，低于常住人口年均增速1.25个百分点。

二、年龄结构变化带来的人口发展现象

1.社会抚养任务加重，户籍人口抚养任务更重

2016年，我市常住人口负担少儿系数为12.39%，负担老年系数为12.48%，人口总负担系数为24.87%。户籍人口负担少儿系数为18.02%，负担老年系数为20.84%，人口总负担系数为38.86%。户籍人口总负担系数比常住人口总负担系数高出13.99个百分点。

2.农村地区是老年抚养任务最重的地区

2016年，我市乡村地区老年人口负担系数13.82%，明显高于全市12.48%的平均水平。随着城镇化的快速推进，越来越多的农村劳动力向城镇转移，农村地区在人口低生育水平和大量劳动力外迁的双重作用下，人口

老化速度加快,随之而来的养老问题比城镇地区更加紧迫。由于农村地区社会保障机制落后于城镇,养老问题更加突出且解决难度更大。

3. 劳动力更替比逐渐下降

人口老龄化进程的加快,引起一个明显的人口现象,即:即将进入劳动年龄的人口明显少于即将退出劳动年龄人口,如果不增加外来人口而是保持现状,劳动年龄人口将出现减少的趋势。初步预测数据显示:2017 年劳动力更替比为 0.68,2018 年为 0.60,2019 年为 0.59,劳动力更替比不仅低于且明显小于 1,并呈逐年下降趋势。因此,如不新增外来人口,在未来 3 年中我市劳动年龄人口将出现持续减少的态势。

三、京津冀地区间抚养情况差异较大

从京津冀三地人口年龄结构上看,2016 年 0 ~ 14 岁常住人口比重为 15.86%,与 2010 年相比提高了 1.45 个百分点;15 ~ 64 岁为 73.56%,下降了 3.67 个百分点;65 岁及以上为 10.58%,上升了 2.22 个百分点。

从京津冀三地人口负担系数上看,2016 年负担少儿系数为 21.56%,与 2010 年相比提高了 2.90 个百分点;负担老年系数为 14.38%,提高了 3.56 个百分点;人口总负担系数为 35.94%,提高了 6.46 个百分点。

京津冀三地之间人口年龄结构和负担系数也不尽相同,各有特点。

表 1　京津冀人口年龄结构对比

单位:%

地区别	0~14 岁人口比重		15~64 岁人口比重		65 岁及以上人口比重		少儿负担系数		老年负担系数		人口总负担系数	
	2010 年	2016 年	2010 年	2016 年	2010 年	2016 年	2010 年	2016 年	2010 年	2016 年	2010 年	2016 年
京津冀合计	14.41	15.86	77.23	73.56	8.36	10.58	18.66	21.56	10.82	14.38	29.48	35.94
北京市	8.60	10.30	82.70	79.10	8.70	10.60	10.40	13.02	10.52	13.40	20.92	26.42
天津市	9.80	9.92	81.68	80.09	8.52	9.99	12.00	12.39	10.43	12.48	22.43	24.87
河北省	16.83	18.72	74.93	70.59	8.24	10.69	22.46	26.52	11.00	15.14	33.46	41.66

四、人口老化的原因及预测

1. 人口老化的根本原因

低出生、低死亡的人口再生产模式是我市人口年龄结构老化的根本原因。长期以来,我市人口出生率始终保持在 7‰ ~ 8‰左右,其中 2015 年更是降到了5.84‰的水平，全市人口死亡率保持在5‰～6‰左右，出生率和死亡率均处于较低水平。

随着生活水平、医疗卫生水平提高，全市人口中的老年人口死亡率明显下降，2016年65岁及以上老年人口死亡率为30.95‰，比2010年下降了5.10个千分点，同时人口预期寿命的延长，更加推进了人口老龄化的进程。

2.未来十年内的基本判定

人口老龄化是社会发展水平逐渐提高的必然体现，从我市经济社会发展状况看，在未来一段时间内，人口老龄化程度将逐步加深。

按照2016年总和生育率、育龄妇女生育率、年龄别死亡率以及年龄别迁移率进行初步测算，2017—2025年0～14岁人口比重将从10.22%提高至12.15%，仅提高1.93个百分点；而65岁及以上老年人口比重则从10.85%提高至17.39%，提高6.54个百分点，明显高于少儿人口比重的增速。如果保持其他条件不变，总和生育率提高至1.5，少儿人口比重则从10.51%提高至14.34%，提高3.83个百分点；老年人口比重从10.82%提高至16.96%，提高6.14个百分点。同样保持其他条件不变，总和生育率提高至1.8，少儿人口比重则从10.74%提高至16.07%，提高5.33个百分点；老年人口比重从10.79%提高至16.62%，提高5.83个百分点。可以看出，在总和生育率为2016年实际水平、1.5、1.8三个水平上，如果二孩比重不能显著增加，短时间内（10年以内）并不能显著提高劳动适龄人口比重及规模，特别是20岁左右人口的规模，反而由于人口总量的增加，将使劳动适龄人口所占比重有所降低。

五、对策建议

1.抓住“一基地三区”建设的窗口期，优化劳动力资源结构

按照《京津冀协同发展规划纲要》给予天津“一基地三区”的城市定位，我市正在着力打造全国先进制造研发基地、北方国际航运核心区、金融创新运营示范区、改革开放先行区。大力促进企业转型升级，运用新技术新业态新模式加快传统产业改造，提升企业劳动生产率，让“天津制造”成为“天津智造”，推进新一轮的发展。在此过程中，建议通过加强培养、培训、高水平人才引进等方式，提升劳动力资源质量；进一步扩大人力需求发布渠道和范围，消除流动障碍，促进自由流动，进而提升人力资本存量，规避因人力不足而造成的企业风险，并在保障城市经济发展的同时优化劳动人口年

龄结构。

2. 抓住全面二孩政策的窗口期,调整人口结构

全面二孩政策实施以来,我市出生人口在 2016 年有了一定幅度的增加,但其中也包含部分出生人口属相选择因素。从 2016 年人口变动调查妇女生育意愿数据上看,在不想生育二孩的原因中,“养育成本高,经济压力大”的选择率最高,占到全部原因的 26.52%。其中,在双独家庭中,这一选项的比重更是占到了 29.60%。为进一步优化人口年龄结构,给经济发展提供更为稳定的人力储备,建议:加大全面二孩政策宣传,促进生育政策和相关经济社会政策配套衔接,给生育二孩的家庭予以医疗保障、福利待遇等方面的政策保障和鼓励,促进出生人口规模增加。

3. 抓住京津冀协同发展的窗口期,提高人口承载力和公共服务水平

京津冀协同发展是国家重大发展战略,《京津冀协同发展规划纲要》明确了以“一核、双城、三轴、四区、多节点”为骨架进行空间布局和三地的发展方向与任务。为落实好发展规划,优化人口结构,提升公共服务水平,建议:进一步加快基础设施建设,提升综合承载能力和公共服务能力,承接北京市产业和人口转移,并按照规划定位推进产业和人口聚集。同时,根据三地人口抚养任务压力较大的情况,强化绿色发展理念,提高水资源、土地资源等稀缺资源利用效率,提升社会精细化管理水平,进一步扩大资源共享,并以养老产业化、集群化发展等,服务京津冀地区公共服务均等化,促进协同发展。

(作者单位:天津市统计局)

天津嵌入式养老调查研究

张小蕾

“十三五”时期是全面建成小康社会决胜阶段，是天津市老龄事业改革发展和养老体系建设的重要战略窗口期。天津市已经进入人口老龄化加速期，人口老龄化进程加速与养老服务业发展滞后的矛盾日益突出。预计到2020年，天津市户籍老年人口将超过290万，占总人口比例26%。而人口老龄化、高龄化、空巢化、家庭小型化“四化”叠加，产生放大效应，给应对人口老龄化增加了难度。面对“未富先老”与“未备先老”并存的局面，天津市的老龄工作和养老体系建设体制机制尚不健全，人才队伍较为短缺，涉老政策碎片化，涉老部门沟通协调不顺畅，互通衔接不充分，养老服务有效供给不足，质量效益不高，应对人口老龄化的准备尚不充分。

我国传统多采用家庭养老模式，但随着人口结构变化，家庭小型化、空巢化，以及子女社会压力增大等问题日益突出，传统家庭养老模式已不能满足当前社会需要，机构养老和社区居家养老模式得到推广发展。机构养老具有专业化、社会化、市场化的优势，但成本较高，供需矛盾突出，且与中国传统养老观念相悖，大规模推广难度大。社区居家养老以家庭和社区为依托，在一定程度上弥补了机构养老的不足，近年来得到大范围推广，但仍旧面临专业化水平不高、效率低下、流于家政化等问题。嵌入式养老作为一种新兴的养老模式，结合了机构养老和社区居家养老的优势，又兼顾了传统家庭养老的心理情感需要，克服了上述三者的不足，已在我国部分地区进行试点并取得可喜成果，有望成为未来我国养老体系中的重要组成部分。

一、天津老龄事业发展现状

“十二五”期间，天津市人口老龄化程度，特别是户籍人口老龄化程度进一步加深。但天津市经济社会发展和人民生活都达到了新水平,经济发展、社会进步与民生改善实现了良性互动,老年人口健康状况逐渐提高,老龄事业和养老体系建设取得长足发展。

1. 人口老龄化程度进一步加深

根据《2017 年天津市国民经济和社会发展统计公报》,截至 2017 年末,天津市常住人口 1556.87 万人,比上年末减少 5.25 万人;其中,外来人口 498.23 万人,占全市常住人口的 32.0%。常住人口中,城镇人口 1291.11 万人,城镇化率为 82.93%;65 岁及以上人口 157.67 万人,占 10.13%。2017 年末全市户籍人口 1049.99 万人。

由于城市宜居程度不断提升,医疗水平显著提高,老年人口的生活环境得到了明显改善,人口死亡率始终保持在较低的水平,2017 年末常住人口出生率 7.65‰,死亡率 5.05‰,自然增长率 2.60‰。

与此同时,在生育旺盛期妇女(25 ~29 岁)人口比重下降影响下,天津市老年人口比重上升。根据《2017 年天津统计年鉴》,截至 2016 年末,天津市 60 岁及以上户籍人口 225.88 万人,占户籍总人口比重 21.85%,65 岁及以上户籍人口 142.86 万人,占户籍总人口比重 13.82%,80 岁及以上户籍人口 31.24 万人,占户籍总人口比重 3.02%。截至 2016 年末,天津市 65 岁及以上常住人口 156.09 万人,人口总负担系数 24.87%,负担老年系数 12.48%,老少比 100.93%。

2. 老龄事业和养老体系建设取得长足发展

"十二五"时期,《天津市老龄事业发展"十二五"规划》确定的目标任务基本完成。老年人权益保障和养老服务业发展等方面的法规政策不断完善,在全国率先出台了《天津市养老服务促进条例》地方性法规,养老服务迈入法治化轨道。

基本养老、基本医疗保障覆盖面不断扩大,保障水平逐年提高。根据《2017 年天津市国民经济和社会发展统计公报》,截至 2017 年末,全市参加医疗保险人数 1088.46 万人,比上年末增加 21.68 万人;参加基本养老保险人数 811.82 万人,增加 38.32 万人;参加城镇职工工伤保险人数 395.33 万人,增加 7.22 万人;参加城镇职工失业保险人数 311.3 万人,增加 8.83 万人;参加城镇职工生育保险人数 296.95 万人,增加 11.99 万人。

养老服务设施建设取得显著成效,为老服务专业人才队伍逐渐壮大。根据《2017 年天津统计年鉴》,截至 2016 年末,天津市提供住宿的城市养老服务机构 210 个,职工人数 5558 人,床位 37904 张,年末在院人数 21084 人;

提供住宿的农村养老服务机构 37 个,职工人数 407 人,床位 7619 张,年末在院人数 2147 人。不提供住宿的老龄服务机构 13 个,职工人数 51 人;不提供住宿的社区服务机构 2952 个,职工人数 13381 人。截至 2016 年末,天津市 2952 个社区服务机构中,包含社区指导中心 10 个,社区服务中心 289 个,社区服务站 1894 个,其他社区服务机构 637 个。建有便民利民服务网点数 2914 个。社区服务机构建筑面积 1131619 平方米,年末职工人数 13381 人,其中女性 7330 人,共有社会工作师 219 人,助理社会工作师 719 人,社区服务志愿者 52149 人次,有日间照料床位 6482 张,其中农村 3564 张。

探索居家、社区、机构三个层面相结合的医养结合模式。截至 2016 年末,以居家为基础、社区为依托、机构为补充的养老服务体系基本建立,打造了具有天津特色的“973”养老服务格局,全市累计建设老年日间照料服务中心(站)1184 个,床位 7496 张,实现了社区养老服务全覆盖;建设社区食堂、配餐中心 386 个,中心城区实现了社区老年助餐服务全覆盖;建设养老机构 428 家,全市养老床位达 68616 张,平均千名老人拥有床位 32 张。

老年事业快速发展,老年人精神文化生活日益丰富。根据《2017 年天津统计年鉴》,截至 2016 年末,天津市共有老年法律援助中心 176 个,涉老案件数 4266 件,维权协调组织 1508 个,老年活动站、中心、室 2033 个,老年人参与活动人数 33.7 万人,老年医院 32 个,老年医院病床数 1746 张,老年人协会 3381 个,老年学校 641 个,老年学校在校人数 18.3 万人,享受高龄补贴的老年人有 20207 人。老年人优待项目更加丰富,范围进一步拓宽,敬老养老助老氛围日益浓厚,老年人的获得感和幸福感明显增强。

尽管天津市的老龄事业取得了长足发展,但就嵌入式养老来说,天津仍未迈出实质性脚步。从全国来看,上海、北京、重庆、石家庄等城市较早进行了嵌入式养老的探索,且已取得一定成果。目前天津已经具备发展嵌入式养老的部分基础条件,且《天津市“十三五”老龄事业发展和养老体系建设规划》已将嵌入式养老纳入其中,发展前景乐观。

二、天津嵌入式养老的发展前景

嵌入式养老模式是机构养老和社区居家养老两种模式的补充和整合,即以社区为载体,以资源嵌入、功能嵌入和多元的运作方式嵌入为理念,通过竞争机制在社区内嵌入一个市场化运营的养老方式,整合周边养老服务资源,为老年人就近养老提供专业化、个性化、便利化的养老服务。

1. 嵌入式养老的运作模式

美国社会学家格兰诺维特提出:“在人与社会互动过程中,既要避免社会化不足,又要防止过度社会化,个体必须与社会结构间融合互动中获得平衡。”嵌入式养老正是依据社会嵌入理论,避免了家庭养老和社区居家养老社会化不足,以及机构养老过度社会化的两种极端,通过嵌入资源、功能、多元运作方式等手段,依托政府、社区、家庭和机构等多方合力,寻求一种适度社会化的理想状态,使老人在不离开熟悉的居住环境和人际关系的前提下,既满足了老人的心理情感需求,又享受到了专业化的养老服务,社会的各种养老资源也得到了充分利用和合理配置。目前嵌入式养老主要有两种运作模式:

一是政府主导模式。政府主导运作的嵌入式养老,可以通过非竞争性购买的方式,由政府成立养老机构,由养老服务企业进行管理经营,运行费用主要由政府承担;也可以通过竞争性购买的方式公开招标,由政府向社会力量购买养老服务,由招标胜出企业或其他社会组织负责项目运营。

上海依托社区成立微型养老机构,面向社区有需求的老人,通过整合社区公建配套设施,由政府购买服务,由企业负责运营,形成政府、社区、企业三方分工体制。北京由街道办投资建设,成立医养结合的养老照料中心,由社区负责运营,其他社会组织嵌入合作,向街道办辖区范围内有需要的老人提供服务,形成政府、街道办、社区三级管理体制。重庆由政府投入,租赁居民房屋分区分幢建立养老照料中心,由社区整合土地、人力、医疗等多种资源进行市场化运营,向社区老人提供服务,形成社区与居民互动的模式。

二是企业主导模式。企业主导运作的嵌入式养老,由企业投入建设社区养老服务机构,运行费用主要由企业承担,适当补充政府补贴,企业自主经营自负盈亏,社区协调管理,其他社会组织灵活参与。

石家庄中精众和养老社区,由企业投资建设并负责运营,由政府或其他机构嵌入合作,提供各类支持,向所有有需要的老人提供服务,形成企业、福利机构、医疗组织协调合作,政府扶持的运作模式,但入住费用较高。

2. 嵌入式养老的优势

嵌入式养老通过适度社会化的模式,有效整合并合理配置社会资源,通过协调政府、社区、企业、社会等各方力量,将小规模、多功能、专业化的养老机构嵌入社区,为养老服务提供了一个理想化的平台,是解决当前养老服务供需矛盾的一种有益探索,是从供给侧结构性改革角度推动养老服务发展的主要方向，具有以下多种优势：

一是地缘情感优势。嵌入式养老机构多建在社区内部或社区附近，先天的地缘优势能够辐射周边区域，使社区和周边老人不用远离熟悉的居住环境和人际关系，就能享受内容丰富的养老服务，在实现了老人就近养老、养老不离家的愿望的同时，有效打通了老人的养老圈和生活圈，弥补了传统家庭养老、社区居家养老和机构养老的不足。

嵌入式养老契合了老人重视情感和家庭的传统需求。由于养护机构离家很近，老人们可以常回家看看，既满足了对家庭和亲人的情感依赖，又消除了远离家庭的疏离感和紧张感。与此同时，子女在工作之余也能方便照看父母，如果子女临时有事去外地，也可就近将老人送到嵌入式养老机构给予生活照料和情感慰藉，享受喘息托养服务。

二是专业服务优势。嵌入式养老机构能够做到服务专业化、人员专业化、技能专业化。机构养老的专业化和地理位置的分散化是一对难解矛盾。嵌入式养老将机构养老的专业化服务下沉到社区，延伸到老人家中，为社区及周边老人提供多元化的护养服务，医养结合模式使老人在社区即能享受到专业的医疗护理服务，实现了医养同步。同时，机构中配备了专业服务队伍，医生、护工、社工、心理辅导师、志愿者、管理人员等均具备专业服务技能，人员稳定性强，各项养老服务专人专岗，岗位职责清晰，专业化优势明显。

三是资源整合优势。嵌入式养老有效整合了政府、社区、企业、家庭、社会等多方力量，实现了合理分工、良性互动，有利于各方发挥所长，其吸收社会力量参与养老服务的途径多样，资源组合引入门槛低，组合形式灵活，运营机制健全高效，有效实现了资源整合效能的提升。嵌入式养老充分挖掘了社区内部资源，对社区内闲置的公建配套设施如房屋、活动室等进行了有效利用，对社区外部生活养老医疗设施如菜市场、理发店、医院等也能进行嵌入式利用，从而降低了运营成本和需要居民承担的养老费用，实现了参与主体多赢的局面。

三、天津嵌入式养老的发展路径

《天津市“十三五”老龄事业发展和养老体系建设规划》指出：“本市将按照以人为本、共建共享，补齐短板、提质增效，改革创新、激发活力，统筹兼顾、协调发展的原则，着力保障和改善老年民生，让津城老年人更有获得感幸福感。”规划提出至2020年,天津市将持续扩大养老服务有效供给,争取为津城老人提供更多、更舒心的服务,让津城老人老有所养。规划在加强社区养老服务设施建设方面明确提出,要“加强社区养老服务设施与社区综合服务设施的整合利用”。同时,要“继续推进照料中心运营机制改革。……延伸照料中心服务功能,向居家的行动不便、空巢和失能老人延伸服务,将有条件的照料中心升级为社区老年服务中心,使其成为政府搭台、企业运营、居民受益的嵌入式社区养老服务机构,推进社区养老服务社会化”。未来天津市可在以下几方面努力,推进嵌入式养老发展:

1. 加强政府引导扶持

政府要深化对嵌入式养老的认识,对养老事业合理规划,在适当时机摆脱政府托底的惯性思维,鼓励民间资本进入和市场化运营,协调社区、企业、社会组织等方面关系,引导各方良性互动。加强对嵌入式养老的政策扶持,适当降低养老机构建设门槛,积极提供配套优惠政策,健全土地审批机制等辅助性政策,加大财政补贴力度和税收优惠减免等。加强政策监督检查,加大对与嵌入式养老相关的特殊优惠政策的监管力度,建立公开透明平等的准入制度,完善公建民营、民办公助、政府购买等嵌入式养老机构管理办法,鼓励社会力量通过独资、合资、合作、联营、参股、租赁等方式参与嵌入式养老机构建设。

2. 鼓励社区、企业分工协作

在嵌入式养老中,协调社区管理和企业运营二者之间的关系,在企业和社区之间,建立一套分工明确、协作共赢的合作机制。在理念上,必须把维护老人权益、发展老龄事业放在首位,合作各方应明确责任分工、服务内容、受众范围、养老服务设施和器材使用与维护等各种细则,社区和企业做到互相支持、互相监督、互相促进。允许养老企业依法依规设立多个服务网点,实现规模化、连锁化、品牌化运营。鼓励整合改造闲置房屋、商业设施、存量商品房等用于养老服务。对嵌入式养老企业加强开办支持和服务指导,落实好投融资、税费、土地、人才等扶持政策。建立以质量和效益为导向的嵌入式养老企业发展机制,塑造安全、诚信、优质的服务品质。

3. 引入社会组织参与服务与评估

扩大嵌入式养老的参与主体,引入不同类型的社会组织积极参与嵌入式养老服务,可通过政府向社会力量购买服务、社会组织义务参与或者探索其他方式,提供社区和嵌入式养老企业所欠缺的服务项目。加强嵌入式养老机构服务质量监管,建立健全评估机制,引入社会组织参与第三方评估,明确评估主体、评估内容、评估方法等，实行评估结果报告、留档和社会公示，促进养老服务行业自律和信用体系建设。

（作者单位：天津社会科学院发展战略研究所）

后全运时代天津“体育惠民”调查与研究

王　丽

2017 年在天津市召开的第十三届全运会,在“全运惠民,健康中国”理念下,开启了群众体育与竞技体育协调发展的新模式,创造性地提出和实施了“全运惠民工程”,极大地推动了天津市大众体育事业的优化发展,天津市民得以充分享受举办全运会带来的巨大成果。同时,全运会作为深受全国人民关注的重大体育赛事,又具有显著的后续效应。全运会所承载的奥林匹克精神和以人民为中心的体育发展理念仍在传承,“全民参与、健康共享”的体育运动高潮正在兴起。

一、后全运时代天津“体育惠民”现状

本届全运会倡导“全运惠民,健康中国”的体育理念,设置了群众组比赛项目等多项改革措施。这在全运史上是史无前例的大胆探索和创新,为我国体育事业开创了全民健身的新时代,开启了我市“体育惠民”的新契机。

1. 市民健身意识与热情高涨

此次全运会突出强调“全运惠民、全民全运”的宗旨,广泛开展“我要上全运”活动,增设 19 个群众体育项目,启动“全运惠民工程”,以实实在在的行动践行了以人民为中心,人民是体育事业主体的发展理念,开启了全民全运的新时代。据统计,通过线上线下等多种方式,共有数百万群众参加了“我要上全运”基层选拔比赛。参赛人员遍及大江南北、涉及各行各业,运动员年龄最小的 4 岁,最大的 93 岁。这次全运会充分体现了体育是以身体锻炼为基本手段实现其健身、愉心的本原价值和功能,激发了广大市民支持和参与体育锻炼,享受健身乐趣的热情。在后全运时代,越来越多的市民进入到体育健身的行列,参与体育运动健康共享的热情日益高涨,在天津,体育

运动正逐渐成为一种新生活时尚。

2.“15 分钟健身圈”建设卓有成效

乘着举办全运会的东风,天津市深入实施了全运惠民工程,打造 15 分钟健身圈,增设老百姓身边的体育运动场所已卓有成效。本市已创建 100 个示范型城乡社区健身会和 1000 个绿色健身站,新建 100 个社区笼式足球场等多功能运动场地和 2200 个健身路径,建设侯台城市公园体育园等 10 个体育公园、20 条登山步道以及水上公园智能型健身步道、海河划艇运动基地、航空航海运动营地,提升改造山野运动基地等健身休闲设施。对市民来说,居住周围的健身场地明显增多,从自家到公共运动场所,真的用不了 15 分钟了。

3. 合理规划利用全运会场馆

本届全运会在天津共安排比赛场馆 47 个,其中新建场馆 21 个,提升改造 15 个,利用现有场馆 11 个。在 21 个新建场馆中,有 10 个设在大学校园,全运会结束之后全部留给学生们使用,实现全运会与大学“嫁接”,以更好地在年轻群体中营造体育氛围。并且现有场馆正在积极探索向惠民方向延伸,除了场馆本身对市民开放以外,周边配套设施也规划得到合理利用。例如,新建的天津财经大学体育馆已作为师生们全新的锻炼、学习场所;团泊体育中心成为天津市 11 个运动项目管理中心和 19 支运动队的驻地;滨海新区东疆湾景区的帆船项目场地,将用于天津市帆船、帆板专业队的日常训练,并将采用社会化经营方式,为京津冀市民打造帆船、帆板、划水、皮划艇、潜水、摩托艇、冲浪等项目的运动综合体。

4. 群众运动组织和服务日趋完善

自 2015 年“全运惠民工程”启动以来,群众身边的体育健身组织越来越多,群众体育服务工作越来越健全。截至目前,我市创建了 100 个示范型的居民健身会和村民健身会,陆陆续续建设了 1000 个社区健身站,打通了服务健身群众的“最后一公里”;探讨建立了社会体育指导员与服务岗位“二位一体”的管理模式,打造社会体育指导员网络工作平台;并逐步加大政府购买体育公共服务力度,支持体育社会组织等机构承担举办竞赛、健身服务、体育培训、科学研究等公共服务事项。

5. 积极创新,推出体育惠民卡

从 2017 年起,我市还投入体育产业发展引导资金 1000 万元,发行体育惠民卡 5 万张。市民使用体育惠民卡在签约服务单位或购买全运会门票消费满 500 元,政府补贴 200 元,年度消费不足 500 元的,也将按比例予以补贴。通过发行体育惠民卡的方式,鼓励市民群众积极参加健身活动,促进全民健康、拉动体育消费并扶持体育健身服务行业的发展。

二、后全运时代天津“体育惠民”存在的问题

近年来,以筹办第十三届全运会为契机,我市深入开展“体育惠民”工作,阶段性成效显著,全市基本公共体育服务体系已初步形成,但仍存在一些问题和不足,需要不断改进。

1. 缺少高水平专业化的体育指导员

现在我市群众性体育活动,开展得如火如荼,但是缺少高水平、专业化的体育指导员。目前我市体育指导员已达 31000 人,但绝大多数原为体育爱好者或体育志愿者,多由退休干部、家庭妇女担任,而且年龄偏大。如何让在全运会上运筹帷幄的教练,执法公正的裁判们,走进基层,接地气,指导普通群众开展高水准的体育活动,成为广大体育爱好者和参与者的期盼。

2. 缺乏影响显著的特色体育文化品牌

天津被称为“中国体育的摇篮”,堪称中国体育的先驱城市,篮球、足球、网球、乒乓球、台球、垒球等这些大家耳熟能详的体育项目,最初是西方传入天津,并逐渐传播到全国的;天津也是我国最早开展现代体育运动的城市之一,拥有丰厚的体育历史基因。同时天津也具有丰富的体育文化资源,天津的游泳、排球、足球、武术等体育项目享誉国内外,体育类非物质文化遗产类型众多,但天津缺少具有地方特色的群众体育活动项目和赛事品牌。

3. 体育场馆设施资源的整合循环利用不足

在全运会筹办期间,我市不仅对市内体育设施与场馆进行了大规模的改进与提升,而且新建体育场馆 21 个,新建场馆总建筑面积达到 26 万平方米。如何充分高效地利用这些体育场馆和设施资源,打破社会各系统之间的管理壁垒,实现体育场馆设施资源的整合循环利用,使同一体育场馆设施资源可以在不同的时间分别用于居民健身、学校体育课和运动训练,在居民、学生和运动员等群体之间循环流动,仍是我们需要解决好的现实问题。

4. 社区群众体育微管理不到位

到 2018 年,全市区县级健身中心、体育公园和体育彩票社区(行政村)体育健身园的覆盖率将达到 100% 。在后全运时代,这些体育器材如何运用,基层体育场所如何管理,社区体育活动如何有效开展,都是社区群众体育微管理需要面对的问题。但目前我市社区群众体育微管理尚未真正到

位，一些小区的体育锻炼设施和场所成为摆设，社区体育活动出现生命力不强、无人指导现象，社区体育人口出现了流失。

三、后全运时代完善“体育惠民”的对策建议

“体育惠民”是践行全民健身国家战略，不断提高人民健康水平，满足人民健身需求的重要举措。在后全运时代我们要砥砺奋进，继续努力，让“体育惠民”成为名副其实的幸福工程和民生工程。

1. 加强体育指导员队伍建设

在扩大社会体育指导员数量的同时，要更加注重发挥体育社会指导员在全民健身运动中的作用，优化队伍结构，提升管理和服务水平。一方面要鼓励和引动体育爱好和志愿者通过自学、函授、走进高校等专业式培训方式，提高其体育业务水平和工作能力，正式加入体育辅导员队伍，以扩大我市体育指导员的数量。尤其对参加过全运会的业余运动员，积极对其进行专业化培训，允许和鼓励他们对群众体育文化活动进行指导和帮助。另一方面要积极推动市里的专业体育团队和优秀体育人才走向基层，服务社区，与群众体育团队结对帮扶，进行精准体育帮扶和培训，建立起高校、专业体育团队与社区、体育站的长期合作和帮扶机制。

2. 打造具有天津地方特色的体育品牌

天津要充分结合历史文化、地理特点、自然资源打造地方特色体育活动项目和赛事品牌。坚持全民健身活动的“品牌化”。在广泛开展群众性体育活动的基础上，精心打造“一地一品”“一行一品”体育健身活动特色品牌。精心组织规模大、有影响、示范性强、有特色，群众喜闻乐见的体育活动，以此来推动我市地域性体育活动品牌建设，引导我市群众健身活动向更高层次发展，形成市区联动的全民健身活动新格局。乘势做强天津体育赛事品牌。全运会的成功举办，很好宣传了天津城市形象，天津的地位在全国人民心目中大幅度提升。我们要借助这个有利时机，充分利用全运会留下来的遗产，大力发展赛事经济。建立健全各级赛事管理和协调服务机构，积极引进申办一批国际国内赛事，逐步培育出一批相对固定的品牌赛事。

3. 促进体育场馆设施资源整合与循环利用

在后全运时代，天津市首先应该在确保现有场馆设施满足未来大型体育赛事的基础上，适时对群众实现全面的开放，以满足广大群众日益增强的体育健身需求。第二，建立完善的场馆运营管理体系，在坚持“以馆养馆”原

则下,针对群众体育运动的特征适当的开展有偿性服务,力争在满足市民健身需求的基础上也能盈利创收,为场馆和设施维护提供资金。第三,设立专门的体育资源管理机构,对体育场馆和设施资源进行统筹管理,加强与群众体育组织的沟通,及时了解大众体育运动的发展态势,做好市民健身、学生上课和运动员训练之间的协调与沟通,为体育资源的合理循环利用提供保障。第四,在对现有体育场馆和设施资源全面调查的基础上,制定出适合天津体育资源整合与循环利用的政策法规。

4. 提升社区群众体育微管理水平

社区群众体育的微观管理包括社区全民健身工作管理人员的水平、资质,社区体育活动内容的安排与指导,社区体育运动设施与场地的管理与整合等诸多内容。因此,要高度重视社区群众体育的微观管理,将社区体育工作列入城市社区的发展规划与管理之中,提高社区体育管理工作的有效性。同时,积极转变街道、乡镇等体育行政管理部门职能,由主办体育向主管体育转变,以提供体育服务为重心。积极培育和发展社区体育组织和体育协会。鼓励企业、单位和社会体育组织参与社区群众体育微管理,突破企业、单位、社区单独封闭的建制格局,逐步建立起横向联系和网络化管理。充分发挥企业、单位和社区体育组织的职能,由它们来负责社区日常的群众体育健身活动,真正做到社区居民体育活动的自我组织和自我管理。

(作者单位:天津社会科学院发展战略研究所)

天津市推动农村基层党建工作强化社会治理的对策研究

王　双

一、天津市农村基层党建的主要现状

1. 主体责任落实

天津市委制定印发《关于加强农村基层党建工作意见》和加强村务监督委员会建设、规范村干部报酬待遇等“1 +4”文件，为加强全市农村基层党建工作提供了重要遵循。扎实推进区、乡镇（街道）、村党建工作“三级联述联评联考”，坚持横向拓展、纵向延伸、全面覆盖，突出问题导向，通过明示问题、承诺目标，自上而下推动形成书记抓、抓书记的责任传导落实机制。推动各区、乡镇（街道）党（工）委认真落实主体责任，党委书记切实履行第一责任人责任。每年制定党建工作任务书，推动责任落细落地，实行季度通报、随机督查、年度检查。积极推行乡镇（街道）党建办制度，进一步明确基层党建责任。

2. 服务能力

逐步构建起“党支部、村委会、村监会、服务站、合作社、保洁队”六位一体的村庄基层管理服务体系，通过丰富服务内涵、拓展服务外延，搭建有效服务载体。以帮助建强基层组织、谋划发展思路、解决实际问题为目标，深入开展帮扶困难村工作，截至 2016 年底，市级帮扶单位结对的 500 个困难村全部达到“清洁村庄”建设标准，384 个村迈入先进党组织行列。通过促进农村改革发展、增强集体经济实力、帮助农民增收，强化基层党组织服务能力。

3. 组织建设

持续整治软弱涣散的基层党组织,积极推动农村基层党建资源整合,推进人、财、物向农村基层倾斜。深入开展“五好党支部”创建工作,宣传推广若干党组织创建典型,通过“五好党支部”示范创建带动农村基层党组织建设水平整体提升。开展领导干部挂点联系、乡镇(街道)干部直接包保、有关部门包村扶持、工作组驻村帮促、先进后进结对共建等,实施“一支一策”综合整治,巩固基层党组织领导核心地位。重点解决“软、散、乱、穷”等突出问题,上下联动抓党建、促发展、惠民生、保稳定,提升农村基层党组织的政治引领和服务功能。

4. 监督制约

制定出台《中共天津市关于落实全面从严治党主体责任和监督责任的意见》,明确党委(党组)班子、主要负责同志、班子成员和纪委具体责任,健全完善闭环责任体系。制定出台《关于深入贯彻和严格执行中央八项规定精神实施细则》,集中开展不作为不担当问题专项治理。坚持“零容忍”惩治腐败,持续整治群众身边的不正之风和腐败问题。集中开展贪污挪用土地征占补偿款、“三资”管理、截留困难村帮扶资金等“微腐败”问题专项治理。

5. 队伍建设

认真落实“三会一课”、组织生活会、党性分析、民主评议党员等基本制度。充分运用网络学校、网上课堂、微博、微信、手机短信等新媒体加强党员教育培训,2015 年共举办农村党员培训 2568 期,培训党员 37.5 万人次。积极发展农村优秀青年入党,注重在农村现有优秀人员和在外出农民工优秀分子中培养发展党员,重视在 80 后、90 后青年农民中培养入党积极分子,着力解决农村党员队伍老化和三年未发展党员等问题。

二、天津市农村基层党建工作存在的主要问题

1. 主体责任落实不到位,党建工作不严不实问题依然突出

当前,各级基层党组织落实工作责任时,更多地依赖问责追责等“外力”驱动,抓基层党建的“内功”不深,还存在着组织生活质量不高,开展“两学一做”学习教育、“三会一课”等党内政治生活流于表面化等突出问题。农村党组织党员教育管理工作不够有力,党员组织观念、组织纪律性不强,成事、干事的决心不够坚定,一些基层党员干部不愿做、也不会做群众工作,直

接导致基层党组织缺乏教育引导能力和政治引领功能。

2. 基层党组织服务意识淡漠,服务能力不高

某些农村基层党组织的宗旨意识仍较为淡漠,缺乏为民服务情怀,导致服务意识与能力低下,突出表现在:一方面,缺乏主动深入群众、联系群众的动力,面对群众的困难和诉求,态度消极、敷衍塞责甚至充耳不闻;另一方面,在一些经济状况较差的镇村,虽然群众发家致富的愿望强烈,但基层党组织无法带领群众致富,村集体经济实力较弱,缺乏集体收入,存在无钱办事现象,村各项日常工作的正常运转都存在一定困难,使得基层党支部缺乏经济基础和物质依托,削弱了农村党支部的凝聚力和吸引力,严重制约农村党建工作的开展和党支部领导核心作用的发挥。

3. 组织建设水平整体不高,党组织软弱涣散

村党组织建设滞后和领导核心作用缺失的基本问题主要在于村"两委"关系的紧张、甚至恶化,造成村党组织缺乏凝聚力和权威性,村级工作不能正常开展,党组织软弱涣散,没有战斗力。某些村存在着"两委"关系不协调甚至矛盾激化问题,或是个别村党支部书记大权独揽、唯我独尊,完全忽视村民委员会的功能和作用,抑或是村委会主任较为强势,不尊重、不配合和不服从村党支部领导,架空、排斥村党组织领导核心作用的发挥。

4. 基层监督制约机制不健全,"微腐败"时有发生

当前,农村基层政治生态有了一定改善,大范围的腐败现象得以遏制,但农村"微"腐败与个别党员干部的顶风违纪问题仍然时有发生,诸如骗领农业补贴、侵吞惠农资金等侵害群众利益的"微"腐败影响恶劣,违反中央"八项规定"精神的顶风违纪现象屡禁不绝,官僚主义、享乐主义等脱离群众现象败坏党的形象,恶化党群关系。

5. 基层党员干部队伍建设滞后,工作能力亟须提高

随着城镇化步伐加快,农村青壮年农民大量外流,留守人员"老龄化"、农村人口"空壳化"和党员流动性增强,产生流动党员管理难、教育难,党员发展难、培养难,组织学习难、发挥作用难,村干部选拔难等一系列问题。农村发展党员比例较低,后备力量相对不足,一定程度上削弱了党组织的凝聚力、号召力和党员队伍的生机与活力。某些村干部思想观念不相适应,文化程度偏低,眼界思路不够开阔,理解和把握党的路线方针政策碎片化,造成工作不深入、不扎实。

三、天津市推动农村基层党建工作强化社会治理的对策建议

1. 强化主体意识,落实主体责任

研究出台《关于落实农村基层党建工作责任制实施办法》,将农村党建责任细化明确为镇党委主体责任、村党组织的具体责任、镇党委书记第一责任、村党组织书记直接责任、镇党委组织委员分管责任,充分发挥区县党委“一线指挥部”、镇(街道)党委“龙头”、村党委“关键”作用,构建镇村抓党建“五位一体”的责任体系。依据各区县、乡镇(街道)党建发展具体情况和特征,有针对性地制定各区县、乡镇(街道)党建工作责任清单、问题清单和任务清单。通过建立任务清单、问题清单、责任清单,逐级签订任务书和责任状,把任务和责任压紧压实,一级抓一级,坚决避免上紧下松、越抓力度越弱。切实明确基层党建“谁来抓”“抓什么”“怎么抓”,努力形成“书记抓、抓书记,一级抓一级、层层抓落实”的基层党建工作格局。

2. 强化服务意识,增强集体经济服务能力

发挥农村基层党组织的领导核心地位作用,发展壮大村级集体经济提升农村基层组织服务能力,通过推动基层服务型党组织建设,增强向心力。结合实际深入推行“一村一策”,积极拓展资源开发型、产业带动型、资产经营型、服务创收型、外力帮扶型等多种村级集体经济发展路径,坚持走多种模式共同发展之路。以扩大村集体经济实力、带领村民致富等为依托,切实提升村民福利、就业增收、教育医疗、基本公共服务等各方面服务水平。积极探索“村支部+合作社”两位一体的合作模式,使农业合作社一方面成为带动农户进入市场的基本主体,另一方面也作为发展农村集体经济的新型实体和创新农村社会管理的有效载体,将基层党组织的政治属性与服务功能有机统一起来。

3. 强化组织意识,提升党组织建设水平

围绕推动农村科学发展、带领农民致富、密切联系群众、维护农村稳定,聚焦党员组织关系排查不深入、管理不到位,基层党组织设置不合理、调整不及时,基层党组织到期应换未换、换届选举不规范,党的组织生活制度不健全、落实不到位,党员缴纳党费不严格、党费收缴管理使用不规范,基层党组织班子功能虚化弱化、作用发挥不充分等六大方面问题,深入开展“六项专项整治”。落实“一村一策”、分类指导原则,完善“领导联系、结对帮扶、下派驻点”等有效治理举措,持续整顿软弱涣散基层党组织。鼓励先进基层

党组织与软弱涣散基层党组织结成帮扶对子，以先带后，提高帮助转化成效。重点选派后备干部、有发展潜力的优秀年轻干部组成工作组，驻点帮扶整顿，有针对性地开展治理工作。深入推行基层党组织"星级管理"，持续开展跟踪监控，实现动态化管理。

4. 强化监督意识，健全检查督导和问责机制

推动镇村级党组织依据上述清单出台干部考核落实方案或细则，强化镇村级党组织书记责任承担和问责追责制度可操作性。严格落实各级组织部门的检查督导责任，制定落实细则和常态化的工作机制及流程，以更加规范和程式化的管理圈起"制度笼子"。加强基层党建工作专项督导、巡视工作，通过督查方式，问责后进党组织，鼓励先进、鞭策后进。深入开展全市农村党建大督查大检查活动，对作风不实、工作不力和造成后果的要严格追责问责，确保把基层党建责任落实到位。制定各县区、乡镇(街道)《基层党建工作督查问责办法》，形成制度化、常态化和规范化的基层问责管理体系，强化农村基层党建工作问责制。建立问责追溯和反馈机制，认真排查搞清党建工作不落地、不到位的源头，分清主观因素和客观因素等不同溯源基础，采取不同程度的处理方式，在保护基层党组织负责人工作积极性和持续性的前提下，最大限度发挥问责机制的效用。

5. 强化队伍意识，完善带头人培养机制

建立按需选人的培养机制，选配时注意从岗位需求出发，综合考虑特点特长、性格气质等多重因素，进行目标式的培养，实现班子最优搭配。探索更为灵活的基层选拔政策，采取上级选派、跟踪培养、群众推荐等多种方式，从致富带头人，经济合作组织负责人、外出务工经商人员、回乡大学生、转业退伍军人、在外工作的退休干部、乡村医生、乡村教师和其他乡贤中选拔优秀人才进入基层党组织班子。以村支两委干部及村后备干部、中共党员及入党积极分子为对象，实施"农民大学生培养计划"，以天津广播电视大学系统为依托，联合具备相关培养资质的职业院校，培养一批留得住、用得上、懂技术、会经营的农村基层后备力量。鼓励优秀大学生村干部留村任职，落实从优秀大学生村干部考录选调生的有关规定，推进大学生村干部工作与选调生工作并轨。

6. 强化储备意识，创新农村用人体制机制

关注新发展党员中有较好培养潜力、有一定工作能力、有长远发展视野的年轻党员，提前着手培养准备，纳入换届人选，通过党组织集体和老一辈党组织书记传帮带，充实到村级党组织书记后备队伍中。继续选派上级机

关、企事业单位优秀年轻干部到基层担任党委书记,大胆任用、放手锤炼,努力培养成为村党建工作的主力军之一。加大农村基层党建人才回引力度,建立适合青年人才需求的灵活吸引机制,积极落实各项扶持鼓励政策,支持高校毕业生到村或回村创业,投身农村党建事业。

(作者单位:天津社会科学院城市经济研究所)

天津市社会组织党建状况与对策研究

吴佩芬

党的十九大报告明确提出："经过长期努力，中国特色社会主义进入了新时代，这是我国发展新的历史方位。"新的时代条件下，我们党要决胜全面建成小康社会、实现中华民族伟大复兴的中国梦，更加需要充分发挥社会组织等基层党组织的战斗堡垒作用和党员的先锋模范作用。正如习近平总书记在报告中所要求的："要以提升组织力为重点，突出政治功能，把……社会组织等基层党组织建设成为宣传党的主张、贯彻党的决定、领导基层治理、团结动员群众、推动改革发展的坚强战略堡垒。"天津市顺应时代发展新要求，全面贯彻落实习近平总书记关于社会组织党建工作的重要精神，加大社会组织党建工作建设力度，使我市社会组织党建工作形成了持续、健康发展的良好生态。

一、从全局和战略高度认识加强社会组织党建工作的重大意义

我们党的基层组织建设包括七大领域：企业、农村、机关、学校、科研院所、街道社区、社会组织等。在这七大领域中，社会组织数量庞大，人员结构复杂，涉及领域广泛。但是，社会组织党建工作却起步最晚，基础最为薄弱。习近平总书记明确提出，越是情况复杂、基础薄弱的地方，越要健全党的组织、做好党的工作，固本强基，防止"木桶效应"。① 近年来，随着社会组织准入门槛的降低，社会组织发展迅猛。截至 2016 年底，天津市社会组织总数

① 《大力加强社会组织党建工作——中组部负责人就〈关于加强社会组织党的建设工作的意见（试行）〉答记者问》，《中国社会组织》，2015(19).

达到3.13万个。面对这一庞杂的群体,做好党建工作刻不容缓。这既是保证社会组织健康有序发展的现实需要,同时也是增强党的阶级基础、扩大党的群众基础、夯实党的执政基础的战略需要。就目前来看,虽然党中央一再强调社会组织党建工作的重要性,但是,有些部门对社会组织的地位、功能仍缺乏正确的认识,有的只是按照上级指示和要求建立起了党组织,至于建立党组织的目的和重大意义却缺乏全局性和战略性的考量,导致一些社会组织党组织处于“虚置”状态。不置可否,当前社会组织已经成为敌对势力和不法分子渗透和争夺的重点领域。我们党的工作如果不及时跟进,党的领导缺位,党组织缺失,势必给敌对势力和不法分子以可乘之机,抢占主动权,与党争夺群众,影响党的执政基础和执政根基。为此,我们必须从战略的高度认识加强社会组织党建工作的重大意义,增强紧迫感、使命感、责任感,把社会组织党建工作作为关系改革发展全局的一项重要政治任务来抓,以严和实的精神推进社会组织党建工作,充分发挥社会组织在国家治理体系和治理能力现代化建设中的重要作用,使社会组织党组织成为推动改革发展的坚强战斗堡垒。

二、天津市社会组织党建状况

1. 天津市社会组织党组织队伍日益发展壮大

随着改革开放的深入,社会组织在中国特色社会主义现代化建设事业中的作用日益凸显,成为党的工作和群众工作的重要阵地和重要领域。我市顺应新时代发展要求和全面从严治党新形势,坚持以习近平新时代中国特色社会主义思想为指导,将社会组织党建工作纳入我市党建工作的总体布局中统一规划和部署,按照“应建尽建”的原则,加大党组织组建力度。

据统计,2012年,天津市登记注册社会组织4276个,建立社会组织党组织2358个,选派党建工作指导员430人。[①] 2013年,登记注册社会组织4669个,[②]建立社会组织党组织2634个,派遣党建指导员1005人,党员总数为16027人。[③] 2014年,登记注册社会组织4897个,其中市属社会组织

① 《天津年鉴》(2013).

② 《天津年鉴》(2014).

③ 《天津市社会组织2013年度检查工作情况报告》,天津市社会组织管理局网,http://shzz.tj.gov.cn/News/201511/201511012053516.htm,2014-11-18.

1597个,区县社会组织3300个。[①] 2015年,登记注册社会组织5199个,建立社会组织党组织2616个,派遣党建指导员1892人次,社会组织党员总数26005名。[②] 2016年末,登记注册社会组织5347个,社会组织党组织2269个,党员27601名。[③]

通过以上数据可以看出,自党的十八大以来的这五年,由于坚决贯彻落实习近平总书记关于大力加强社会组织党建工作的重要精神,把发展社会组织党建作为一项重要政治任务来抓,我市社会组织党建工作迈出了坚实的步伐,不仅登记注册的社会组织数量逐年增加,而且党组织数量、党员人数及派遣的党建工作指导员人次也呈现连年递增的良好态势。尤其是通过发展新的社会组织党员,及时将优秀分子吸纳到党内,党员总数实现了质的飞跃。5年内,净增社会组织党员1万多名,真正做到了成熟一个、发展一个、培育一个,使社会组织党员队伍不断发展壮大。

2. 天津市推进社会组织党建工作的实践探索

时代是思想之母,实践是理论之源。针对新的时代条件下如何进一步加强基层党组织建设,习近平总书记在党的十九大报告中进行了专门阐述,提出要"推进党的基层组织设置和活动方式创新,加强基层党组织带头人队伍建设,扩大基层党组织覆盖面,着力解决一些基层党组织弱化、虚化、边缘化问题。"我市坚决贯彻落实十九大会议精神,结合我市社会组织的实际情况,在党建工作方面进行了大胆探索和实践:

(1)创建形式多样、灵活便捷的党组织设置模式

社会组织党员与党政机关和事业单位的党员相比,具有流动性强、工作时间随意性大、来源广泛且高度分散等特点,这就决定了其不可能采取统一的党组织设置模式。我市在充分把握社会组织发展规律、社会组织党建工作规律、社会组织党组织运行规律、社会组织党员成长规律四大规律的基础上,[④]针对社会组织党员的特性,探索出了灵活多样而又实用便捷的党组织设置模式。如:河东区创建了"三抓一派"的党建模式。[⑤] 即"抓单独建""抓

① 《天津市社团局2014年上半年工作总结》,天津市社会组织管理局网站,http://www.tjmz.gov.cn/tjshzz/system/2014/08/27/010025719.shtml,2014年8月27

② 《天津年鉴》(2016).

③ 《突出政治之"训"增强四个意识天津市级社会组织党组织书记全员轮训班结业》,天津市社会组织管理局网站,http://shzz.tj.gov.cn/news/201705/201705120943599.htm,2017年5月12日。

④ 岳颂:《提高社会组织党的建设科学化水平》,《人民网》,2013-07-29.

⑤ 《经验交流:多项举措推进社会组织党建工作河东区社会组织党工委》,天津市社会组织管理局网站,http://shzz.tj.gov.cn/news/201702/2017020717101216.htm,2017-02-09.

联合建”“抓挂靠建”和“选派党建指导员”。天津山西商会[1]在“三抓一派”的基础上,又探索出了“临时建”和“流动建”两种新的党组织设置模式。而对于新成立的社会组织,则按照“同步成立、同步组建”原则,抓好党组织组建工作。如:北辰区探索出“四个同步”的党组织设置模式[2]:新成立社会组织登记与党组织建立同步;社会组织自身建设与党组织建设同步;社会组织与党组织班子换届同步调整;社会组织与党组织创先争优同步表彰。通过灵活多样的党组织设置模式,我市社会组织基本实现了“党的组织”和“党的工作”两个覆盖,保障有党员的地方就有党的组织,有党组织的地方就有党的活动。

(2)在选优配强党组织书记和党建工作指导员上下功夫

党组织书记和党建工作指导员作为党组织的“领头雁”和“带头人”,他们的政治素养和业务能力直接决定着党组织生活的质量。为了提升社会组织党建工作水平,我市重点在选优配强党组织书记和党建工作指导员上下功夫。一方面,对于党组织书记和党建工作指导员的选拔任用严格把关。我市坚决贯彻落实十九大报告中提出的选人用人原则,突出政治标准,按照守信念、讲奉献、有本领、重品行、热爱党务工作和熟悉群众工作的基本要求,从企业高级管理和技术人员、离退休干部中,通过内部推优、公开竞聘、组织委派等方式选优配强党组织书记和党建工作指导员。另一方面,加大对党组织书记和党建工作指导员的培训力度,及时为他们“充电”,补齐他们“干不了”“干不好”的能力短板,使其尽快成为党建工作的行家里手。如:从 2017 年 4 月 5 日到 5 月 11 日,历时一个多月,我市分期分批在市委党校对市级社会组织党组织书记进行了首轮全员轮训。[3] 这次轮训重点突出政治之“训”。通过教育培训,切实提高了党组织书记的政治意识、大局意识、核心意识、看齐意识,进一步强化了他们做好党建工作的主责主业意识和政治担当自觉。

(3)从严落实党建工作责任制,并将党建工作纳入年度考评范畴

我市严格落实党中央提出的党建工作责任制,落实书记作为党建工作

---

① 《经验交流:创新载体提升社会组织党建工作水平天津市山西商会党委》,天津市社会组织管理局网站,http://shzz.tj.gov.cn/News/201703/2017030614034916.htm,2017-03-06.

② 《经验交流:社会组织党建工作中存在的问题及建议北辰区社会组织党工委》,天津市社会组织管理局网站,http://shzz.tj.gov.cn/News/201702/2017022210242716.htm,2017-02-22.

③ 《突出政治之“训”增强四个意识天津市级社会组织党组织书记全员轮训班结业》,天津市社会组织管理局网站,http://shzz.tj.gov.cn/news/201705/201705120943599.htm,2017-05-12.

第一责任人、分管领导作为党建工作直接责任人制度,按照"谁主管谁负责、管事与管党相一致"的原则,与社会组织党组织签订党建工作责任书。责任书明确界定了社会组织党建的主体责任。随后,又颁布出台了《社会组织直接登记的若干规定》,其中,第十二条明确提出,凡是申请直接登记的社会组织,应同时向审批机关提交《社会组织党建工作承诺书》。《社会组织党建工作承诺书》由该组织拟任主要负责人和拟任法定代表人共同签字,并对照承诺书的内容年底对其逐项考核。

(4)通过建章立制将社会组织党建工作推向深入

一个社会组织要正常运转,必须有健全的规章制度作为保障。同样,要使社会组织党建工作有序开展,也必须健全和完善各项规章制度,用制度来管人管事。我市针对社会组织松散、制度不健全的现实状况,加大制度建设力度,通过规章制度的"硬约束"实现社会组织党建工作的规范化。

近年来,我市严格执行"三会一课"制度、党务公开制度、民主评议党员制度等党建工作基本制度,同时,还制定和出台了以下规章制度:《创建社会组织党建工作示范点制度》《社会组织党组织书记轮训制度》《天津市社会组织党组织规范化建设标准》《天津市社会组织管理办法》《关于非公有制企业和社会组织党组织工作活动经费管理暂行办法》《天津市社会组织章程示范文本》《天津市社会组织党建工作标准化建设实施细则(试行)》《关于完善社会组织综合监管体系的指导意见》《天津市进一步加强社会组织党的建设工作的实施意见》《天津市社会组织法人治理结构准则》《关于改革社会组织管理制度促进社会组织健康有序发展的实施意见》等。通过建立和完善一系列规章制度,我市逐步将社会组织党建工作纳入制度化的轨道,保证了社会组织党建工作的正常化、秩序化和规范化。

三、进一步完善天津市社会组织党建工作的对策建议

社会组织的健康发展需要加强党建工作,更需要党建工作的创新,以增强党建工作的针对性和实效性。为此,我市社会组织党建工作要紧跟时代步伐,适应时代需求,不断创新、发展和完善社会组织党建工作的方式方法。

1. 要眼睛向下,重心下移,找准党建工作与业务工作的契合点,实现"党务"与"业务"互促共赢

近年来,我市顺利实现了党的组织和党的工作"两个覆盖"的战略目标。但是,"两个覆盖"并不单纯是地理意义上的覆盖,更应该是党组织影响力、

作用力和功能上的覆盖。如果建立的党组织不能得到社会组织成员发自内心的认可和认同,不能在他们中产生情感上的共鸣和共振,那么,党组织即便建立起来了,这种覆盖也只能是形式上的覆盖,仍然发挥不了战斗堡垒作用和政治核心作用。[①] 因此,从根本上来说,建立起党组织并不是最终目的,关键是要切实发挥党组织的政治核心作用和政治引导功能,实现社会组织党建由"组织覆盖"向"功能提升"转变。为此,在开展社会组织党建工作的过程中,一定要克服"就党建抓党建"的思想倾向,要找准党建工作与业务工作的契合点,把党建工作与业务工作有机结合起来,实现党务与业务互促共赢。这就需要我们眼睛向下,重心下移,多到基层接地气。由党组织书记或党建工作指导员牵头,深入社会组织一线进行大调研、大走访,与社会组织成员开展谈心活动,了解社会组织成员现实的利益需求和面临的实际困难,并给予他们以指导和帮助,让他们切实感受到党组织的关怀和温暖,感受到党组织精细化和贴心的服务,提升社会组织及其成员对党组织的认同感和归属感,进而发自肺腑地、主动地参与到党建活动中来,切实改变目前这种通过行政手段被动参与党组织活动的尴尬局面,使党组织活动成为社会成员发自内心的追求和企盼。

2. 在活动内容上,实现"规定动作"与"自选动作"相结合;在活动方式上,实现"线上"与"线下"双线联动

社会组织党组织活动要取得实效,一方面,在活动内容上,除了要学好政治理论知识,传达好相关会议精神,贯彻落实好"三会一课"制度等"常规动作"之外,还应该结合社会组织党员自身特点和职业要求,将党建活动与社会组织的企业文化、经营理念"糅合"起来,增加一些"自选动作";另一方面,在党组织活动方式上,还要根据社会组织党员流动性强、场所不固定等特点,进一步解放思想,打开思路,加大运用现代传媒信息技术和"大数据"平台的力度,彻底打破党组织活动的时空限制,进一步推广应用"互联网 + 党建"和"智慧党建"新模式,将"线下活动"与"线上活动"有机结合起来,将"面对面"活动与"按键式"活动组合起来,通过微信、微博,手机客户端、互联网络端等载体,为社会组织党员打造"指尖上"的微课堂和微党课。

3. 进一步加大社会组织党组织活动的经费投入

当前社会组织党建活动面临的"瓶颈"仍然是经费短缺问题。虽然近年

---

① 参考闫东《中国共产党引导社会组织发展的方式与途径研究》,北京:中央编译出版社,2016 年版,第 102 页。

来我市加大了财政支持力度,通过党费返还、财政划拨等方式为党组织活动开展提供了一定的经费,但是,这些活动经费与其实际需要仍然存在很大的缺口。经费的短缺,不仅抑制了党组织活动的积极性,而且直接影响了党组织活动的效果,导致党组织活动内容平淡、枯燥,方式单一,缺乏生机与活力。为此,要不断拓宽经费来源,进一步加大社会组织党建经费投入力度,设立社会组织党建工作专项基金,彻底解决社会组织党建“无钱难办事”的困境。

(作者单位:天津社会科学院马克思主义研究所)

2017 年天津市互联网企业党建工作的实践探索

李少斐

互联网企业迅速发展壮大,成为我国市场经济中的一支重要力量。如何推动基层党建传统优势与信息技术高度融合、探索推进党的组织和党的工作有效覆盖,给新时期创新基层党建工作提出了新的更高要求。

我市始终坚持把做好包括互联网企业在内的非公有制企业党建工作作为加强基层党组织建设的重要内容,深入实施党的组织和党的工作全覆盖工程,着力提高非公企业党建工作规范化、制度化、科学化水平,取得较好成效。但是,面对全面从严治党新要求,面对互联网与广大群众生活深度融合的新形势,如何进一步加强互联网企业党建工作,如何在党建工作中充分发挥网络阵地优势教育,急需我们深入探索。

一、互联网企业的界定、特性及我市发展现状

1. 互联网企业的基本情况

随着信息技术的广泛应用特别是"互联网+"时代的到来,越来越多的市场主体开始运用互联网、甚至完全依托互联网开展经营活动,互联网企业的概念也在不断地变化。目前普遍被官方认可的解释是美国德克萨斯大学电子商务研究中心关于互联网企业的定义,即直接从互联网或与互联网相关的产品和服务中,获取全部或部分收入的企业。

根据上述定义,全市共有互联网企业 526 家,其中非公有制企业 509 家,占比 96.8%,区域上集中分布在滨海新区、和平区。从企业规模看,我市互联网企业小型企业多,50 人以上的企业仅占 22.2%。

截至 2017 年底,天津市共有互联网企业从业人员 28765 名,党员 1813

名,共建立党组织 141 个。其中,党委 8 个、党总支 2 个、党支部 65 个、联合党支部 66 个。向没有党员的 368 家企业全部选派了党建工作指导员,实现了党的组织和工作全覆盖。

2. 互联网企业的特性

相比较传统领域和传统企业,互联网企业具有一些鲜明特征。一是信息传播“快”。二是组织结构“松”。三是工作时间“活”。四是资产运营“轻”。五是员工学历“高”。六是企业变动“频”。七是企业文化“特”。互联网企业将创新视为精髓和灵魂,强调平等、共享、自主、开放的价值观,对权威的认同感较低。“去中心化”的特点,对传统的管理理念和手段都形成了挑战。

二、互联网企业党建工作面临的新挑战

互联网的快速发展对社会结构、社会关系的影响是全方位、深层次的,给党的建设和意识形态领域带来了新的挑战提出了新要求。主要体现在以下几方面:

1. 互联网企业组织的分散性对党的组织和工作的有效覆盖形成了挑战

互联网企业数量庞大、遍布各地和各行各业,比如众多网商和网店经营者,隐身于商务楼宇、街道社区,传统的按部门、车间、班组建立党组织的模式,在互联网行业难以奏效。

2. 互联网企业所处环境的虚拟性对组织生活的严肃性形成了挑战

联网企业依托网络开展经营活动,员工作为虚拟社会的一员,在一定程度上弱化了党员的组织观念。另外,互联网企业的管理一般都是开放性的,使得将党员集中在一起开展学习、过组织生活越来越不容易,传统的组织设置模式和“面对面”的集中教育管理模式难以奏效。

3. 互联网企业职工思想的活跃性对党组织的凝聚力形成了挑战

互联网企业职工文化程度较高,自主意识、创新意识强烈,喜欢独立地表达思想、开展工作,传统的党建工作和党员教育管理方式,对他们来说接受度较低。

4. 互联网企业文化背景的多元性对党的思想政治工作形成了挑战

互联网是一个多元空间,企业员工网络化生存、网络化生活是常态,他们深受网络文化和网络传播的影响,不容易做思想政治工作。同时,由于互联网企业的重要性,成为各种思想相互碰撞、激荡,各类宗教和意识形态渗

透、争夺的前沿阵地。这些都对我们如何抓好互联网企业党的政治引领,确保舆论正确方向,提出了更高的要求。

5. 互联网企业技术迭代的快速性对党建工作创新形成了挑战

互联网行业产品更新换代速度快,互联网企业也处于不断的变化和演进之中,因此互联网企业党组织设置、队伍建设、教育内容、工作手段、作用发挥也要不断进行调整和创新,这就要求我们不但要善于运用现代信息技术改进党建手段和方法,还要将创新的理念和方法贯穿党建工作的全过程,在产品更新换代同时,不断创新党建工作手段和方法。

三、我市加强互联网企业党建工作的有效实践

近年来,各级党委和有关部门将互联网企业党建工作作为非公企业党建工作的重要组成部分,结合互联网企业自身实际,积极探索在互联网企业开展党建工作,形成了一些有效做法。

1. 健全互联网企业党建工作体制机制

立足全市互联网企业特点和实际,不断健全"行业 + 属地"管理模式,初步形成齐抓共管格局。一是行业管理部门靠前抓。分别依托市发改委、市商务委成立天津市互联网协会和天津市电子商务协会,共有会员企业近 500 家,涵盖了我市"互联网 + "各个领域企业,包括 58 同城、腾讯天津、聚美优品、今日头条、掌上天津等国内和我市知名互联网企业。二是园区、商务楼宇统筹抓。针对我市园区、商务楼宇互联网企业聚集的特点,将抓好互联网企业党建工作作为园区、商务楼宇党建的重要组成部分,依托园区党(工)委、片区综合党委和商务楼宇综合党组织开展区域化党建工作。三是街道社区兜底抓。对大量分布在街道、社区,以及各类商圈市场的网商群体,由街道、社区党组织担负起党建工作兜底管理责任,驻区职能部门加强业务监管,形成工作合力。

2. 推进党的组织和工作有效覆盖

一是下力量摸排底数。把搞好摸底排查作为基础性工作,指导各有关单位按照"五个清"要求,建立健全排查工作常态化机制,确保各项信息全、准、新、实。二是下力量壮大队伍。实行"两新"组织发展党员计划单列,加大对互联网领军行业、龙头企业发展工作倾斜力度;加大组织关系排查力度,做好党员身份排查核实工作,引导职工党员及时接转组织关系;鼓励互联网企业招聘符合条件的党员职工,为建立党组织创造条件。三是下力量

抓实组建。及时调整优化党组织设置,充分发挥功能性党组织“孵化器”作用,推动单独建立党组织;积极探索通过产业共建、龙头带建、园区(商务楼宇)联建等方式,加大党组织组建力度。

3. 创新党组织发挥作用的有效载体

针对互联网企业员工年龄相对较轻,且工作高度依赖互联网的性质和特点,充分发挥互联网技术优势,建立党建工作信息交流平台,提高教育的针对性和实效性。

4. 强化党建工作基础保障

重点解决有人干事、有阵地活动、有钱办事的问题。加强阵地场所建设。落实经费保障。指导各级党组织严格执行党组织工作活动经费管理暂行办法中关于党费返还、财政拨付等有关规定,多渠道解决经费问题,为党组织开展活动、发挥作用提供基本保障。

四、互联网企业党建工作存在的突出问题

1. 思想认识不深,导致互联网企业对于党建工作的重视程度不够

一是业主存在“淡漠排斥”态度。企业生存是业主关注的“大事”,建立党组织、教育管理党员顺理成章地成了不重要的“小事”;有的出资人担心,成立党组织会制约企业发展,影响资本流入和企业市值;有的企业出资人和高管具有海外留学背景,对党的方针政策缺乏全面了解,对党组织缺乏认同感,对建立党组织、开展党组织活动不够理解和支持。二是书记存在“消极应付”思想。绝大部分党组织书记属于兼职,对发挥党组织自身作用感到信心不足,开展活动理不直、气不壮,导致开展党建工作热情不高、力不从心。三是党员存在“打工雇佣”心理。“党员”成了可有可无的身份,行使党员权利、承担党员义务不够积极主动。以上几种思想认识,导致互联网企业党组织和党员政治意识淡漠、作用发挥弱化,直接影响了党建工作在互联网企业中的吸引力。

2. 支撑要素不够,导致抓好互联网企业党建的客观条件欠佳

一是党员群体流动性大。党员是互联网企业党组织正常运行的基础支撑要素。但现实情况是多数互联网企业中,党员人数少、比例低。二是党组织缺乏稳定性。互联网行业技术更新快、竞争尤其激烈,企业生命周期相比传统行业较短,在企业发展过程中一直伴随着高风险,在生存发展压力下,没有足够时间和精力去抓党建,出现“为建而建”“一建了之”的情况。三是

党务工作者经验不足。互联网企业党员年龄整体较为年轻,党务干部大多未从事过党务工作,缺乏党建知识,不会干、不愿干、不想干等问题不同程度的存在;部分党务工作者在企业中地位较低、权力有限,难以参与影响企业重大决策。

3. 工作基础不牢,导致互联网企业党建整体工作难以上水平

基础不牢,地动山摇。虽然全市互联网企业党建工作取得了一定成效,但工作基础还不牢固。一是党的组织生活虚化。这种现象在规模小、人数少的互联网企业中表现较为明显。二是党员教育管理弱化。有相当一部分企业不在册党员数量超过了在册党员数量,企业党组织对党员接转组织关系没有刚性制度规定,导致党员在不断的流动中组织逐渐观念弱化、组织管理渐渐断线。三是党组织作用发挥淡化。有的企业党组织长期不活动,在企业和职工群众中没有地位,缺乏"存在感",逐步转化为"地下党"。以上难点问题影响了互联网企业党组织建立、发展的基础,党组织的吸引力、凝聚力和影响力也打了"折扣"。

4. 保障措施不够,导致推进互联网企业党建的氛围不够浓厚

一是资源配置整合还不均衡。二是党建规范化程度不高。三是考核激励机制还不健全。

以上问题使互联网企业党组织有效运转、巩固提升缺乏主客观条件,党组织和党员发挥作用因缺少可靠保障而削弱。

五、加强我市互联网企业党建工作的对策与思考

我们必须站在全局和战略的高度,不断探索创新、破解难题,全面加强和互联网企业党建工作,促进互联网业健康发展。

1. 提高思想认识

加强互联网企业党建工作,"围绕中心、服务大局"的主旨不能变,"围绕发展抓党建、抓好党建促发展"的理念必须牢固树立。着力在抓党建与抓发展的结合、渗透、贯穿上下功夫。在互联网企业党建领域闯出一条适应科学发展、可持续发展、包容性发展的党建工作新路。

2. 厘清管理体制

互联网企业类型多样、情况多变,抓好互联网企业党建工作更要统筹各方资源,形成"行业+属地"管理的有效模式。一方面要强化行业管理。按照管业务与管党建相一致的原则,充分发挥互联网主管部门、行业协会管理

优势,依托市委网信办成立天津市网络社会组织联合会,将互联网协会、电子商务协会、文化传媒商会纳入联合会管理范围。另一方面要强化属地管理。对大量以互联网为平台进行经营并获得收入的企业,要按照抓非公企业党建工作的方法,依托园区党(工)委、片区综合党委和商务楼宇综合党组织开展区域化党建。

3. 抓实覆盖质量

要坚持把巩固提升互联网企业党组织覆盖质量作为加强互联网企业党建工作的基础性工程,真正做到成熟一个、组建一个、发挥作用一个。一是壮大党员队伍。党员是党组织的细胞,细胞有生机,党组织才有活力。要通过下力量发展、查找、招聘党员,不断发展壮大互联网企业党员队伍。二是优化组织设置。加大党组织组建力度,发挥功能性党组织“孵化器”作用和工会、共青团组织作用,推动尽快建立党组织。三是强化分类指导。要指导党组织坚持政治属性,增强服务功能,积极主动做好引领政治方向、传播正能量、凝聚职工群众、构建和谐文化、促进企业发展等工作。

4. 创新管理模式

引导互联网企业党组织把活动引入企业经营管理,融入群团组织生活,坚持线上线下结合,体现开放性、创新性、灵活性、时代性。一是管理手段网络化。把线下教育动员与线上互动交流结合起来,畅通党组织和党员工作、学习、互动交流渠道。二是管理方式年轻化。通过开展网上党员之家、网上党员店铺、网上公益活动等多种方式,积极探索“互联网+”条件下党员发挥先锋模范作用的途径,让党员便于参加、乐于参加。三是管理渠道扁平化。举办各种活动、开展各种教育,通过网络、微信、邮件群等一次性通知到全体党员职工,减少层级式管理带来的效率衰减、效果“褪色”。

5. 建强骨干队伍

要把建设一支坚强有力的党务工作者队伍作为加强互联网企业党建的重要保障,建设一支素质优良、结构合理、数量充足、专兼职结合的互联网企业党务工作者队伍。一是拓宽选配渠道。通过上级党组织选派、社会化招聘、返聘离退休人员等方式,多渠道选聘党建工作指导员,保证互联网企业党建工作有人指导、有人协调、有人推动。二是提升履职能力。要把互联网企业党组织书记纳入基层党务干部教育培训总体规划,结合互联网企业实际,科学设置包括互联网金融、网络安全等个性化培训课程,不断提高他们的服务能力和履职能力。三是强化激励保障。建立健全符合互联网企业特点的激励约束和管理考核机制。研究“两新”组织党组织书记、党建工作指导员待遇保障措施,制定出台政策文件,拓宽党建社工晋升渠道。

6. 压实主体责任

一是加强宣传引导。加强与宣传、统战、网信等部门的沟通协调,注重选树不同类型互联网企业先进典型,发挥示范引领作用。二是夯实基础保障。指导各级党组织严格执行党组织工作活动经费管理暂行办法,多渠道解决互联网企业党建工作经费问题,为党组织开展活动、发挥作用提供基本保障。三是强化督查指导。加大对互联网企业党建工作的指导推动力度,要通过巡查督查、随机抽查、情况通报等形式,及时发现并帮助解决有关问题,形成以督查推动落实、以考评激发动力的常态长效机制。

(作者单位:天津社会科学院马克思主义研究所)

构建新时代的天津海河文化

闫立飞

一、新时代的天津海河文化基本内涵与属性

新时代的天津海河文化，既是中国特色社会主义文化的一个组成部分，属于新时代中国特色社会主义文化，又带有天津地域特色，是关于天津地域自然风物、物质实践与精神生产的总称。因此，分析新时代天津海河文化，一方面需要从优秀传统文化的创造性转化和创新性发展、从党领导人民在革命、建设、改革中创造的革命文化和社会主义先进文化三个方面进行归纳概括和理论总结，另一方面也应该从天津海河文化的自然属性、社会属性和文化属性三个进行细分和探讨。在这两种交叉视阈中，新时代天津海河文化将得到较为全面和深入的呈示。

新时代天津海河文化具有特殊的自然属性。海河文化的空间涵盖其流域，但应以其干流空间为主。作为我国七大水系之一的海河流域面积31.78万平方千米，其单位长度流域面积高达5359平方千米，为我国七大江河中最大，但干流仅有72千米，又为最短。单位长度流域面积特征值意味着水文化的承载力和蕴藏量，干流的长短则昭示着水文化的主体形态与性格特征，年龄的长短则塑造着水文化的现实面貌。这就形成了海河流域文化的丰富性、多样性与海河文化的独特性、地域性的辩证统一。自然属性是构建新时代海河文化的基础渊源。

新时代天津海河文化有着独特的社会属性。海河文化具有鲜明的时代性。对于新时代海河文化来说，它是一种以传统文化、近现代历史文化、革命文化为文脉，以工业文化、绿色生活文化、新兴文化、特色小镇文化为构成，以当代标志性文化为风貌的社会文化。传统因素与时代风貌的辩证统

一构成了新时代海河文化以传统文脉为"根",延续城市特有发展基因,着力追求城市之"品"与"新"的社会属性。社会属性是构建新时代海河文化的基本架构。

新时代天津海河文化具有鲜明的文化属性。海河文化在河与海的连接与交汇中融合南北、合璧东西,具有开放性、包容性、多元性和引领性特征。新时代海河文化是在其自然文化、社会文化基础上萌生的一种开放与包容的以人民为中心的、以社会主义核心价值观为引领的新时代中国特色社会主义文化。明确的价值指向性、高度的现代化品格和敢为人先、崇尚一流、追求卓越的实践性特征构建了新时期海河文化的文化属性。文化属性是构建新时代海河文化的价值指向。

新时代天津海河是在自然文化、历史文化、河海文化基础上生长出来的一种开放与包容性文化。它具有鲜明的地方特色与新时代特征。

二、构建天津新时代海河文化基本途径与方式

1.传承文脉,着力留住城市之"根"

习近平总书记指出,中华优秀传统文化是中华民族的精神命脉,是涵养社会主义核心价值观的重要源泉,也是我们在世界文化激荡中站稳脚跟的坚实根基。中华民族能够在几千年的历史长河中生生不息、薪火相传、顽强发展,很重要的一个原因就是中华民族有一脉相承的精神追求、精神特质、精神脉络。古往今来,中华民族之所以在世界上有地位、有影响,不是靠穷兵黩武,不是靠对外扩张,而是靠中华文化的强大感召力和吸引力。市十一次党代会报告提出,弘扬中华民族优秀文化和传统美德,充分保护利用天津深厚的历史文化资源,挖掘海河文化的时代价值,传承城市文脉。

传承城市文脉,首先要留住城市之"根"。这个"根"既以物质文化形式为载体,又以非物质的文化形态来呈现。"近代中国看天津",天津作为建卫六百多年文化古城和北方最早开埠的开放城市,不仅在地理位置上占据海与河交汇的要津,是拱卫畿辅的门户,历史上曾是舟楫如林、客商云集的鱼盐富庶之地,形成了"十里鱼盐新泽国,二分烟月小扬州"的地理文化风貌,而且在中国近代化进程中引领风气之先,在报业、教育、交通、通讯等领域创造了中国近代史上众多"第一",构建了"华洋错处、轮船懋迁、别开生面"的城市景象。

天津历史文化的丰厚积淀,作为天津特色和城市精神的基本构成元素,

融汇于风貌建筑、历史街区、老城区等城市建筑与景观，并在这些建筑与景观中得以传承和展示。被誉为“万国建筑博览会”的五大道，荟萃了中国城市不多见的欧式建筑群，不仅是西风东渐、近代东西方文明交融交集的桥头堡，而且也是中西合璧、中国近代化的开端与象征，孕育出以开放、包容、创新为内涵的城市气质与精神，也培养了独特的城市特色与韵致。一名美国记者说：“我多次来过天津，就知道一个食品街，一个文化街，不知道天津市还有这么多优秀的历史建筑，居住过这么多中外历史名人，发生了这么多的历史大事，这些都是其他城市所没有的呀！”

这些其他城市所没有的优秀历史建筑，是承载城市记忆、参与和见证历史发展进程的根系所在。党代会报告明确提出，着力留住城市之“根”，加强城市修补和历史风貌建筑保护，挖掘用好丰厚的老城资源，精心打造具有浓厚津味儿的特色街区，延续天津特有的城市发展基因。

2. 创作精品，努力铸就天津文艺新高峰

伟大的时代需要伟大精神。文艺是时代前进的号角，最能代表一个时代的风貌，最能引领一个时代的风气。习近平总书记指出，推动文艺繁荣发展，最根本的是要创作生产出无愧于我们这个伟大民族、伟大时代的优秀作品。优秀文艺作品反映着一个国家、一个民族的文化创造能力和水平。吸引、引导、启迪人们必须有好的作品，推动中华文化走出去也必须有好的作品。所以，我们必须把创作生产优秀作品作为文艺工作的中心环节，努力创作生产更多传播当代中国价值观念、体现中华文化精神、反映中国人审美追求，思想性、艺术性、观赏性有机统一的优秀作品。

天津这片热土上，曾出现或生长出众多文艺名家大家。近现代以来，有文学变革思潮的先驱严复，他翻译的《天演论》为中国文学文化界带来了现代进化论思想的火种，唤醒了人们创新与进步的思想观念和文学观念；有倡导“小说界革命”号称“饮冰室主人”的梁启超，他的“饮冰室”就坐落在原天津意租界四马路（今民族路）；有新世纪的歌手、中国话剧的开拓者李叔同，他创作的《送别》至今为人们传颂；有蜚声中外的戏剧大师曹禺，他创作的《雷雨》《日出》堪与世界名剧媲美；有中国现代派诗歌的奠基者穆旦，他是中国现代诗界的一座高峰；有“荷花淀派”创始人孙犁，他的《荷花淀》及“白洋淀纪事”已成为白洋淀文化的重要组成部分；有文学大师梁斌，他创作的《红旗谱》是当代文学中著名的“红色经典”。有相声大师马三立、评剧新白派创始人小白玉霜、“骆派”京韵大鼓创始人骆玉笙。这些灿若星辰的文艺大家与大师及其留下的文艺精品，不仅点亮了天津的文化星空，也是中华民族优秀文化的华彩篇章。

改革开放以来,天津走出了“乔厂长”,蒋子龙的《乔厂长上任记》曾引领“改革文学”的潮流。以冯骥才、林希为代表的“津味儿小说”在全国地域流派文学中也别具特色。但不可否认,天津文艺创作迎来新的春天,产生大量脍炙人口优秀作品的同时,也存在着习近平总书记在文艺工作座谈会上指出的当前文艺创作存在着“有数量缺质量”、有“高原”缺“高峰”的现象,存在着抄袭模仿、千篇一律的问题,存在着机械化生产、快餐式消费的问题。可以说,能否创作出反映时代风貌引领时代风气的文艺精品,既是人民日益增长的文化精神需求的需要,随着人民生活水平的提高,人民对文艺作品的质量、品味、风格等要求也更高了,也是时代与社会赋予文艺创造者的责任,城市需要通过文艺精品的创作,实现从“高原”到“高峰”的转变,以文艺创作的“高峰”打造海河文化。

人民需要文艺,文艺也需要人民,文艺精品的创造离不开人民群众的现实生活。市党代会报告提出,树立以人民为中心的创作导向,坚持“二为”方向和“双百”方针,胸中有大义、心里有人民、肩头有责任、笔下有乾坤,让艺术触角伸向恢宏广阔的伟大时代,走进人民群众的火热生活,创造更多有筋骨、有道德、有温度的精品力作,努力铸就天津文艺新高峰。

3. 以文化人,以文育人,真正让天津成为有品质、有品位的城市

文艺是铸造灵魂的工程。人无精神不立,国无精神不强。习近平总书记指出,一个国家、一个民族,没有先进文化的积极引领,没有人民精神世界的极大丰富,没有民族精神力量的不断增强,不可能屹立于世界民族之林。改造国人的精神世界,首推文艺。举精神之旗、立精神支柱、建精神家园,都离不开文艺。好的文艺作品就应该像蓝天上的阳光、春季里的清风一样,能够启迪思想、温润心灵、陶冶人生,能够扫除颓废萎靡之风。

现代化关键是人的现代化。人是现代化的主体。鲁迅先生说,角逐列国是务,其首在立人,人立而后凡事举。建设现代化的大都市,不仅依靠现代化的人,而且也是人的现代化。市党代会报告提出的“五个现代化天津”战略规划,“坚持以人民为中心的发展思想,着力保障和改善民生,加快建设文明幸福的现代化天津”为关键一环,并明确提出加强“四个天津人”建设:引导人们做爱国守法、崇德守信、文明和善的天津人,做热情厚道、开明包容、大气豁达的天津人,做务实敬业、勤勉吃苦、坚韧自强的天津人,做敢为人先、崇尚一流、追求卓越的天津人,让绚丽多姿的现代文明之花在津沽大地竞相绽放。“四个天津人”的提出,既是对海河文化的深刻总结,我们需要

继承发扬海河文化的优秀传统，认真探析海河文化的时代价值，同时对海河文化的未来发展提出了目标与要求，即通过解放思想、改革开放创新推动促进敢为人先、追求卓越一流的“新天津人”的出现。

建设“四个天津人”，文艺将发挥重要作用。文艺创作与文艺精品既是目的，也是实现目的的手段，不仅起到铸造灵魂、改造精神的作用，而且意在“立人”，树起建设现代化大都市的“新人”。市党代会报告提出，引导人们做“四个天津人”，需要坚持以社会主义核心价值观为引领，以文化人、以文育人，综合运用教育引导、舆论宣传、文化熏陶、行为实践、制度保障，在贯穿结合融入、落细落小落实上下功夫；需要坚持文化惠民，用先进文化滋润心灵、引领风尚，以春风化雨、润物无声的方式发挥作用，通过大力实施文化惠民工程，提升公共文化服务均等化、便利化水平，将健康高雅的文化种子播撒到每个角落，真正让天津成为书香四溢、人文浓郁，有品质、有品位的城市。报告把“四个天津人”作为有品质、有品位现代化大都市建设的目的与根本所在，这也是构建新时代天津海河文化的基础与根本。

（作者单位：天津社会科学院文学研究所）

开放探索中稳步前行

——2017 天津文学期刊发展报告

王云芳

天津的文学期刊,从其"出身"来说,主要有三类:一种是由百花文艺出版社编辑出版的,包括《小说月报·选刊版》《小说月报·原创版》《散文》《散文·海外版》《科幻立方》;一种是由天津作协主办的,包括《天津文学》《微型小说月报》等;最后一种是天津文联主办的《文学自由谈》。中国当代的文学期刊,经过世纪之交的改版热潮,近十几年来逐渐尘埃落定,掌握经济规律,初步适应了起伏不定的市场经济大潮。这期间,有惨痛的失败教训,亦不乏成功经验的获得,各类刊物之间情形会有差异。

由出版社主办的刊物,重视读者,更容易适应市场经济的发展,然而,作为一种文化商品,文学期刊不仅要重视经济效益,更要兼顾社会效益,如何在两者之间取得平衡,是这一类刊物需要解决的主要问题。《小说月报》是百花文艺出版社的领头刊物,它创刊于 1980 年。20 世纪 90 年代,随着市场经济体制的推进,《小说月报》也悄悄完成了期刊变革,它以读者为上帝,大力推举偏向写实主义文学作品,很多小说与影视联姻,被改编成影视作品,《小说月报》由此成为当下影视改编的重镇。2017 年第 6 期,《小说月报》选载了严歌苓的小说《你触碰了我》,后被冯小刚改编成了电影《芳华》,引发了又一轮的观影热潮。不过,作为纸质媒介,完全稳定的某种风格,亦会引起读者的厌倦情绪,要想抓住当下年轻读者的注意力,依靠影视改编效果并不明显,刊物与时俱进的革新必不可少。2017 年,《小说月报》基本上仍坚持了过往的现实主义风格,但栏目设置中有一个突出亮点——"开放叙事"。这一栏目下的文学作品,很难用主流的现实主义概念来规约:如 2017 年 11 期,推出的科幻作品小辑,选发了刘宇昆的《灰尘花园》和陈思安的《滚滚凌河》。《小说月报》曾 2015 年第 4 期选载郝景芳的《北京折叠》、刘洋的《单孔衍射》之后，引发了关于科幻文学、类型写作与现实主义文学之间“边界”的诸多讨论。这个小辑代表了《小说月报》持续关注这一领域的努力；如果说科幻小说是潜在面向未来主题的小说文体，2017 年第 8 期选载葛亮的《罐子》和王秀梅的《续黄粱》则让人想起了《聊斋志异》中的名篇《梅女》与《黄粱梦》。小说脱离了现实主义叙述的边界，借尸还魂、复仇、鬼怪等情节元素延续了中国古典志怪小说的传统；在现实和虚幻之间，再次开启了以往纯文学中一直被压抑的民间文化空间。2017 年第 7 期，则选发了“豆瓣”作品小辑。“豆瓣网”是新兴网络平台的代表，聚焦其上的中短篇小说创作力量，表明了《小说月报》对新兴媒介下中文学多种可能性及创新元素的关注。客观地说，“开放叙事”栏目打破了《小说月报》铁板一块的现实主义风格，不论从小说形式的探索还是跨媒体小说的多种可能性等方面，都为其输入了新鲜血液，成为其生命力焕发的根源所在。

如果说“开放叙事”栏目意在吸引年轻一代读者的关注，《小说月报》大字版的出现则是为了保存中老年的读者资源。2017 年，《小说月报》再次进行了改版，成为上、下月刊。上半月延续原先的标准版，下半月改为《小说月报 · 大字版》，它是以《小说月报》标准版的部分内容为基础，添加适合于读者阅读习惯和欣赏内容，加大字号，用更加适宜阅读的版式编排，以满足长期喜爱《小说月报》、追求舒适阅读体验的人群，特别是偏爱纸质媒体阅读的中老年读者。

与《小说月报》选刊版不同，《小说月报 · 原创版》主要刊发原创作品，包括中短小说、长篇小说。2017 年《小说月报》（原创版）在保持原有风格的基础上，亦积极进行探索，主要表现在文学作品的跨媒介互动方面。除了积极助推小说作品影视改编之外，2017 年，百花文艺出版社策划推出了“百花文学剧场”。它主要是基于《小说月报》品牌刊物系列资源，遴选优质作品进行舞台剧改编制作。2017 年 9 月至 10 月，揭幕之作《我是余欢水》《我要罗拉》在北京完成首轮演出，并广受好评。《我是余欢水》，改编自余耕同名长篇小说，《我要罗拉》改编自李国彬的同名小说，都首发于《小说月报 · 原创版》。两部原著小说之后由百花文艺出版社同步推出，在影视改编之外，成功开启了文学出版与剧场演出联动、跨界展现文学魅力的新模式。

百花文艺出版社的散文类刊物，在 2017 年亦有不俗的表现。2017 年的《散文》，延续了以往办刊方针，封面一如既往地简洁典雅，栏目除了“主体散文”之外，仍然是“解释与重建”“闲话”“讲述”“行旅”“看 · 听 · 读”等。2017 年的封面选用了冯骥才和汪曾祺的画作，他们二位既是文学家，又是丹青高手。文字与笔墨互相阐释、相得益彰,颇得中国传统文人画作写意的妙趣。第 1 期扉页上,主编汪惠仁说道:"《散文》选画,不仅是为了装饰,我们要把画作纳入期刊叙事。"所谓期刊叙事,该是指从外观到内容,都指向《散文》刊物一直以来所追求的办刊理想:"表达你的发现。""发现"有着两方面的含义:其一,在平日见惯的事物中挖掘新鲜的闪光点,使人不为日常的庸碌所埋葬,在熟视无睹的表面场景中发现思想的深度,这大约是选用冯骥才画作的原因,代表《散文》价值理想层面的追求;其二,发现日常生活中的趣味儿性。有位哲人曾说过:生活中不缺少美,而是缺少发现美的眼睛。所谓"万物静观皆自得,四时佳兴与人同",唯有热爱生活之人,运用善于观察的眼睛,将那份自得之乐表达出来,方能成就绝妙好文。汪曾祺的文字是这一层面的代表,选取他的画作与文字,代表了《散文》趣味儿层面的追求。2017 年第 1 期中刊发的万晓岩《结庐在人境》,作者的文笔节制幽默,改变了观察视角,日常生活就显得那样新鲜而又充满趣味儿,明明是静态的景物,读来却很热闹,让人想起宋诗"红杏枝头春意闹"。类似的文字有很多,代表了《散文》的整体水准。因此,2017 年的《散文》,一路翻阅过来,典雅的面孔下,总是时时带给人惊喜。

《科幻立方》是百花文艺出版社出版的又一期刊力作。原名《科幻 cube》,2017 年正式创刊,双月刊。2015 年,刘慈欣长篇科幻小说《三体》获得了世界科幻界极负盛名的雨果奖,科幻小说由此成为近两年来中国文坛的热点之一。《科幻立方》即乘此东风而来,它是中国新锐科幻杂,尽管当前已有同类刊物《科幻世界》,然而它追求精益求精的办刊理念从一创刊就抓住了相关粉丝的注意力。它的定位是优秀科幻文学 + 时尚深度科技文化的新平台,为充满活力的新生代科幻作家提供机遇,刊登胸怀世界的科幻作品,并介绍有科幻科技的专家提供的前沿资讯和消费理念。《科幻立方》是面向新兴科技、科幻文化和文学等目标读者群的刊物,办刊方式也更契合青年群体的口味。每期策划一个科幻主题,以深度科技、科幻资讯(包含电影、动漫、游戏等)及时尚科技等内容来解读,并围绕该主题推出三至五篇优秀的原创科幻小说,同时还将策划撰写科幻文化的深度报道和人物专访。《科幻立方》每年不定期策划组织线下大型科幻主题笔会及颁奖活动,立志引领中国日渐勃兴的时尚科技文化、本土优秀原创科幻文学的潮流,致力做中国科幻发展的助推器,做科幻文化与产业互动发展的原动力内核。

由天津市文联主办的《文学自由谈》,在天津乃至全国都是一个独特的存在。自 20 世纪 80 年代创刊以来,《文学自由谈》都以风格泼辣直接,敢于说真话、大胆自由地表达著称。2017 年的《文学自由谈》，坚持了自由谈论的特色，对于文坛现象、文学作品发表了许多尖锐耿直的议论。如唐小林关于莫言的剧本的评论《莫言的一锅“乱炖”》(2017 年第 1 期)。莫言获得诺贝尔文学奖，安抚了中国文坛关于诺奖缺失的焦灼情感，一时之间，赞誉不断。不仅莫言原来的旧作重见天日一版再版，偶有新作，舆论亦是一窝蜂地一边倒。似乎文学作品亦像工业产品一样，讲究品牌，凡是名家之作，必属佳品。唐小林却不肯盲目遵循名家效应人云亦云或者下车伊始就妄下结论，而是老老实实地分析文本，最后得出不那么顺从“民意”的结论，他让人想起《皇帝的新装》中的小孩子。无独有偶，2017 年第 2 期，《文学自由谈》又刊发了一篇曹澎的文章《学院批评病象“会诊”》，在一个凡事追随专家结论的年代，曹的文章却回到本源，质疑专家的权威性，怎会不犯众怒？曹的文章从另一方面反证了当下文学作品一直以来的困惑：为什么有许多作品，批评家点评得天花乱坠，读起来却味同嚼蜡！这其中固然有读者阅读品味的原因，专家们吹捧式的批评某种程度上亦造就了佳作的假象。《文学自由谈》不崇拜名家，不迷信权威，不怕得罪人，充分发挥学术争鸣平台的作用无疑是应当赞许的，这也是《文学自由谈》可以在全国众多刊物中脱颖而出的最重要的原因。

出版社主办的刊物，由于自负盈亏，对于市场波动读者品味非常敏感，相对来说，体制之内有经济支援的刊物则变革的动力不足。翻阅 2017 年的《天津文学》，总是令人忍不住回想它过往的辉煌。《天津文学》的前身是《新港》。彼时的《天津文学》，孙犁、梁斌等都是经常的座上嘉宾。二位作家每有长篇作品，比如孙犁的长篇小说《风云初纪》，梁斌的长篇小说《战寇图》《播火记》，都最先在《新港》上连载。另一方面，《新港》又有自己独特的杂文栏目，经常引发读者的争鸣与讨论。尽管后来由于政治因素被迫休刊，但不得不承认，它是一份办得相当热闹且在全国极具知名度的刊物。《新港》和当下许多刊物的经验说明，办刊物要有鲜明的理念，周密的话题策划，如此才能一步步形成自身的特色，在如林的刊物中脱颖而出。2017 年的《天津文学》，基本上仍围绕着“小说”“诗歌”“散文”“评论”四大板块打转，虽然看似维持了文体平衡，但也使得刊物面目模糊，缺乏人无我有的个性；其实，文学类刊物，所面对的基本资源大同小异，如何发挥主观能动作用对现有资源进行编辑策划，使其以新鲜有趣的面目出现，使其与火热的现实生活发生关联，从而引发读者的阅读兴味，则是格外考验编辑功力的一环。2017 年的《天津文学》，整体上看仍缺乏话题意识，唯有“经典回放”栏目，稍稍契合了当下重温 20 世纪 80 年代的思想潮流。因此,2018 年,如何办出刊物的个性,对《天津文学》来说,仍是一个亟待解决的难题。

整体来说,2017 年,天津文学期刊整体上表现稳定,在开放探索中稳步前行。而事实也证明,在文学日益边缘的年代,文学期刊已不可能再像 80 年代那样引起轰动效应,唯有积极行动起来,与自身的目标读者群同呼吸共命运,才能实现生存,并进一步发挥精神慰藉的作用。

(作者单位:天津社会科学院天津历史文化研究中心)

天津市历史建筑保护利用现状之调查

孙爱霞

天津是一个现代化的历史名城,存有很多历史建筑,对其开展的保护工作也进行了多年。2014 年习近平总书记在北京考察工作时曾指出,“历史文化是城市的灵魂,要像爱惜自己的生命一样保护好城市历史文化遗产”,为历史建筑保护工作明确了价值与意义,而党的十九大报告中也有关于“加强文物保护利用和文化遗产保护传承”的表述。如此,在新时代背景下对天津市区所存历史建筑保护状况进行梳理与分析,则显得尤为必要。

一、天津历史风貌建筑保护已取得的成绩

2005 年天津市颁布了《天津市历史风貌建筑保护条例》,并成立天津市历史风貌建筑保护委员会,建立历史风貌建筑保护专家咨询委员会,设立历史风貌建筑整理有限责任公司,在“保护优先、合理利用、修旧如故、安全适用”的理念指导下,十余年间,在历史风貌建筑的保护上取得了令人欣喜的成绩,尤其在对于小洋楼的保护方面,更是成果傲人。目前,天津已先后确认 877 幢、126 万平方米历史风貌建筑,这些建筑有些已经得到很好的保护。具言之:

静园、民园西里、曹禺旧居、庆王府、先农大院、利顺德、大清邮政津局、山益里等历史风貌建筑经整理后,已经成为“近代中国看天津”的旅游亮点和人文地标,发挥出较大的历史、文化、社会、经济价值。其中静园自 2007 年开放后接待了 160 万人次,先农大院自 2015 年开放至今接待游客 281 万人次,民园西里接待 107 万人次。

五大道和一宫花园历史风貌建筑保护项目先后于 2004 年和 2011 年获得了住房和城乡建设部“中国人居环境范例奖”。天津历史街区保护与利用

项目荣获“2014 中国土木詹天佑奖优秀住宅小区金奖”第一名。2016 年 3 月“天津历史风貌建筑与街区保护与利用”项目荣获“詹天佑奖”,成为该奖设立以来,全国首例历史风貌建筑及历史街区保护类获奖项目。“街区式”保护与开发利用,已经走在中国城市的前面。

不仅在物质层面进行保护,在精神宣传层面,天津历史建筑保护工作也取得了不错的成绩:系列纪录片《五大道》于 2014 年播出,引起强烈反响。在爱国主义教育基调中,使民众深入了解小洋楼的前世今生,了解天津这个承载着一代代中国人强国梦的城市。《小洋楼》丛书的出版发行,在文化界引起强烈反响,是民众对小洋楼记忆的具象化。

二、新时代天津历史建筑保护之进行时

(一)多部门协调和作,从本部门出发颁布相关历史建筑保护函件

历史建筑的保护是需要多部门协同合作才能完美展现的一项工作,此中涉及天津国土房管局下属单位历史风貌办及其风貌建筑整理有限公司、规划局、文物局等等。天津市规划局、市国土房管局和市文物局已向社会公布 258 座历史建筑名录。目前,天津正在开展历史建筑挂牌和建档工作,并在全市保护性建筑普查的基础上,继续开展历史建筑确定工作。

协调合作是目前天津历史建筑保护的一个进行时态,这种合作还体现于各部门从本部门出发颁布相关指导意见,以天津市规划局为例,据天津市规划信息中心 2017 年 12 月 26 日所公开信息,天津市规划局颁布了“关于加强历史建筑保护与利用工作”的函件。该函件“为全面贯彻落实党的十九大精神,深入落实市第十一次党代会提出的建设‘五个现代化天津’工作部署,按照《住房城乡建设部关于加强历史建筑保护与利用工作的通知》(建规〔2017〕212 号)要求,进一步加强我市历史建筑保护与利用工作”,提出两点意见:

第一,高度重视历史建筑保护工作。各区要高度重视历史建筑保护利用工作,深刻领会习近平总书记在党的十九大报告中提出的“加强文物保护利用和文化遗产保护传承”的指示精神,深入落实市第十一次党代会提出的“着力留住城市之‘根’,加强城市修补和历史风貌建筑保护,挖掘用好丰厚的老城资源,精心打造具有浓厚津味儿的特色街区,延续天津特有的城市发展基因”的要求,以“坚定文化自信,推动社会主义文化繁荣兴盛”为指导思

想，以“应保尽保、合理利用”为工作原则，以继承弘扬中华优秀传统文化和传承天津历史文脉为工作目标，切实加强全市历史建筑保护利用工作，进一步展示天津历史文化风貌，彰显城市特色。

第二，深入做好历史建筑保护与利用工作。①要切实加强历史建筑保护。经市政府同意，各区要充分发挥区政府的主导作用，建立健全历史建筑保护管理机制；要按照《天津市规划控制线管理规定》要求，划定历史建筑紫线，确定保护范围；要配合市有关部门设立历史建筑保护标牌，做好保护标牌的维护管理工作；要充分发挥专家和市民的作用，搜集历史建筑信息，完善历史建筑保护档案。各区要组织对本区内具有保护价值的建筑进行认真梳理，及时向市规划局报送历史建筑推荐名录，市规划局将组织进行专家评审认定工作。②有序推动历史建筑合理利用。各区要坚持历史建筑保护与利用并重，积极创新模式、拓展思路、提升水平，妥善处理好历史建筑保护利用与社会发展和改善民生之间的关系。在摸清本区历史建筑使用现状的基础上，制定本区历史建筑修缮利用工作方案，研究出台鼓励历史建筑产权人和使用人修缮利用历史建筑的相关政策，在符合法律法规和保护规划要求的前提下，鼓励对历史建筑进行合理利用，引导历史建筑开展文化创意、博物展览等形式的利用。③不断加强历史建筑保护利用的监督检查。各区政府要积极主动作为，建立区规划、房管、文物、综合执法等多部门联合工作机制，严格执行《历史文化名城名镇名村保护条例》《紫线管理办法》等法规规章，加大历史建筑保护工作监督检查力度。严禁随意拆除和破坏已确定的历史建筑。在历史文化街区及其他历史建筑集中成片的地区，按照《天津中心城区主要河流、公园及历史保护区周边建筑高度控制导则》相关要求，禁止建设高层建筑和大洋怪的建筑。历史建筑周边的新建建筑应与历史建筑及其历史环境相协调，严格依据历史建筑紫线规划和历史文化街区保护规划要求控制建筑高度。历史建筑保护利用工作列入城乡规划督察，实行季报制度，各区应在每季度首月 10 日前将上季度本区历史建筑保护利用和监督检查工作情况报市规划局。

由此可见，关于历史建筑保护的工作，目前天津多个部门已经走在高度重视、自觉担当的路上。

（二）具体项目进行时

据相关部门公开的信息可知，目前天津市区有几个项目正在实施阶段：

1. 海河历史文化街区 C4 街坊保护规划修改项目

据天津市规划局公开的信息可知,"天津市海河历史文化街区 C4 街坊保护规划(控规)修改"项目已经得到市政府批复。

2. 历史风貌整理有限公司的项目

天津市历史风貌整理有限公司目前正在整理的项目包括五大道试验区、五大道名人故居景观线及鞍山道辛亥革命景观线等"一区两线"项目,具体来说:

(1)五大道试验区

该试验区是天津市"十三五"规划重点项目,包括先农大院、庆王府、山益里、润兴里和民园西里,共计 71 余幢风貌建筑,总建筑面积 4.2 万平方米。其保护目标是力求保存街区肌理、空间尺度和建筑特色的同时,重新赋予老街区、老建筑生命与活力,按照"历史街区体验式运营"模式,与周边民园体育场等形成合力,充分展示历史文化街区的魅力,成为具有国际水准的文化休闲旅游目的地,从而进一步提高五大道地区文化商贸旅游的综合价值,让人民群众享受更多的建筑文化遗产之美。

目前已投入运营项目包括先农大院一期、庆王府城市休闲空间、山益里精品酒店和民园西里文化创意街区,共计 66 余幢"小洋楼",建筑面积 2.6 万平方米。在建项目包括先农大院二期和润兴里,目前已完成土建工程竣工验收和外部配套工程施工,招商和项目建设同步,已引入大芬油画村、欧亚班列进口商品店等优质资源,年营业收入预计达到 1 亿元。同时还储备了文化、创意、餐饮等优质品牌商户 120 余家。

(2)五大道名人故居景观线

选取五大道区域内 90 处、9.6 万平方米的历史风貌建筑,形成五大道名人故居景观线,目前已经启动 30 处建筑的整理工作,以区位优越、配套完善、规模较大的零散历史风貌建筑作为洋楼经济物质载体,陆续引入各类现代服务业企业总部。

(3)鞍山道辛亥革命景观线

以静园、张园、段祺瑞旧居三处独特的历史人文资源为载体,逐步构建起集参观游览、知识讲座、深度体验为一体的辛亥革命历史文化旅游目的地。其中,静园已成为"近代中国看天津"精品文化旅游景点、外地游客和本地市民最为关注的洋楼景点之一。目前段祺瑞旧居已完成主体施工和景观设计招标,推进方案制定,适时启动项目整修工作。

（三）历史建筑保护进行时中存在的问题

迄今为止，无论是中央，还是天津市各级政府部门，都对历史建筑保护有深刻的认知，而且也取得了诸多为业界人士、津市市民所认可的成绩，但还是存在一些问题：

1. 历史建筑保护的类别存在不平衡

天津目前所遗存下来的历史建筑，“洋楼”建筑的保护最为完善，而中式建筑的保护则稍显薄弱。这源于近些年对于“五大道”“意风区”等“租界”遗留建筑的研究、宣传力度的加大，市民对洋楼建筑已经较为认可，如此又反作用于相关部门加大对洋楼建筑的保护与开发利用。而对于传统的中式建筑，尤其是非“租界”遗留的建筑，则保护、开发不够，造成在天津历史建筑保护类别上的不平衡。

2. 新时代背景下拆迁与保护的矛盾依然存在

在新一轮的拆迁改造中，有些属于“津产”名人故居，以龚望故居为例。龚望是天津市人，其故居位于红桥区西沽，属于西于庄拆迁片区，原红桥区领导已决定拆除。龚望是天津市著名的学者，于经史、金石、训诂、诗词皆有成就，擅长书法，雅嗜文物，精于鉴赏。目前学术界对于龚望的研究也渐入佳境，而现有的“龚望纪念馆”不能等同于“龚望故居”，所以龚望故居一直被津门一些文史学者呼吁保留。

如此，便有了拆迁与保护的矛盾。其实，拆迁是为了百姓，而保护也是为了百姓，前者是为改善百姓的居住环境，后者则为百姓留住城市的根脉、文脉，所以这对矛盾是统一在一个大前提之下的。如何解决，则需要相关部门充分发挥自己的智慧。

（作者单位：天津社会科学院天津历史文化研究中心）

天津曲艺市场的“流”与“变”

——关于“天津文化惠民季”活动的调研

李小茜

艺术季作为活化地域文化的手段,让世界各地都兴起了一股艺术季风潮。天津文化惠民季自 2015 年举办以来,遵循“政府主导,市场引领,广泛参与,满足需求”的原则,始终把社会效益放在首位,充分结合本土的曲艺文化优势,通过惠民措施使核心价值观融入群众生活,激活了天津曲艺文化的市场活力,全面提升了百姓的文化鉴赏水平,成为新时代当之无愧的民心工程。

一、立足本土,开创文化消费的新篇章

“天津文化惠民季”活动立足本土的曲艺文化传统,以及津门良好的消费文化生态,打造了一批带有地域特色、符合时代发展的文化惠民活动。自 2015 年举办以来,推出一批弘扬真善美、传递正能量的优秀剧目和活动;充分运用市场化运作方式,降低票价、服务性收费标准;创新消费方式,充分利用科技手段,开通基于移动客户端的互动服务渠道,实现消费多样化、便利化;结合地域文化特色和企业特色,积极探索拓展文化产品和文化服务新内容,延长产业链,培育新的文化消费增长点;组织民营文化企业,丰富活动内容,提高市场供给能力,满足多元化、多样化需求。[①] 这是天津市政府落实以文化繁荣兴盛助力民族伟大复兴交出的一份为人称赞的答卷。

天津城市历史大约 600 余年,地当九河要津,路通七省舟车,城市文化的积淀来源驳杂,海河文化、码头文化,妈祖文化、租界文化等相互交织、相

① 张帆:《“天津文化惠民季”将启动 9 板块涵盖方方面面》,《天津日报》2015 年 9 月 22 日。

互作用,形成了天津特有的城市形象,建构了天津特有的市民文化。而其中最具代表、最具生命活力的当属津门曲艺。天津素来被称为"中国北方曲艺之乡",曲艺文化消费是天津人生活不可或缺的一部分。和其他地区相比,天津拥有着较好的曲艺市场生态。天津从设卫筑城之初,以曲艺市场为代表的商业消费文化业已出现,并随着天津从"码头文化"走向"现代都市文化"的社会历史变迁,天津曲艺市场经历了从"官府+市场—市场—政府+市场"三次主要模式的演进,"伴随着天津社会的文化变迁,天津的民营剧团业经历了从'撂地摊'到民间职业剧团初步形成再到'园子'(茶馆)模式的确立。"①这次自2015年始推行的文化惠民季活动是继2003年国务院办公厅《关于印发文化体制改革试点中支持文化产业发展和经营性文化事业单位转制为企业的两个规定的通知》②之后,政府对天津曲艺市场的一次跨越式调整。这次跨越打破了曲艺市场单纯以营利为目的的商演,政府通过开展"惠民演出""惠民影视""书香文化""传承文化""创意文化"以及"文化基层行""文化园区惠民活动""艺术品惠民展销活动"等活动,将天津曲艺市场的发展纳入政府工作体系,以行政手段介入天津曲艺的市场运作。

作为一个典型的商业城市,天津最早的曲艺市场大约形成于元朝,当初元政府修建了"天后宫",为祈福漕运的船只安全出行,官府出面组织庙会,从此"娘娘宫逛庙会"成为天津重要的民间习俗,它融合了信仰、商贸以及娱乐等活动为一体,早期民间艺人在庙会上"撂地摊"表演。明永乐年间,天津设卫,城市商贸繁荣,市民阶层的涌现。19世纪的天津已有专门演出戏曲的场所——戏园、茶园、茶社,既演出曲艺,也可搬演戏曲。天津作为一个重要的码头城市,本身蕴含着发达的市民文化。据记载,至少在清中叶时期,天津已经形成颇具特色的市民文化,诸多文献记载了天津人餐饮、购物、娱乐一体的商业性消费文化,尤其对大众性艺术的精神消费颇盛,这一时期带有儒雅之风的商业文化注入了曲艺文化之中。从清末民初到1949年前后,天津开埠、租界成立,商业游艺一时空前繁荣。由于天津曲艺消费市场发达,曲艺名家人荟萃天津,市场竞争激烈。在曲艺界有个不成文的规矩,如果你的表演得不到天津观众的认可,你就不算一个真正的曲艺演员。

新中国成立后,天津曲艺演出也曾出现过万人空巷的盛况,有来自全国各地无数的票友、戏迷支持天津的曲艺发展。1956年社会主义改造开始,

---

① 王家乾等:《从名流茶馆看天津名营剧团的历史传承与演变》,《大舞台》2012年第12期。

② 文中提出:"鼓励、支持、引导社会资本以股份制、民营等形式,兴办影视制作、放映、演艺、娱乐、发行、会展、中介服务等文化企业,并享受同国有文化企业同等的待遇。"

天津曲艺市场陷入了低谷期。改革开放以来,天津曲艺市场虽然得到了一定程度的恢复,但伴随着外来文化的影响、文化消费的选择多样性、各种新型媒体的广泛使用等因素,古老的曲艺文化受到前所未有的冲击。以曲艺为代表的天津传统文化的生存空间,文化消费的生态环境都出现了时代的巨变。2003 年来,政策的导向性推动了天津文化消费朝着市场化的方向进入了新的历史时期。2005 年前后天津茶馆相声进入了一个发展高峰期,名流相声艺术团、老龙口相声俱乐部、群芳相声艺术团、和谐相声团等纷纷成立。较之火爆的相声市场,其他曲种的发展由于老艺术家相继离世,优秀传承人才培养机制过于依赖市场,“天津曲艺无论在表演团体数量,演出场次,演出曲种,还是演员的专业水平,都呈下降趋势”①。通过单向的市场调节,相声演员的精英都走出体制,而鼓曲等项目的精英却依然留在体制内。这种现状表明,资本天生带有媚俗性,完全由市场来调节艺术,显然不能有效地保护全球化浪潮中脆弱的地方曲艺文化。出于对天津曲艺文化的保护,许多地方政府把不少曲种都列入“非遗”,但这种单纯的保护并不能真正拯救这些曲种的“濒危性”。只有对它们生存空间的开发与帮扶,让它真正投入到文化产业发展之中,才能提高其存活率,延长其存活时间。“天津文化惠民季”活动通过政策消费引导,盘活地方传统地方文化资源,通过政府补贴、多形式、多渠道统筹开发与利用,曲艺文化自然能够得到有效的保护与延续,反过来又成为本土文化产业的重要源泉,二者相得益彰。

二、公益性文化以及经营性文化融合的有效探索

党的十九大报告指出,中华民族从站起来、富起来走向强起来,文化要承担起更大的责任和使命,将文化的地位和作用提升到一个崭新的高度。当前全国的曲艺都处于一种失衡状态,表面上看是民众收到图片化媒介的冲击,以及浅层审美化的时代来临,导致传统曲艺的消费市场萎缩。其实不然,越是现代化的社会,越是快节奏的生活模式,人们对文化消费的内在需求越盛;现代性越发达,并不意味着民族性就必须低头。民族性从来都体现在现代性之中。上海东方卫视《欢乐喜剧人》的爆红印证了传统戏曲的现代转型之路势在必行,也必然大有可为。如何在现代与民族之中保持一个有效地平衡,为传统文化的出路找到支点、搭建平台,这就需要政府的有形之

① 张蕴和:《从演出市场卡天津曲艺的当下影响力》,《艺术评论》2012 年第 2 期。

手,不放任优秀传统文化、传统艺人、手工匠人的流失,搭建符合现代曲艺文化发展的平台,“文化惠民季”无疑是政府在公共文化服务方面有益的探索和尝试。

以往的天津曲艺文化消费都是一些剧团以营利为目的的商业演出,文化艺术难免不往俗文化倾斜,过分依靠市场的调节,天津戏曲难出精品、活力不足、现代化转型滞后等弊端日渐凸显。“文化惠民季”的推出正迎合天津人曲艺文化消费的热情,成为助力天津曲艺市场现代转型的利器。文化惠民活动形式多样,民众参与热情高,通过以调促转的模式,在全社会培育了一种人人可消费,人人愿消费的文化消费习,改变了以往“文化靠宣传,不会走市场”的模式,也改变了以前观众“剧票伸手要,不会掏腰包”的习惯。在文化“惠民演出”中,天津市的文化惠民活动提供了多种类型的惠民演出,津味儿相声演出专场、交响音乐会、津湾滑稽杂技专场演出、经典话剧演出、儿童剧、天津市评剧白派剧团、众友相声艺术团等演出均采取提前公布演出计划,超低票价吸引观众;在“惠民影视”中,北方电影集团开展电影公益放映活动,市民可凭有效身份证件领取当日免费影票;多个文化单位组织“名家讲堂”“经典诵读”“悦赏会”等赏析推介活动。政府通过文化惠民这一消费引导,通过政策培育市场,让文化消费成为市民的一种生活必需品。国家行政学院社会和文化部副主任祁述裕说:“重要的一点在于引导大众的消费心理,培养新的消费观念和消费习惯。”如天津曲艺团在新年晚会上同时推出了山东琴书、京韵大鼓、西河大鼓、梅花大鼓以及鼓曲演唱等多个曲种同场演出,受到曲艺迷的一致推崇与追捧。

文化关乎传承、牵系未来。习近平指出:“一个国家的文化软实力,从根本上说,取决于其核心价值观的生命力、凝聚力、感召力。要切实把社会主义核心价值观贯穿于社会生活方方面面。要通过教育引导、舆论宣传、文化熏陶、实践养成、制度保障等,使社会主义核心价值观内化为人们的精神追求,外化为人们的自觉行动。”基于三年“文化惠民季”的考察,结合天津曲艺市场的现状分析,天津曲艺文化若想在现有基础上获得更大程度的突破和发展,应坚持文化惠民活动常态化,完善曲艺人才的培养机制,加强曲艺作品的主题创新,以落实核心价值观为根本,力争将天津曲艺文化打造为天津当代文化的精品、标杆。天津市委宣传部文化事业处处长李文利介绍:“今年的惠民季活动主要提高广大市民的参与感,让老百姓有地方可去有节目可看。在3个月的活动期内,每个月都会推出一批文化活动,与去年相比活动数量大幅增加了,去年一共推出四百多场活动,今年第一批活动就推出

369 个。在内容选择上,每年都会开展群众评选最喜爱的活动,通过评选把最好的活动保留下来,根据群众需求再来设计一些新的活动,把群众参加少的活动淘汰掉,推出更多群众喜爱的活动。”天津文化惠民活动通过政策扶持、市场摸索,将文化宣传、文化传承自上而下、实实在在落实到天津人文化生活消费的方方面面,并将文化消费常态化为老百姓生活的必需品。总体来说,天津文化惠民季活动呈现出供给多样,精品突出的良好态势,涌现了一批如《甲午风云》《百年天津卫》《只留清气满乾坤》等优秀剧目,将一些“濒危性”曲种投入市场化的保护之中,天津曲艺的发展迈向了一个新的历史发展阶段。文化产品越丰富,群众消费的热情愈高,也就更有利于各个种类曲艺的创新与发展。文化惠民活动从宣传、补贴再到后续的节目编排调整,通过观众评选、投票等层出不穷的“互联网 + 思维”激活传统文化内在的市场活动,让传统文化的内核焕发新光。

“天津文化惠民季”活动通过融合公益性文化以及经营性文化,把公共文化服务的空间引入市场,形成了全社会共同参与推动文化消费的新局面,是天津曲艺文化发展的历史新起点,也是新的契机。

(作者单位:天津社会科学院天津历史文化研究中心)

天津海河文化的历史传承与时代创新

丁　琪

河流对城市的起源、发展有着不可替代的作用，在全球人居环境内，距水域60公里的纵深范围聚集了全球60%的人口，江河海陆交汇之处诞生了许多世界著名的城市，河流不仅为城市运作提供了便捷的运输和港口条件，还创造了不同文明碰撞融合的机会。天津地处海河水系的下游入海口处，境内河流纵横，对于这座城市来说，最具代表性的河流还是穿城而过的海河。从选址建城到繁荣兴盛，天津都与海河密切相关，海河不仅为天津提供充足的水资源和宜人的濒水气候条件，还以其理想的水文、地理条件为城市发展繁荣创造了无可比拟的区位优势。天津因海河而兴，因海河而盛，天津与海河的相互依存创造了独特的海河文化，它是天津这座城市在形成与发展过程中所创造的一切物质载体和精神财富的总和。

一、海河文化的历史传承

1. 海河贯穿天津城市发展史

海河被誉为天津的母亲河，天津这座城市的兴起、发展、繁荣与海河息息相关。狭义上的海河是指从市区三岔河口到海河入海口这几十公里的干流。广义上的海河则是指海河水系，除了干流之外还包括永定河、大清河、子牙河、北运河、南运河五大支流。这五大支流就像是一把巨大的扇子，覆盖了整个华北平原，海河干流如同扇柄。所以历史上才称天津为“九河下梢”“诸河尾闾”。

古时这里海岸滩涂广袤，沽地星罗棋布，元代发展起全国规模的、海与河并重的漕运系统，海津镇的三岔河口是元代海上漕运的终点码头，海运而来的各种物资在这里被换上小船，向北抵达大都，漕运使天津日渐繁荣。公元 1404 年,明朝廷在三岔河口西南处设立卫城,卫城是天津的政治中心,而商业和航运使天津的经济中心仍处在海河沿岸。此时天津“河海通津、南北交融”的海河文化品格已然成形。

近代以降,天津开埠通商。先后有九国在天津划定租界,各国租界在开辟之时,为取得自身的发展,无不是沿海河的走向而划定,而且相互毗连。由于海河上游水深河阔,各国租界都在海河沿岸修筑了条件良好的停船码头,这就为租界发展成为天津港口的航运中心创造了条件。开埠和租界的设立,极大地改变了天津的城市地位,海河和海河流域蕴藏的经济能量快速迸发出来,在不到半个世纪的时间里,天津便一跃成为中国北方的经济中心,联系世界的窗口。

新中国成立以后,城市的交通网络由依赖海河主干线的枝状变为分布于整个城市的网状。改革开放后,由于海运发展,滨海新区的建设兴起,天津城市的总体结构发生了变化,城市逐渐形成双城格局,海河也随即成为连接中心城区与滨海新区的纽带。

2. 天津城市空间布局与海河密不可分

天津城市空间布局受海河影响明显,整个天津南北长,东西狭,夹河而立,主要街道均与海河平行或垂直,很少有正南正北走向。市区被海河分割成东、西两个部分,需要依靠桥梁和渡口来联结,天津海河干流上类型齐全、造型各异的桥梁,构成了城市里一道靓丽的风景线,也使天津成为“桥梁博物馆”。长久以来,天津的政治中心在卫城,而商业和航运使天津的经济中心仍处在海河沿岸,形成了以海河水系为轴线由西向东逐步展开的带状城市布局。近代开埠以后,天津虽然成为中国北方著名的港口城市,但港口却在海河上游,而不直接靠海。到 20 世纪 30 年代,因海河自身条件的限制,地处市区的内河港已不能适应经济发展的需要,只能移向河口新建的人工港区——天津新港。由于有海河干流的联结,下游的河口地区迅速得到开发,并成为天津密不可分的一部分。这也就是今日天津“一根扁担(指海河)挑两头(指中心市区和滨海新区)”、以市中心城区和滨海新区为双核心的城市格局的由来,海河是连接双城的纽带。

二、新时代天津海河文化的基本构成与文化内涵

1. 以当代地标建筑、文化创新创意成果为代表的当代标志性文化

城市地标建筑是指承载城市特征的建筑,是作为城市象征和城市代号

的建筑。环球金融中心(即“津塔”),在2010年正式封顶时以336.9米的高度成为长江以北地区第一高楼,也成为当代天津地标性建筑。津塔采用国际领先的建筑技术和材料,借用中国传统折纸艺术的结构形式,展现了融汇中西的城市形象。整幢建筑呈现扬起的风帆状,与海河景观融为一体,象征着天津以海河文化为深厚底蕴在新时代扬帆远航、拥抱世界的开放进取姿态。它也被称为“垂直的金融街”,是天津乃至华北地区资金最密集、资讯最发达、交易最活跃的国际商务中心区,引领着城市国际化发展的未来。除此之外,被称为津城第一街的南京路,也是展示新时代天津城市形象的标志性窗口,高度集中的商业购物区、高端商务区、信息产业区、文化创意区,构成了最重要的城市发展集群,被誉为“天津金三角”。以津塔为代表的当代天津地标性建筑(摩天轮、天塔等),以及以南京路为代表的新兴商贸旅游区和文体中心(古文化街、文化中心、奥体中心等),象征着新时代天津以科技和创新为引领,由传统工业城市向现代研发制造基地转变,进而向国际化大都市迈进的步伐。这些当代标志性文化是天津在新中国社会主义建设和改革开放过程中创造的成果,凝聚着敢于站队首、立潮头、勇当改革开放先锋的新时代精神,是天津建设新时代“五个现代化”大都市的强劲动力和精神支撑,代表了新时代海河文化精神的核心内涵。

2. 以五大道历史风貌建筑群和街区为代表的近现代历史文化

近代中国看天津。晚清以降,天津作为最早对外开埠的国际大都市之一,与上海、广州并列为沿海三大重镇,是我国近代化和现代化进程的一个缩影。随着外国资本和侨民的涌入,欧美文化对天津传统文化产生了巨大冲击和转折性影响,中西合璧的国际化文化特质由此形成。五大道历史风貌建筑群集中体现了天津在近代所发生的剧变及对中国近代史产生的深远影响。五大道是主要指在原英租界的西北区域中东西方向并行排列的六条街道(现为和平区内的成都道、重庆道、常德道、大理道、睦南道和马场道)内所属区域,这里汇聚着英、法、意、德、西班牙等国风貌建筑230多幢,名人宅邸50余座,因此,被称为“万国建筑博物馆”。这些小洋楼的主人极少是洋人,大多数是倒台的皇族、下野的总统、失势的军阀、落魄的官僚,借助租界的独立空间寻求庇护,蓄势待发,随时准备进入中国的政治舞台。这些小洋楼并非普通的住宅,而成为中国政治后院的象征。天津京畿屏障、军事重镇的战略性位置,构成了它独特的政治文化和思想文化,对中国及世界历史产生了深远影响。以五大道为代表的近代风貌建筑及街区,昭示着天津南北交融、中西荟萃的全面开放格局,彰显出大气、精致、典雅的城市文化品位,既是建设天津新时代海河文化的深厚历史积淀,也是发展新时代天津商旅产业的重要特色文化资源。

3. 古文化街、老城厢、三岔河口等地区资源孕育的传统文化

老城厢及三岔河口周边一带地区,是天津城市的发源地,是建城初期政治、经济及文化中心。近代天津开埠以后,政治中心北移和经济中心向租界迁移,使老城厢一带繁荣不再,地位逐渐衰落,这里居民主体由昔日达官显贵、富商巨贾渐渐转为市井平民。这种历史变迁过程使这一带保留了津味传统文化,成为当代展示老城津韵的历史风貌区。青砖灰瓦的四合院,威严的门楼、影壁、四梁八柱结构,前置抄手廊的连三间式住房,古朴典雅的家具陈设,以及老天津人讲究礼法、与人为善的生活观念和实践,体现了中国传统儒家文化特质。传统文化在天津本土落地生根的过程中打上了津派文化烙印,大多数平民靠水而生,较农耕社会而言较早摆脱了小农意识,生活在以商业为依托的市井文化结构中,由此产生了丰富多彩的市井民俗文化。相声、曲艺、泥塑、剪纸以及各色餐饮小吃,富有面向大众的通俗特征,又需要一技之长,凝聚着市井底层的智慧,并发展成为现代工商业社会所需要的工匠精神。新时代海河文化应对这些传统和民俗文化进行系统挖掘整理、保护传承,寻找与当代价值相契合之处进行创造性转化,让津城传统文化遗产在新时代再放光华。

4. 以滨海新区为龙头,自由贸易试验区及国家级产业园区等体现出的新兴文化产业

在后工业时代,文化产业以其无污染、低耗能、高附加值等特征备受青睐,正在崛起为发达国家的战略性产业,天津海河下游沿海区域的滨海新区,以其独特的地理区位、国际港口功能和雄厚的经济实力抢占先机,成为中国新兴文化产业发展的策源地和示范区。2005 年,滨海新区被纳入国家发展战略,成为继深圳经济特区、浦东新区之后又一带动区域发展的经济增长极,肩负重大历史使命。它雄踞环渤海经济圈的核心位置,文化资源厚重,经济、科技实力突出,得天独厚的优势为滨海新区文化产业跨越式发展提供了强有力的支撑,吸引了一些国家级产业园落户于此。经过几年的发展,重点打造了创意设计、软件研发、影视动漫、广告会展等战略性新兴文化产业,实现了文化产业高起步、有特色、多亮点的发展格局。目前,一带一路倡议、京津冀协同发展战略以及自由贸易试验区建设等,为滨海新区文化产业发展带来前所未有的历史机遇,它将以深厚的民族文化和特色海洋文化为支撑,以科技创新为引擎,开拓前所未有的产业内容及其产业形态,创造

世界领先水平的新型高效产业项目。要能够影响和带动全国文化产业发展，为未来中国的先进文化提出新思想、新创意、新业态和新产能。

三、天津海河文化的精神内涵

海河文化是亲水型文化，它是指特定区域的人们对赖以生存的河流、海洋、湖泊等水态的深厚情感，以及对其所象征的精神价值的信仰和追求。天津作为一座依河傍海的城市，海河不仅是天津人赖以生存发展的自然空间，更深刻的主宰着天津的城市性格和人文精神走向。天津建城600多年所创造的丰富物态文化，包括建筑、桥梁、水利工程、人文景观等等，体现了天津这座城市对海河的亲近、敬畏以及与水和谐共生的理念。海河通津，正是水的流动沟通了南北通商和文化交流，“水”催生了天津都市文化的多元、开放和包容，形成天津海纳百川的胸怀、乐观豁达的城市性格，并进而影响到这座城市的文学、曲艺、民风民俗、妈祖信仰等一切精神文化的特质。

1. 以“进”为突出文化品格

“进”既是指市民整体保持进取的心理状态，也是指城市历史发展中形成的先进姿态，这与海河水文化特征有着密切关系。水的流动向前、不进则退的形态特征对傍水而生的海河文化产生了积极影响，内化为一种积极进取、勇立潮头、敢为人先的城市性格和精神特质。天津由一个漕运中转码头发展成为北方经济中心、国际化港口城市，在新世纪京津冀协同发展的国家战略中发挥着重要作用，始终展示出先进发达、勇当改革开放先锋的城市形象，海河文化中蕴藏的积极进取、创新竞进的优秀文化基因应当是一个强劲的动力源泉。

2. 以“容”为深厚文化底蕴

海河水系形成一个扇面，最终在天津汇聚流入大海。这种依河傍海的区位环境对城市发展及城市性格形成都不可低估的影响。天津筑城设卫之后，商贩船家云集，戍守军旅常驻，流动人口激增。通过来往于三岔河口的无数船舶，天津城接纳了漕运船民、移居商贾、垦戍军士、破产农户和外省务工人员，形成“五方杂处”的移民城市。在近代开埠通商以后，大量的侨胞和海外资本进入天津，欧美文化对天津本土文化产生了重要影响。“海纳百川，有容乃大”，这是天津的水域环境给人的最直观体验，同时也是在五方杂处、南北交融、东西荟萃的生存环境中形成的认知，它们共同塑造天津这座城市多元、开放、包容、大气的文化风格。

3. 以"和"为最终价值取向

"和"是中国传统文化的一个重要概念,是对差异性的统一、多样性的共存。天津海河文化的"和"包涵了和善、和睦、和平、和谐等含义,是从市民的生存哲学到整个城市发展理念的基本认知和价值取向。它与海河水文化流动、协调、平和等特征密切相关,更是在特定城市历史发展中形成的价值观念。天津发展过程中多元的人口结构、文化结构形成了丰富多元的文化基因,在城市发展中一直融会贯通。漕运文化的热情幽默,商埠文化的和气生财,军旅文化的刚健豪迈,异域文化的现代开放,互相碰撞融合,形成了天津海河文化"和"的丰富蕴含。体现为市民外豪内和的性格特征,乐观平和的生活心态,古道热肠的处世哲学,以及天津在新时代建设和谐幸福之都、追求和谐社会的发展理念。

(作者单位:天津社会科学院文学研究所)

天津地方文献资源数字化建设发展报告

罗海燕

天津拥有丰厚的地方文献资源。自20世纪90年代中期开始,经过20年的发展,天津地方文献资源数字化建设取成绩显著:一是以“五朵金花”为主体逐步推进;二是形成了一系列知名数字化品牌;三是多元化开发势头正猛。但是,也存在包括天津地方文献资源数字化建设不够统一、不平衡与有待完善等在内的一些亟待解决的问题。鉴于此,为更好地发挥其在天津经济与文化等方面不可替代的作用,需要在加强政府领导和组织、重视古代文献和乡村文献资源、提升地方文献资数字化水平等方面,予以进一步拓展和提升。

数字化建设地方文献向来被誉为是“一地之百科”。就天津地方文献而言,其涉及全市的政治、经济、历史、地理、文化、科学、教育、军事、边防、民族、宗教、风土人情、自然资源等各个方面,可以说是最具天津特色的文化资源。而借助现代高新技术,将天津地方史志、古籍、谱牒、档案、笔记、回忆录、日记、丛书、年鉴、碑志、图录、报刊、超文本资料等,进行数字化储存,网络化连接,以实现共享式利用,则具有重要价值和意义。其一方面,可以为天津各级领导机关和有关部门,在制定地方经济建设和社会发展的方针政策、规划和措施时,提供地情资料与历史借鉴,避免决策上的主观性和盲目性,进而促进天津政治、经济和文化的健康发展;另一方面,则能够更好地保存、抢救、传承和发展中华优秀传统文化,并推动天津文化实现全面繁荣。截止到2017年,天津地方文献资源数字化建设已经取得了巨大进展,在全国位居前列。

一、天津地方文献资源数字化建设的基本态势

天津地方文献资源的数字化建设,离不开两大基础:一是地方文献资源

的搜集和整理;二是地方文献资源的数字化。前者是基础和本源,后者是结果与呈现。从这种意义来说,天津地方文献资源的数字化建设正式肇始于20 世纪 90 年代中期。其标志性事件有二:一是翦安等主编《天津地方文献提要目录》(由李霁野题签)于 1996 年编纂完成。该书对“天津地方文献”做了具体界定:地域范围包括市内六区(河东区、河西区、南开区、河北区、和平区、红桥区)、滨海新区(塘沽区、汉沽区、大港区)、新四区(东丽区、西青区、津南区、北辰区)及五县(蓟县、宁河、宝坻、静海、武清);文献范围则指1949 年 1 月前出版的中文图书资料,具体分为八类,即历史、地理、经济、政治、社会、文化教育、文学艺术和其他;文献来源为天津图书馆馆藏图书。全书总计选收了 1200 多种地方文献。这为之后的数字化建设奠定了重要基础。二是天津市于 1997 年启动天津市信息港工程,其中天津图书馆数字化建设工程作为重要组成部分,也随之展开。经过两年的建设,天津图书馆自动化网络正式开通,基本上实现了业务管理自动化、文献载体多元化、服务方式多样化、宣传导读电子化、信息传播网络化。后经过 20 年的发展,天津地方文献资源的数字化建设,基本形成以下格局:

1. 以“五朵金花”为主体逐步推进

在天津市委市政府的组织和推动之下,天津图书馆、天津市地方志编修委员会办公室、天津市档案馆(局)、天津博物馆、天津社会科学院五家单位和机构,均大力进行天津地方文献资源的数字化建设,成绩显著,正在形成“五朵金花”竞相盛开的态势。其中,天津图书馆藏书容量超过 1200 万册,其在逐步实现馆藏的地方文献资源数字化的同时,还进一步打造京津冀三地地方文献资源的共建和共享平台。天津史志办则广泛应用“互联网 +”等现代信息技术,逐步实现修志编鉴数字化、网络化,现已建成地方史志全文数据库,面向全社会提供服务。天津市档案馆(局)馆藏档案近 1200 个全宗,计 170 万卷,涉及政治、经济、文化、科技、教育等各个领域,近年来对已开放的档案全部目录数字化和部分全文数字化,着力打造全市开放档案信息资源共享服务平台。天津博物馆对中国历代艺术品、近现代历史文献和地方史料三者并重,现有各类藏品近 20 万件,图书资料 20 万册,形成了三大基本陈列:《天津人文的由来》(古代天津)、《中华百年看天津》(近代天津)和《耀世奇珍——馆藏文物精品陈列》。天津社会科学院图书馆总藏书超过 60 万种,其前身为天津市历史研究所图书资料室,所藏古籍图书以天津地方史志类为特色,近年来不仅成立了天津地方文献书库,而且先后建立天津文学研究数据库、天津历史研究数据库等。除上述之外,其他高校图书馆也在不同程度上推动完善着地方文献资源的数字化。

2. 形成了一系列知名数字化品牌

天津地方文献资源的数字化建设在文献目录数字化、检索网络化以及全文数据库等方面,都取得了令人瞩目的成绩,甚至具有全国性的示范效应。尤其是,围绕具有特色的天津地方文献资源,打造建设成了多个资源共享平台和专门化数据库。其中,最为知名且广受欢迎者有:天津图书馆"天津文化信息资源共享工程",其涵盖"天津地方志""历史文献数字资源""天津文化艺术志""非物质文化遗产数据库""天津曲艺""天津民俗""天津地方戏曲"与"天津抗战纪事"等26个子库,内容丰富。天津史志办则建有"地情数据库",其子库包括"市级志书""区级志书""年鉴""地情资料丛书""地方史研究丛书"与"旧志"等,其中不少子库属于全文数据库。天津市档案馆(局)以"沽上风情""天津新貌""旧照欣赏""历史博览""老天津卫""档案故事"等子库为内容,建设有"津沽史料"数据库等。

3. 多元化开发势头正猛

目前的天津地方文献资源数字化建设呈现出多元化开发态势,就形式而言,可谓丰富多样。众所周知,地方文献资源数字化的目的在于"致用",而围绕使用者的差别化需求,天津地方文献资源的数字化建设在以下两方面因"需"而建,因"用"而设:一是文献资源内容多样化,其不仅涵盖传统意义上的图书、杂志、报纸、文告、手稿、照片、影片、图片、唱片、表格、传单、票据、印模、拓片及相关实物等,而且还将以录音、视频、虚拟现实等方式储存的现当代非物质文化遗产等作为重要内容。天津市档案馆的"津沽史料"数据库中"海河新貌"子库就收录了"海河情怀""商业设施""文化生活""交通运输""工业园区""区县新貌"等天津当代文献的内容。二是数字化成果访问渠道的多元化,其集广播电视媒体、互联网媒体、移动网络媒体于一体,相互融合,为使用者提供多种选择渠道。2012年天津图书馆开通"天津市民移动阅读平台",持证读者可利用手机或平板电脑等移动终端登录天津图书馆主页,免费访问该平台上的所有地方文献资源。

二、天津地方文献资源数字化建设存在的问题

20年来,在天津市信息港工程(1997年)、全国文化信息资源共享工程(2002年)、非物质文化遗产保护工程(2005年)、文化记忆工程(2014年)以及当前的中华优秀传统文化传承发展工程(2017年)等的推动和影响之

下,天津地方文献资源的数字化建设不断发展和提升。但是,在建设过程中也存在一些不足和问题,这主要体现在三个方面:

1. 天津地方文献资源数字化建设不够统一

近年来,由于经济发展和社会需求驱动,天津地方文献资源数字化问题引起有关领导部门的重视,制定了系列政策并划拨专款予以资助和支持,但是,由于历史和体制的原因,目前图书馆系统、档案馆系统、史志系统、博物馆系统、社科院系统等,多是依据自己拥有的各具特色的地方文献,分别进行数字化建设,却因为缺乏统一领导和整体规划,因此不免出现"各自为政"与"重复建设"。尤其是,天津地方志与非物质文化遗产等方面,在不同的系统出现重复,且数字化的标准和程度不尽一致。这在一定程度上造成了浪费,同时也为全市的共享共建造成困难。

2. 天津地方文献资源数字化建设不平衡

其中较为突出者是重近代文献而轻古代文献,重城市文献而轻乡村文献。目前讨论天津文献时往往存在一个思维惯性,即天津地方文献就是天津市内六区的近现代时期文献。诚然,"中国近代百年看天津",天津城市在中国近代历史上曾扮演了重要的角色,但是这种"近代"话语却对同样大量存在的天津古代文献与乡村文献形成了遮蔽。在被命名为"天津"之前,这片土地上的人们在漫长的历史中已创造了同样丰富的文化,并留存下大量文献。民国时期的宋蕴璞在其《天津志略》中就曾称赞天津历史上的文艺之盛:"以言著作,则历代之文存诗稿,多如恒河沙数。"而当前作为天津地方文献重要组成部分的古籍文献,除了史志之外,几乎没有得以系统化整理和实现数字化。此外,武清始建于西汉,古为泉州,别称雍阳,唐天宝元年更名武清。蓟州,古名渔阳,隋大业末年改名蓟县,并为郡治。宝坻古属渔阳,金大定十二年(1172)命名宝坻。这些地区历史悠久,乡村文化极为丰厚,但是如目前的"文化记忆工程"等,往往只是"城市记忆",而无相应的"乡村记忆"。

3. 天津地方文献资源数字化建设有待完善

数字化建设是一个系统工程,其中包含存储数字化、实体虚拟化、传递网络化、利用共享化等必要环节。但是,经过调查,在当前的天津地方文献资源数字化过程中,这些环节均存在有待完善之处。一些重要的数据库,如旅游资源全文数据库、古籍文献数据库、风土人情数据库、乡村文化数据库等,均未正式建立。而已建的数据库,往往多是目录数据库,而全文数据库较少,且在维护和更新方面,相对滞后。普通用户访问时,往往遭遇网页滞缓、难以打开的情况,因此资源利用率不高,用户体验较差。

三、天津地方文献资源数字化建设的未来路向

针对天津地方文献资源数字化建设的历史进程和发展现状，为更好地发挥其在天津市经济与文化等方面不可替代的作用，建议今后重点在以下几个方面予以拓展和提升：

1. 加强政府领导和组织

天津地方文献资源数字化建设是一项较为浩大的系统性工程，天津市政府从长远考量，应予以更多的重视和支持，把它作为政府工作的一部分。可在政府层面成立专门的天津地方文献资源数字化建设领导小组，旨在制定整体规划和年度路线图，管理和协调全市的人力、物力和资金，科学地有效地推动地方文献资源的数字化，并促使其实现价值转化，成为天津全面建设的重要力量。

2. 重视古代文献和乡村文献资源

相对于其他省市如“浙江文化研究工程”“荆楚文库”等的陆续完成，天津在古代文献资源保护、整理、利用和研究方面较为滞后；而且与山西、山东、安徽等地纷纷实施乡村文化记忆工程相比，天津也尚未开展。目前，中共中央先后提出要实施中华优秀传统文化传承发展工程和乡村振兴战略，对地方丰厚的古代文献和乡村文献，进行搜集、点校、注释、今译、辑评、汇编、索引、书目和研究等，并完成可共享的数字化建设，则是对其进行贯彻和落实的重要抓手。天津应抓住利用好这次机遇，积极统筹和推动，补平短板，实现全面提升。

3. 提升地方文献资数字化水平

提升天津地方文献资源数字化水平，需要从本源、呈现和用户体验等关键环节着手。就本源而言，需要在市政府层面以行政手段征集分散在不同系统和单位的地方文献，同时发挥市场力量去发掘民间的地方文献，这是数字化的前提和基础。然后，利用当前与国际先进技术接轨的网络通信技术、数据库技术和检索技术等，提升文献资源库的书目数据处理功能、原文数据处理功能、汉字信息处理功能、检索语言处理功能、连接共享功能等。同时，为避免流于形式大于内容的“面子工程”和“政绩工程”，应将数字化文献的利用率和用户体验，纳入必要的考核项目，以切实发挥其服务民众、服务社会的巨大作用。

（作者单位：天津社会科学院文学研究所）